JN308520

大東亜共栄圏の文化建設

池田浩士・編

人文書院

はじめに

かつて、『亜細亜の曙』という一篇の小説が青少年の胸を躍らせた。一九三一年一月号から翌三二年七月号までの『少年倶楽部』に連載され、完結の二か月後に大日本雄辯會講談社から単行本として出版されたこの作品は、本郷義昭という三十歳台なかばの「剣俠児」を主人公にして展開される。かれは、「「日本征服」を計る〇国根拠地」である「巌窟城」に単身潜入して、独立の回復をめざす「インド人」とあい携え、「国家」を思う心に乏しく「〇国」の傀儡となって日本に敵対しようとする「支那人」を叱咤しながら、日本が開発しつつある驚異的な新科学技術の秘密を盗んで日本を征服しようとする「白人」の野望と戦うのである。「〇国」が、インドを支配する英国にとって「最も親密なる」国、すなわち米国であることは言うまでもない。「英国更に勢力を握れば、僕等の母国インドは、永遠に独立の機会を失ふ。大インド独立の機会は、日本が〇国に勝ち、英国を沈黙させる時、日本が亜細亜より欧米へ……全世界へ、正義の光を輝かす時、その時こそ、大インド独立の時なのだ。インド独立秘密党の少年団……我等は、亜細亜の盟主日本帝国の勝利を祈る」（……も原文のまま）と、インド王朝の子孫たる「黒人王子」ルイカール少年は本郷に訴える。現実の対米英開戦よりもちょうど十年前に、「亜細亜」の解放をめざすこの戦いが始まっていたのである。

一八八五年生まれの作者・山中峯太郎は、陸軍士官学校在学中に、中国〔清国〕からの留学生たちが結成した「中国革命同盟会」の会員となり、辛亥革命を簒奪して独裁者への道を歩んだ袁世凱を打倒する第二革命が始まったとき、中国に渡ってそれに参加する、という経歴の持主だった。そのかれにとって、「亜細亜の曙」は、「白人」のアジア支配に抗する戦いによってもたらされる解放と独立を意味する合言葉にほかならなかった。そして、その戦いにおいて主導的な役割を担うべき「亜細亜の盟主」＝「日本帝国」は、もっぱら正義の武力の体現者だった。「曙の男子を送る」と題した序言で、作者はこう書いている――「我が日本《にっぽん》は、武《ぶ》の国である。／畏《かしこ》くも、神武天皇は武をもつて、我等の祖国を建て給うた。／「武」とは何か。字に示す如く、戈《ほこ》を止《とゞ》めることだ。戦《たゝかひ》を無くするのが、「武」である。我が日本の武俠精神、大和魂は平和を愛する。聖なる草薙《くさなぎ》の御剣《みつるぎ》は、血を見たことがない。即ち武俠の皇国日本は、平和の曙が世界に、殊に亜細亜に来らんことを望む。／「亜細亜の曙」これこそ、我等の望である。」

「日東の剣俠児・本郷義昭」の戦いの意味を、「大東亜戦争」開戦の十年前に、作者はこう説いていた。亜細亜の曙のための戦い、戦いそのものに終止符を打つための武力行使、これが、虚構の人物・本郷義昭の理念と実践であり、それが、ほとんどそのまま、現実の「大東亜戦争」の理念と実践でもあった。周知のとおり、昭和天皇裕仁は、一九四一年一二月八日の「米国及ビ英国ニ対スル宣戦布告ノ大詔」のなかで、「米英両国は残存政権〔蔣介石政権＝引用者註〕を支援して東亜の禍乱を助長し平和の美名に匿《かく》れて東洋制覇の非望を逞《たくまし》うせむとす」と述べ、「東亜永遠の平和を確立し以て帝国の光栄を保全せむこと」を戦争の目的としている。「大東亜戦争」の理念は「大東亜共栄圏」の建設であり、そのための実践は「戦を無くする」ための「武」だった。これは、「米国及ビ英国ニ対スル宣戦布告ノ大詔」で米英の東洋制覇との戦いと平和の確立が戦争の目的として述べられているのが事実であるように、疑いようもない歴史上の事実である。「大東亜共栄圏」の建設とそのための戦争が、それに先立つ「満洲国」での「五族協和」や「王道楽土」と同じように、欧米列強からのアジアの解放と独立、そして新たな共同性と独自の発展をめざすものとして実行されたこと、さらには、その実行の過程で当該地域の開化や啓蒙や近代化がなされたことは、それ自体としては否定すべくもない。こうした事実を示すための資料を山積することは、さして困難ではないだろう。そして、「大東亜戦争」の敗北と「大東亜共栄圏」の破綻からすでに六十年以上が過ぎた昨今、こうした事実を掘り起こすことで自国の歴史を正当化しようとする試みが、急速に自己主張の姿勢を強くしつつある。その主張によれば、朝鮮・台湾・樺太および南洋群島の植民地支配も、「満洲国」も、そしてもちろん「大東亜戦争」によるアジア諸地域の占領統治も、侵略と収奪のためではなく、解放と共栄と平和のためということになる。

だが、事実はそれだけではまだ現実ではない。事実は「別の事実」との対質に耐えなければならない。そして、この対質を行なう主体は、いままさに歴史の現実を形成する主体にほかならぬ私たち自身である。『大東亜共栄圏の文化建設』と題するこの一冊は、読者とともに試みる対質の作業のために編まれた。「文化建設」に焦点をあてたのには、もちろん理由がある。「文化建設」は、直接的な軍事的圧力や暴力的強制によって実行される余地がもっとも小さい実践分野であるはずだからである。そしてその反面、それは、「盟主」を自任する側においては感性や情緒の次元にまで浸透し、「盟邦」

とされる側においては基本的な生活習慣や娯楽や言語の営みにまで介入する実践分野にほかならないからである。「文化建設」の実際をめぐる対質は、「大東亜共栄圏」という理念、一国家の最重要国策とされたこの政治的理念の実相と真価を、個々の事実としてではなく、同時代の現場の現実として、私たちに示すことになるだろう。

もちろん、本書を構成する諸論稿が、大東亜共栄圏の文化建設にかかわる全領域を網羅しているわけではない。また、各論稿相互のあいだに何らかの連関が企図されているわけでもない。どの論稿も、限定された個別領域でのそれぞれ個別の問題提起にすぎない。しかし、それら個別の論考から、いまこそ明らかにされなければならない「別の事実」と、それらの事実が問いかけるものとが、浮かび上がってくるはずである。それぞれの論稿は（名目上の編者のものをひとまず別とすれば）、いずれもまだ新進と呼ぶにふさわしい執筆者によってまとめられた。このことは、「大東亜共栄圏」という歴史的テーマが、ひいてはまた日本の近現代を問いなおすという作業が、さらに新しい世代へと引き継がれた、という意味をもつ。本書の内実がその意味にふさわしいものとなりえているかどうか、読者諸姉兄のご批判を仰ぎたい。そして同時に、まだ前途のみあって何の権威ももたない若い研究者たちに読者諸姉兄との共同作業の場を与えてくださった人文書院と、最初の共同作業者である編集担当の伊藤桃子さんに、謝意を表させていただきたい。

二〇〇七年一月

池田浩士

もくじ

凡例

- 引用も含め、本書中においては、人名と一部の固有名詞を除き新字体を用いた。
- 引用文においては、原文の仮名遣いを反映させたが、原文でカタカナ表記されている箇所は、読者の便を考え、ひらがなに置き換えた。
- 各論稿の著者により文字づかいに異同があるが、機械的に統一することはしなかった。
- 引用文中の／は、原文における改行をあらわす。また〔……〕は、引用者による省略をあらわす。そのほか、引用者による注記、およびふりがなは、〔　〕に入れて示した。

大東亜共栄圏の文化建設

統治の秘法
——文化建設とは何か？

藤井祐介

1　文化建設の理念

「将来の建設については全知能を集中して仮へ量的には戦前に比して国土が狭くなつても質的には世界の進運に遅れざる最高度の文化の建設を期する次第であります」[1]——一九四五年八月一七日、親任式と初閣議を終えた首相、東久邇宮稔彦はラジオを通じて、こう語った。東久邇宮は内閣が取り組むべき重要課題のひとつとして文化建設を挙げ、それを実現するために言論と結社の自由を認めると言明した。文化建設は、すでに使い古され、手垢にまみれた理念であった。東久邇宮は文化建設を国家再建の中心に位置づけることによって、体制の刷新をめざしつつ、政治上の至上命題であった「国体護持」、すなわち敗戦以前の体制との連続性を示そうとしたのである。

文化建設は一九四〇年代を通じて時代の合言葉であった。それは戦争を遂行するうえでの大義名分として世に登場した。「支那事変」においても、また「大東亜戦争」においても文化建設は重要な役割を与えられていた。「平和」「文化」は「戦争」と対立関係にある概念ではない。「平和」「文化」「戦争」は矛盾することなく、ひとつの意味の連なりのなかに収まってしまう。

文化建設の理念は、まず、「日満支」三地域を中心とする東亜文化建設として姿を現す。東亜文化建設は東亜新秩序に関する政府声明の中で示された国家戦略にもとづくものであったが、一九三〇年代末の段階では南方はいまだ文化建設の対象ではない。

「新秩序の建設は日満支三国相携へ、政治、経済、文化等各般に亘り互助連環の関係を樹立するを以て根幹とし、東亜に於ける国際正義の確立、共同防共の達成、新文化の創造、経済結合の実現を期するにあり[2]」――一九三八年一一月三日、当時の首相、近衛文麿は、「国民政府を否認すると共に之を抹殺せんとする[3]」とした従来の政府声明を撤回して、国民政府との交渉を示唆するとともに「日満支」による東亜新秩序建設を提唱した。

この政府声明が政治・経済のみならず、「新文化の創造」にまで言及している点に注意しよう。この政府声明の発表を契機として文化建設の理念は世に登場した。以後、「文化」という言葉は「建設」「創造」と結びつけられながら、語られるようになる。

この声明の中で東亜新秩序という言葉がはじめて公式に使用されたが、このことに関連して、ある細かな表現上の問題をとりあげたい。

長期化する「支那事変」の展望を示した「日支新関係調整方針」(一九三八年一一月三〇日御前会議決定)の冒頭には、「日満支三国は東亜に於ける新秩序建設の理想の下に相互に善隣として結合し東洋平和の枢軸たることを共同の目標と為す[4]」と記されている。当時、陸軍参謀本部戦争指導課の主任幕僚であった堀場一雄によれば、「東亜に於ける新秩序建設」の部分は、戦争指導課が文案をまとめた段階では「東洋の道義文化建設」という表現になっていた。堀場は当時の状況を回想しつつ「東洋の道義文化建設」の意味するところを次のように解説している。

東洋の道義文化（後日閣議に於て東亜新秩序と変更）は、東洋の自覚に根源し東洋の復興即道義の復興となし、欧米の物質文化に対し道義を中心とする東洋文化の建設を企図するものなり。是当初より戦争指導当局が、道義なる古字に新鮮復興の活力を附与し、道義戦争道義解決なる大旆を掲げ来りたる本事変処理の中心眼目たり。(5)

当初の文案では「道義」が強調されていた。だが、戦争指導課の意図に反して、近衛内閣は「道義」という表現を消去してしまった。「東洋の道義文化建設」から「東亜に於ける新秩序建設」へと閣議で修正されたのである。戦争指導課が示した「道義戦争道義解決」の方針は否定された。

しかしながら、「道義」という表現が実際に閣議で修正されたのかどうか、疑問が残る。陸軍大将、畑俊六の日記（一九三八年九月四日の項）に登場する「日支新関係調整要綱（未定稿）」では、「日満支三国は東洋文化の再建を以て共同の目標とし相互に善隣として結合し東洋平和の枢軸たること(6)」となっている。ここでは「東洋文化の再建」であり、「道義」の二字は含まれていない。戦争指導課が文案をまとめた段階から「東洋の道義文化建設」であったのか、判然としないが、文化建設が目標として設定されていることに変わりはない。このほかにも「支那政権内面指導大綱」（一九三八年七月一九日五相会議決定）では、「漢民族固有の文化就中日支共通の文化を尊重して東洋精神文明を復活し抗日的言論を徹底禁圧し日支提携を促進す」(7)と述べられているように、「東洋精神文明」の「復活」という表現もある。

よくみると「新文化」「東洋の道義文化」「東洋文化」「東洋精神文明」と少しずつ表現が異なるが、いずれも中国内地における統治機構として同一の形態を想定している。それは満洲国を先例とする、内面指導による自治制である。「日満支」という場合の「支」とは日本の内面指導を受けた中国の傀儡政権のことである。傀儡政権では民族自決の原則が貫かれているようにみえるが、しかし、実際には日本から顧問が送り込まれ、内面指導という名の支配が継続された。

このような統治機構を支えるイデオロギーこそが王道政治や五族協和であった。東亜文化建設の理念はイデオロギーの面では王道政治や五族協和と同系列に属する。蒙古連盟自治政府、中華民国臨時政府、中華民国維新政府などの傀儡政権の成立と軌を一にして、東亜文化建設の理念が流布するようになったのである。また、その一方、王道政治や五族協和のイデオロギーは東亜連盟運動に結実するが、その中心人物である石原莞爾は一九三八年五月の段階において、こう述べている。

東洋に就て云ふと、今度の日支事変がどうなるかが東洋の運命をきめるものであると云へる。朝から晩まで喧嘩して力強きものが弱きものを抑へるのではだめだ。王道とはさう云ふことではない。力を以て弱い者を抑へつけるのではなく、徳を以て結びつくもので皇道と同じである。西洋は力を以てし、東洋は道徳を以てする。〔……〕日支の関係は今はかうして争つているが、やがて心からの提携が出来、長短相補ひ助け合つて行けるやうになると思ふ。道義に結ぶことによつて東洋は西洋人との闘争に最後の勝利を得る事が出来るのである。悲しむべき今日の事件の現実に眩惑されずに此血みどろの今日はやがて本当の王道的結合に飛躍出来ると思ふ。〔……〕[8]

東亜文化建設における「文化」には石原のいうような「道義」「王道」が含意されている。国家間の利害や民族の細かな差異を打ち消して、ひとつに包み込むものが「文化」なのである。このような「文化」を共有する民族であるからこそ共存共栄が実現するというわけである。

このように、東亜文化建設の理念は徳や精神と分かちがたく結びついていた。東亜文化建設の理念に従えば、現在進行中の「支那事変」は暴力による解決ではなく、徳や精神による解決をめざさなければならないということになる。東亜文化建設の理念は公文書に登場しただけでなく、その意味内容を少しずつ変えながら一般にも流布した。例えば、一九三〇年代末に刊行された辞典では、次のように定義されている。

文化建設　文化財を築き上げることであつて、例へば日本主義精神文化の建設、東洋道徳の再建、仏教教義の大陸還元、日満支経済ブロックの建設、支那天文学の復興等の如きである。[9]

いくつか具体例が挙げられているが、「文化」が「再建」「復興」「還元」といった言葉と関連づけられているところが特徴的である。ここでの文化建設とは、何らかの事情により破壊され、失われた

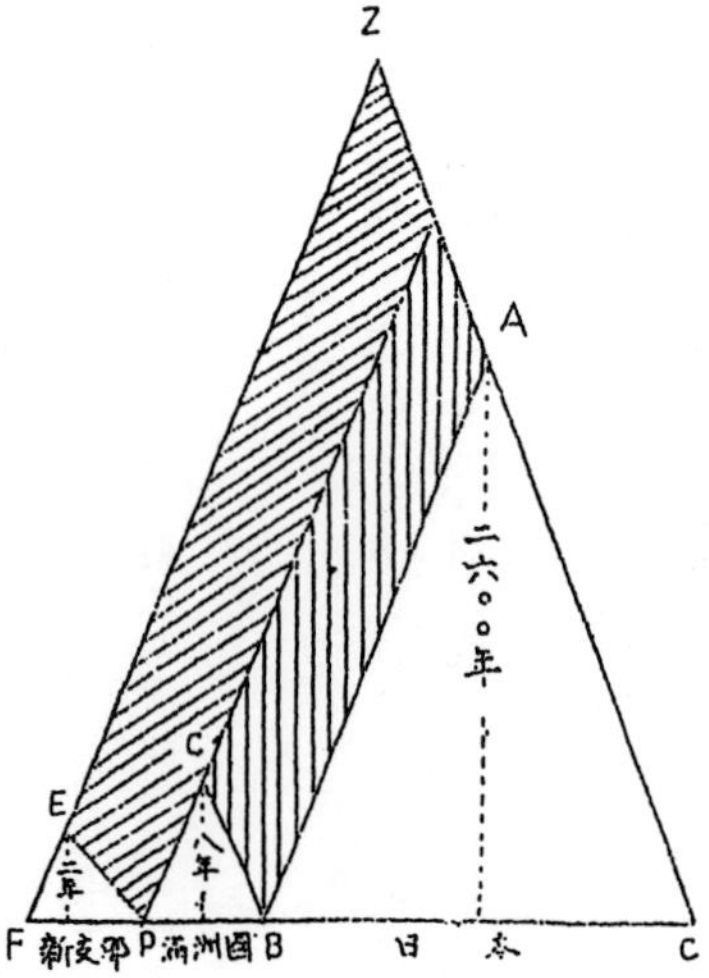

図１　「東亜文化と日本文化の地位」
（近藤春雄『文化政策論』三笠書房，1940年９月，221頁より）

文化を「再建」「復興」すること、あるいは文化が失われた地域に「還元」することを意味している。他の国が望むと望まざるとにかかわらず、「再建」「復興」「還元」の主体は日本である。

　文化建設の理念は日本を中心とするひとつの文化圏を前提としている。文化圏の境界は戦線拡大と対外戦略の方針転換に応じて、そのつど設定される。一九三〇年代末の段階では「日満支」三地域がひとつの文化圏とみなされ、東亜文化の建設という理念が掲げられていた。一九三〇年代後半、ドイツ文化政策論の紹介者として論壇に登場した近藤春雄は、「日満支」三地域における東亜文化建設について、次のように説明している。

　想ふに、東亜新秩序の思想的指標は、この現実の正当なる認識から出発して、更にこれを哲学的思弁を通じて、その全体的構造の理想型を想定し、総ての文化運動が、その全体への関聯の下に企画せらるべきであると考へる。今これを表示するならば、日・満・支を枢軸としての新東亜文化の指標は、夫々の地域的地盤と、伝統的背景と、民族的特性を基礎に有《も》つ三ピラミット《ママ》の方向的合致点を頂点として、八紘一宇の日本精神によつて、明朗闊達に指導せられるところに理想型があるのである。〔……〕二千六百年の文化的伝統を有つ三角形ＡＢＣ日本と、建国以来八年の三角形ＣＤＢと、誕生以来二年の三角形ＥＦＤの新支那とが、その地盤的総和であるＦＣを底辺とする将来の理想型三角形ＺＦＣの頂点を目標として発展すべきものであつて、その全体的スタビリテイが、日本文化によつて維持せられ啓発指導されて行くべきものと考へるのである。こゝに新東亜建設に課せられた新世紀の神話《ミトス》の方向と目標があると思ふのである。[10]

このような東亜文化建設に関連して見落としてならないことは、東亜文化には台湾と朝鮮の文化は含まれない、ということである。満洲事変以前に日本が獲得した植民地は同じひとつの文化圏内にあるにもかかわらず、台湾文化・朝鮮文化については、その存在が認められていなかった。台湾と朝鮮の文化は東亜文化の構成要素となることができなかったのである。

2　「擁護」されるべき「文化」とは何か？

「皇軍の文化擁護」

東亜文化建設における「文化」は大ざっぱにいえば、先に述べたとおり、徳や精神である。東亜文化建設は「支那事変」の長期化とともに登場した理念であったが、その理念に先行して文化建設は中国内地において実践されていた。文化建設は、日本が新たに獲得した占領地において、陸軍の指導下

図2　雲崗石窟の露天大仏（1938年）。
（水野清一「雲岡石窟調査記」『東方学報』第9冊，1938年10月，334頁より）

に着手されつつあった。

一九三七年九月、新聞に次のような記事が掲載された。

［大同廿一日発同盟］皇軍各部隊は戦火により貴重なる支那文化遺跡が毀損されるのを防止するため万全の手段を講じつゝあるが大同に入城した○○部隊長は雲崗（大同西北方七マイル）の石仏が戦争の混乱に乗じ不逞の徒により続々搬出され漸次荒廃に帰しつゝある現状に鑑み廿日文化保存の見地から仏像保存令を発布し窃盗者は厳罰に処する旨布告した(11)

軍による石仏保護も戦場の美談となる。記事にある「石仏」とは、北魏時代（五世紀）に創建された仏教遺跡、雲崗石窟（山西省北部大同近郊）のことである。石仏までも戦時宣伝に動員され、「皇軍」は「不逞の徒」を取り締まる正義を体現した組織として描かれる。「支那事変」が始まって、すでに一カ月が経過し、日本は「蒙彊」にまで侵攻していた。

もうひとつ、同時期、別の新聞に発表された記事をとりあげよう。これは先の記事をもとに「NT」なる人物が執筆したものである。

一美術愛好者である自分は、去る九月廿《ママ》日大同同盟電報によつて、山西省大同を占拠したわが軍は、大同縣城より西南約三十支里にある雲崗大石窟寺の保護令を発して、千古の美術品の敗《ママ》散支那兵の破壊行為から之を守つたときいて、これでこそ日本軍だと深く心に銘した。[12]

記事を執筆した「NT」はスペイン内戦において政府軍が文化財保護に取り組んでいることにも触れている。スペイン政府軍（人民戦線派）と同様、「皇軍」の石仏保護も賞讃に値すると「NT」はいう。

　筆者は支那の今日、残されてゐる歴史的建築物が、たゞ僅かに岩山を彫つて石窟とした所謂石窟寺のみを止めているのを実見した。しかも支那の貧農や無頼徒は金銭に代へるために平時でもそうだが殊に飢饉、戦禍に遭へばその石窟内に寝食して仏頭、仏体を破壊、売却するのである。この古美術の価を坑道内の鉱石を掘りとると同様に考へるか、或はその破壊を防いで保護するかの違ひによつて、動物人間であるか一人の人間であるかの差が生ずる。赤十字のマークを掲げた船を襲撃するか否かの相違にも似るのだ。[13]

　雲崗石窟周辺には炭坑が点在していたが、現地の住民は石炭を掘るように仏体を発掘して勝手に売り払ってしまう。「支那の貧農や無頼徒」は「NT」にとって文化の破壊者なのである。文化の破壊者は「動物人間」と同一視され、野蛮なものとして表象される。その一方、軍への讃辞がくり返され、文化財保護に対する熱意が強調される。

しかし、どうして、これほどまでに「NT」は破壊者たちを非難するのだろうか。

文化の破壊者に対する非難は記事が掲載された新聞の論調とも関係している。記事が掲載された『土曜日』[14]は一九三六年七月から三七年一一月まで月二回、京都において発行されていた新聞である。部数は（最盛期）八千部、京都・大阪の喫茶店で無料配布されていた。『土曜日』は人民戦線をはじめとする反戦・反ファシズム運動を支持していたが、そこには編集を担当した中井正一、能勢克男の意向が反映されていた。

当時、中井正一と能勢克男は反戦・反ファシズムを共通の合言葉とする同人誌『世界文化』に参加していた。『世界文化』同人は瀧川教授免官反対運動（京大・瀧川事件、一九三三年）の敗北を契機として、国家の介入に抗する集団を形成していた。『世界文化』誌上では、毎号、反戦・反ファシズム運動の紹介を目的として、海外の新聞・雑誌から抜粋した記事が「世界文化情報」欄に掲載された。

『土曜日』は斎藤雷太郎を発行人、林要と能勢克男を名義上の編集人として創刊された。『世界文化』同人の一部は常連執筆陣として『土曜日』の編集にも参加していた。『世界文化』の大衆版ともいうべき『土曜日』においても、毎号、海外からの情報がとりあげられている。先の「NT」による記事が掲載された同じ紙面には、スペイン内戦に関する記事も見られ、そこではスペイン政府（人民戦線派）が取り組んでいる労働者教育について次のように紹介されている。

外相アルバレス・デル・バアヨ自ら作家を率ゐて国際作家大会に出席するスペインに於ては、この組織の標榜する「文化の擁護」といふ大事業の一幹をなす新国民教育が着々と行はれてゐる。平服に銃を執つて祖国の自由の為に戦ふ義勇兵たちも銃火の余暇には各自の間から教師を選んで勉強に専心してゐる。かういふ状態から判断すれば屢々報道された事実であるが、彼等がスペインの古い文化遺産を、身を以てファシストの爆弾から救つたことも敢て驚くにはあたらないだらう。[15]

この記事の下に、「NT」の記事が続く。スペイン内戦と「支那事変」とでは状況が違うとはいえ、二つの記事は、その主題が「文化の擁護」であるという点では共通している。ここでいわれている「文化の擁護」とは、一九三五年と三七年に開催された文化擁護国際作家会議が掲げた行動目標のことである。

文化擁護国際作家会議には党派をこえて、多くの作家たちが結集して、ファシストによる文化破壊を告発するとともに、「文化の擁護」を行動目標として設定した。会議は反戦・反ファシズムの立場から諸党派の団結を訴えたが、これはクラルテ運動やアムステルダム＝プレイエル運動の流れを汲むものであった。第一回文化擁護国際作家会議（パリ、一九三五年六月）ではE・M・フォースター、アンドレ・ジッド、アンドレ・マルロー、ハインリッヒ・マン、ローベルト・ムジル、アレクセイ・トルストイらが議長団として、会議を取り仕切った。

第一回の会議の席上、作家たちは「文化」の定義をめぐって議論を重ねた。じつは「擁護」すべき対象が明確ではなかったのである。「それぞれの国に特有な諸文化の総和、われわれの共有財産であり、われわれ全員に共通するインターナショナルな文化[16]――「文化」の定義は各作家によって異なるが、この見解（アンドレ・ジッド、一九三五年六月二一日の開会演説）が会議全体をとおしての最大公約数的定義と考えてよいだろう。

ジッドの見解からも明らかなように、第一回の会議ではブルジョア文化とプロレタリア文化との共通性、ナショナルな文化とインターナショナルな文化との連続性をめぐって議論が展開された。ファシストによる文化破壊を前にして、かつて対立した二つの「文化」は和解することになる。ブルジョア文化はプロレタリア文化にとって打倒の対象ではない。ナショナルな文化はインターナショナルな文化にとって必要不可欠のものである。

つまり、「擁護」されるべき「文化」とは、党派と階級を超えて一致できる場なのである。

二つの「文化」の和解は、コミンテルン（共産主義インターナショナル）の対ファシズム戦略とも合致していた。文化擁護国際作家会議の開催に際して祝電を送ったコミンテルン執行委員会書記局長、ゲオルギー・ディミトロフは、その一カ月後、コミンテルン第七回大会において人民戦線戦術を提唱した。ディミトロフは各国共産党員を前に、ファシストによる文化破壊を非難するとともに、闘争の最前線に立つ同志たちを讃えた。

> 革命的プロレタリアートは、国民の文化を救うためにたたかい、腐敗しゆく独占資本の束縛、文化に暴圧をくわえる野蛮なファシズムから文化を解放するためにたたかっている。プロレタリア革命だけが、文化の衰亡を防止し、それを形式において民族的な、内容において社会主義的な真の国

民文化として花ひらく最高の水準にまで高めることができる。このことは、われわれの目のまえで、スターリンの指導のもとに、ソヴェト社会主義共和国連邦で実現されつつある。(拍手)[17]

ここでも注意すべきは、いかなる「文化」が「擁護」の対象になっているか、ということである。ファシズムとの闘争に勝利することによって、インターナショナルな文化が「解放」されるわけではない。ここではナショナルな文化が前に押し出され、インターナショナルな文化は後景に退く。

文化擁護国際作家会議の動向は日本でも報道され、いくつかの雑誌で「文化の擁護」に関する特集が組まれた。[18]『世界文化』誌上では「『文化擁護国際作家大会』特報」と題して、第一回に参加した作家たちの発言が紹介されている。[19]

ふたたび、『土曜日』掲載の記事に話を戻そう。

スペインの義勇兵たちがファシストの文化破壊に抵抗していることを「文化の擁護」と呼んでも問題はないだろう。「文化の擁護」は内戦下のスペインにおいても実践されていたのである。第二回文化擁護国際作家会議(マドリード—バレンシア—パリ、一九三七年七月)にはスペインの人民戦線派も協力している。

では、「NT」の記事の場合は、どうだろうか。「支那の貧農や無頼徒」は文化の破壊者として非難され、反対に「皇軍」は「文化の擁護」を推進する集団として評価されていた。だが、「支那の貧農や無頼徒」は、ファシストではない。彼らは金銭のために盗掘しているのであって、それをファシストの文化破壊と同一視することはできないはずだ。——にもかかわらず、「NT」は「文化の擁護」

を換骨奪胎して、占領地の治安維持に邁進する軍を讃美したのである[20]。

東方文化研究所雲崗石窟調査班

一九三七年九月一三日、関東軍派遣兵団は山西省北部の要地、大同を攻略した。大同攻略は日本にとって資源確保の面でも大きな意味があった。大同には中国有数の炭田（大同炭田）があった。くわえて、山西省と綏遠省を結ぶ交通の要地でもあった。

明確な時期はわからないが、大同攻略と前後して京都の末永雅雄のもとに北支那方面軍司令官、寺内寿一から一通の手紙が届いた。当時、末永は奈良県史蹟天然記念物調査会の一員として、石舞台古墳の発掘調査を指揮していた。手紙の内容は「大同の石仏は傷つけずに北支派遣軍で保護している」「今後の保存処置についての意見も聞きたい[21]」というものであった。

末永雅雄は陸軍関係の知人・友人が多かった。一九三七年六月、末永は東亜考古学会の内モンゴル調査に参加する直前、奉天に立ち寄っている。目的は関東軍司令官、植田謙吉との会談であった。植田は満洲国の遺跡保存に関心を示していた。会談の席上、植田は同郷（大阪・狭山）の後輩である末永に、遺跡の調査・保存について相談した。末永によれば、植田は「とくに熱河離宮の修理と保存、通溝の徹底調査と保存事業、各地の民俗調査による日本との文化関係の解明を考えておられた[22]」。だが、結局、この計画は実現しなかった。

寺内寿一が末永雅雄に相談をもちかけたのも、寺内と末永とをつなぐ陸軍内の人脈があったからだろう。寺内の依頼を受けて、末永が京都帝国大学文学部出身の考古学者たちに相談したところ、水野清一が名乗りでた。東方文化学院京都研究所（一九三八年から東方文化研究所に改称）に勤務していた水野は、過去に数回、中国の遺跡調査を担当していた。末永は石舞台古墳をはじめ各地の発掘調査に関係していたことから辞退したが、以後、末永は陸軍との交渉を担当する「黒幕的存在」[23]として、水野たちを支援した。

水野清一は東方文化学院京都研究所の同僚、長廣敏雄、羽舘易とともに一九三六年春、中国を訪れ、龍門石窟（雲崗石窟と同様、北魏時代に創建された仏教遺跡）を調査していたが、それは綿密に計画された調査ではなく、石窟の一部を対象とする簡単なものであった。[24]その一年後、陸軍の大同占領によって、水野らは現地に滞在して北魏の石窟を調査する機会を得たのである。末永から話を聞いた水野は、早速、長廣とともに調査計画を立案することになった。

当初は円滑に進展するかに思われた。だが、水野らの計画を阻止するかのように、二つの事件が発生した。

ひとつは、寺内寿一の転任である。寺内が北支那方面軍を離れたことにより、大同での調査は白紙の状態に戻った。治安状態が不安定な大同では、陸軍の協力がなければ、長期に滞在して調査することは不可能である。寺内の庇護の下に調査を実施する予定であっただけに、寺内の転任は水野たちにとって大きな痛手となった。ここで「黒幕的存在」末永雅雄の出番である。末永の尽力により陸軍の協力が得られるように態勢が整えられ、現地部隊が水野ら調査班を支援することが決定された。

もうひとつは、『世界文化』同人の検挙（一九三七—三八年）である。『世界文化』『土曜日』がコミンテルンの指示を受けた人民戦線的文化運動とみなされ、同人たちは治安維持法違反に問われた。人民戦線戦術の登場にともなって、治安維持法の適用範囲はコミンテルンの間接的な指示を受けた（とされる）活動にまで拡大されたのである。長廣敏雄は『世界文化』創刊時からの同人であったが、どういうわけか、検挙されなかった。

しかしながら、『世界文化』事件は長廣を後々まで苦しめた。水野と長廣は一九三八年になって石仏保護を目的とする東方文化研究所雲崗石窟調査班を旗揚げしたが、出発の直前になって、長廣の渡航申請のみが却下された。一九三八年四月、水野らは長廣を残して先に出発した。長廣は渡航申請が却下された後も知人を通じて、何とかして、許可を得ようとした。

特高課に出頭した。特高は案外テイネイであったが、彼の第一問は「あんたはプロレタリア音楽の宣伝をやっとるね」ときた。私は唖然とした。不意を突かれたので、とっさにこういってしまった。「プロレタリア音楽ってどんな音楽ですか？」私は事実知らなかった。
特高氏は一瞬、ぐっと私を睨んだ。「あんたこそ知っとるんじゃろ、やっとるんじゃから。」[25]

長廣は考古学と並行して、音楽批評の領域でも活躍していた。『世界文化』にも現代音楽論を寄稿しているが、そのほかに『世界文化』同人とともに音楽文化クラブを結成してもいる。「特高氏」との会話に登場する「プロレタリア音楽」とは、おそらく音楽文化クラブの活動を指すのであろう。音楽文化クラブは演奏会を開催しただけで活動を休止したが、このような同好会的組織までもが人民戦線的文化運動とみなされた。「特高氏」たちは『世界文化』『土曜日』のみならず、それらに関係する団体をも人民戦線的文化運動として警戒していたのである。——結局、長廣は「特高氏」の詰問に対して何も答えなかった。その後、紆余曲折の末、長廣は外地への渡航を許可された。第二回調査から水野とともに陣頭指揮にあたることになった。

じつは、「皇軍」の石仏保護を讃美した「NT」とは、長廣のイニシアルである。先にとりあげた『土曜日』掲載記事は、長廣や水野が調査計画を立案する以前に、「NT」こと長廣が執筆した。水野らによる第一回調査終了から一年を経て、今まさに、長廣は「皇軍」とともに「文化の擁護」を実践することになったのである。

一九三八年四月一一日、水野清一ら雲崗石窟調査班は大同に到着した。その翌日、調査班一行は晋北自治政府の最高顧問、前島昇と会見している。(26) 晋北自治政府は「支那事変」開始から三ヵ月後（一九三七年一〇月一五日）に成立した日本の傀儡政権で、大同を中心とする晋北一三県を支配していた。前島昇は満洲国の植民地官僚であったが、晋北自治政府では日本人顧問として内面指導を担当していた。自治政府とは名ばかりであり、実際は日本の支配下にあった。

長廣は不在であったが、水野を中心に第一回調査（一九三八年四—六月）が開始された。水野と小野勝年は石窟の実測、羽舘易と米田太三郎は写真撮影、徐立信は拓本を担当した。すでに日本でも報道されていたとおり、石窟周辺には盗掘禁止の立札があった。

警告
石佛寺古蹟皆為中国重要

名勝日本軍為保存文邦之重
地起見特加保護倘有損毀
者射殺不貸
昭和十二〔ママ〕年一月十六日
大日本軍雲崗鎮警備隊(27)

つまり、石仏を傷つけた者は軍が容赦なく射殺するということである。

軍のみならず、晋北自治政府も調査班を全面的に支援していた。一九三八年四月、自治政府は雲崗石窟周辺の寺院において、花祭りの時期（旧暦五月六―七日）に釈尊誕生記念大祭を挙行することを決定した。日中両国の文化交流を目的として、日本と中国の僧侶が動員されることになった(28)。このような記念大祭が東亜文化建設の理念に合致していたことはいうまでもない。

図3　陸軍雲崗鎮警備隊の「警告」。
（木下杢太郎『大同石仏寺』増補版，座右宝刊行会，1938年12月，399頁より）

濱田耕作と東亜考古学会

雲崗石窟調査は東方文化研究所の一事業であっただけでなく、東亜考古学の実践でもあった。長廣敏雄や水野清一の師、濱田耕作は東亜考古学会の常務委員として海外での学術調査を指揮していたが、その流れで雲崗石窟調査も計画されたのである。東亜考古学会は義和団事件（一九〇〇年）の賠償金を利用した対支文化事業の一環として、一九二六年三月に創立された。さらに、東亜考古学会は北京大学考古学会と提携して、同年六月に東方考古学協会を設立している(29)。

濱田耕作によれば、東亜考古学会の創立は東アジアにおける考古学研究の発展と不可分の関係にある。文献から得た知識だけでは新たな発展を望むことはできない。実際に現地に足を運び、調査する段階に入ったのである。

東亜特に支那に於ける古代研究は、今や在来の文献の詮索考証時代を去つて、主として考古学的探検調査に由つて、資料を豊富にしなければならない時代となつた。此の気運は前世紀の後半から殊に著しきを加へ、東西学者の学術的探検は相次いで行はれ、其の結果如何に絶大の資料を学術会に加へたかは、今更新しく述べる迄も無いことであつて、其の資料は単に物質的資料に由る狭義の考古学的遺物のみに止まらず、考古学的探検に由つて発掘せられた幾多の古文献に及んでゐるのである。而かも這種の探検の大部分は、欧西の学者に由つて成就せられ、支那自身の学者は殆ど全く之に関与せず、日本の学者の之に貢献したもの丶、非常に少いことは、我々の大いに遺憾とする所である。〔……〕若し支那の学者自身、若しくは支那文化と最も密接なる関係を有する我国の学者の手によつて此の学術的探検調査が盛に行はれるならば、其処には又特殊の獲物と別殊の観察とが期待せられるに相違なく、又之を行ふことが東亜に国を建て丶ゐる支那及我国学者の学術的義務たる

ことを感ぜざるを得ないのである。〔……〕(30)

当初、東亜考古学会は北京大学の研究者との共同調査を計画していたが、国民政府の勢力拡大にともなって、中国のアカデミーが再編成されたことにより日中両国の提携は頓挫してしまう。その後、東亜考古学会は中国内地ではなく、中国の主権の及ばぬ「満蒙」での調査に重点をおくようになる。(31)日本の研究者が中国内地での本格的な調査を開始するには「支那事変」を待たねばならなかった。雲崗石窟での大規模な調査も大同が日本の占領地になったからこそ可能になったのである。

観光地としての雲崗石窟

一九三九年八月一八日、長廣は大同に到着し、翌日から雲崗石窟での調査に加わった。すでに先発の調査班が作業を開始していた。

「支那事変」開始から二年を経て、「北支蒙彊」の状況は新たな段階をむかえた。九月一日、徳王を主席とする蒙古連合自治政府が成立した。満洲国間島省長であった金井章次が最高顧問であったことからも明らかなように蒙古連合自治政府も満洲国と同様、日本の指導下にあった。現地の行政機構が整備されるにつれて、調査班への支援も拡充されていく。

自治政府は七つの政庁から構成されていたが、大同を中心とする地域は晋北政庁の管轄となった。晋北自治政府は一政庁に格下げされたのである。九月三日、晋北政庁は大同石仏保存計画を始動すべく、水野らから意見を聞いた。東方文化研究所が一手に担っていた石仏保護に、現地の行政機関が本格的に参加してきたのである。長廣は調査記録のなかで次のように述べている。

九月五日

一昨日、晋北政府の文教課や建設局の人が雲崗にきて石仏寺の保存計画の相談があつた。水野君がいろいろ意見をのべた。民家のうち石窟に近接してゐるのを立退かせ、石窟の前座を再現しようといふのだ。ゆくゆくはひろい公園風の広場ができるかもしれない。大切な遺跡を大規模に保護しようとするのは大賛成である。

けふからそのために人夫が十名ふえて第八洞前の堆土を低いところへ移しはじめた。この堆土のしたから、天人浮彫断片、千体仏の一つが出てきた。(32)

周辺住民は九月末までに強制的に退去させられた。大同石仏保存計画は石仏保護にくわえて、石窟周辺の観光地化をも目的とする大規模なものであった。

観光地化は現地の交通機関とも関係していた。調査班は国策会社である華北交通株式会社からも資金援助を受けていた。北京—張家口—大同—包頭を結ぶ鉄道（京包線）、大同—雲崗間をつなぐ定期バスを運営していた華北交通にとって、雲崗石窟の観光地化は利用者数増加を意味していた。第四回調査（一九四一年六—一〇月）の終了後にまとめられた調査記録には、観光客が次第に増加していく様子が述べられている。

図 4　華北交通株式会社の絵葉書（左上に大同石仏が描かれている）。

〔……〕最初の年には遊覧バスはなかつた。われわれは軍とか晋北政庁とかのトラックを拝借するか、便乗するよりほかはなかつた。それが十三年〔昭和一三年、一九三八年〕の夏か、秋ごろから開通し、十四年はこのバスによつて大ぜいの遊覧客がはこばれた、十五年には旅行制限のため遊覧客の数はふえなかつたが、土地が開けるにつれ、〔……〕十六年にはめつきり現地系の遊覧客がふえてきた。これはいままで全くみなかつた光景で、老弱男女とりまぜ、しかも大同、張家口、北京からのひとびとをふくんでゐる。これはたしかに治安の恢復を反映したもので、軍といはず、政庁・領事館といはず、現地に活動するひとびとの努力を多としなければなるまい(33)。

雲崗石窟の観光地化は調査班の仕事にも影響を与えた。当初は測量や撮影に集中できたが、第二回調査の頃から観光客の相手をする機会も増えてきた。また、画家の杉山寧、福田平八郎らが滞在して、調査班とともに石窟内を見物したこともあった。帰国後、画家たちは石仏を主題とした作品を発表しているが、それらは雲崗石窟の存在を世に知らしめることになった(34)。

一九四二年七月、雲崗石窟において大法要が挙行された。その時の様子を調査班は次のように伝えている。

今年の雲岡における最大の出来事は何といつても石仏寺の法要である。晋北政庁、大同仏教徒聯盟、大同石仏保存協賛会等の主催で、日蒙華一体になつた、画期的の大法要であつた。法要の趣旨は大東亜戦争の必勝祈願、戦歿勇士の追悼、あはせて北魏諸帝の菩提のためといふにあつた。

図5　雲崗石窟での大法要（1942年）。（雲岡石窟調査班「雲岡石窟調査記（昭和17年度）」『東方学報』第13冊第4分，1943年9月，163頁より）

このため七月七日より一週間ばかりは、各種の法要行事のほかに、仏教展覧会、大小の講演会、さては映画の撮影、ラジオの録音等々のことがあつて、人の出入もはげしく、調査班もなかなか忙しい目をみた。

〔……〕十一日には大蔵経の入山式にて午後は作業休止、十二日には第六洞で法要が執行されて終日休業、十三、十四両日ももよほしものと雑沓のため休業、十七、十八日は方山見学のため一同大同に出むいて休み。

しかし、この蒙彊の山奥で、この未曾有の盛儀が、今日の時局下におこなはれたことは意味がふかい。華北、満洲、日本からの参集者はとにかくとして、近郷近住の老幼男女がおのづと蝟集したことは、単なる宣撫といつたやうなものをとほりこした、もつと重厚な意義を感ぜしめる。

今年の法要は現地人の反響といふ点で大成

功であつた。これを機会に小規模でもよいから毎年やることが必要である。雲岡石仏寺の年中行事とするがよいとおもふ。(35)

異例中の異例ともいうべき大法要であった。注意すべきは、このような法要が現地寺院の伝統とは無関係に挙行されたことである。「北魏諸帝の菩提」に加えて「必勝祈願」「戦歿勇士の追悼」を目的とする法要は、現地の人々と観光客を動員した国家的事業であった。法要には、雲崗石窟の存在を日本に向けて発信するとともに、現地の人々に石仏の宗教的・美術的価値を改めて理解させようとする意図があったのである。

軍の庇護の下に始まった調査は、当初の思惑とはかけはなれたものになっていた。調査そのものの意義も時代の要請に応じて変化する。もはや「文化の擁護」の段階は終わったのである。対米英戦の開始とともに、そこに大東亜文化建設という新たな意味が加わることになる。

京都探検地理学会

雲崗石窟における調査のほかにも同時期、軍や国策会社の支援を受けた学術調査が占領地の拡大と歩調をあわせるかのように次々と計画された。一九三八年一二月、京都では占領地での調査を円滑におこなうための窓口機関として、京都探検地理学会が設立された。会長には京都帝国大学総長、羽田亨が就任した。しかし、会長は名誉職であり、実質的な学会の代表者は幹事長の今西錦司であった。会員の大半は京都帝大理学部・農学部・文学部の教官と学生である。

小牧実繁の地政学研究、今西と木原均を中心とする生態調査、東方文化研究所の遺跡調査など、いずれも軍の協力を必要としたことから、会員間の意見交換に加えて、諸機関との交渉をもおこなう学際的組織として京都探検地理学会は設立された。水野清一は小牧、木原らとともに幹事として名を連ねている[36]。その活動報告をまとめた『京都探検地理学会年報』の巻頭には、「本会設立の趣旨」が掲げられている。

祖国日本は現在国を挙げて大陸に行動し、然も着々としてその成果を収めつゝあり。この時に当り我等学術の研究に携はる者均しく国家の目的を認識し、之が実現の為力を致し、学術の進歩と国運の発展を助長すべき義務を感ずる。

由来地理学に関係ある学問を攻究し来つた我等は、この際瑣末なる国内的問題に限られることなく、自然科学的にも、文化科学的にも、日本の母体たる大陸に眼を転じ、或は南方諸島に視界を拡めるべき時代に立至つたことを痛感する。〔……〕[37]

調査に対する熱意、海外進出の夢、国家と運命をともにする研究者――ここで注意すべきは日本と大陸との連続性が強調されていることである。日本を知るために「日本の母体」である大陸での調査が必要とされる。東亜考古学会と同様、ここでも学術調査と海外進出が一対のものとして設定されているのである。例えば、幹事長であった今西錦司は、生態学と棲み分け理論を海外進出に結びつけた。今西はダーウィンの進化論を批判して、棲み分けによる生物の共存共栄を描きだしたが、これを内モンゴルの民族問題に適用している。

長城が漢人地帯と蒙人地帯との、文字通りの境界をなしてゐたのは、果していつの頃までであつたらうか。〔……〕統計は蒙彊人口七〇〇万の中、蒙古人の人口として三〇万を挙げている。民族の興亡を迂闊に予断するのは慎むべきであるが、この人口差は数字的には最早この両民族の対立の成立しないことを示すであらう。殊に漢人は人口の補給地をその背後に備へてゐるのに対して、外蒙と遮断され、満洲の同胞とは政治的地域的に区画された現在の内蒙の蒙古人に、たとへ先祖の武勇伝を語り聞かせたとしても、自動車が走り飛行機の飛ぶ現在の内蒙自身が、果して彼等の野生を培ひ、彼等の団結を促すに適当した環境かどうかを疑つて見なければならぬ。元来野生は文化に弱く、文化を通して鍛はれた民族のみが、よく近代国家の建設に資するものとせば、この三〇万の蒙古人が自らを救ふ道は他ではない、自らの野生を清算し、自らの閉鎖性を揚棄して、かの満洲国に見る如く、日本人、満人、漢人に伍し、一如として東亜の新秩序に参与することである。〔……〕(38)

つまり、他の生物と同様、民族間にも棲み分けが必要であり、そうしなければ漢民族とモンゴル民族の共存共栄は不可能であるというわけである。漢民族（農耕中心）とモンゴル民族（牧畜中心）の棲み分けを維持するためにはモンゴル民族を近代化するしかない。日本は棲み分けを維持するために、両民族に対して積極的に介入すべきである。今西はモンゴル民族の非計画的牧畜を批判しつつ、牧畜の集約化を提言している。このように今西は棲み分け理論を民族政策に転用しながら、日本の海外進

出に正当な理由を与えたのである。(39)

3　大東亜共栄圏の文化建設

大東亜共栄圏構想

「日満支」三地域における東亜文化建設は大東亜共栄圏構想の登場によって徐々に姿を消した。大東亜共栄圏構想は第二次近衛内閣が決定した「基本国策要綱」（一九四〇年七月二六日閣議決定）とともに世に現れた地域概念である。「基本国策要綱」では「皇国を核心とし日満支の強固なる結合を根幹とする大東亜の新秩序を建設する」という「根本方針(40)」が示された。

第二次近衛内閣の外務大臣、松岡洋右は「基本国策要綱」が公表された一九四〇年八月一日の談話において、新たに大東亜共栄圏構想を打ち出した。松岡は「我国現前の外交方針としてはこの皇道の大精神に則り、先づ日満支をその一環とする大東亜共栄圏の確立を図るにあらねばなりませぬ(41)」と述べているが、これが公的な場において大東亜共栄圏という言葉が使用された最初である。

松岡談話は「日満支」にしか言及していないが、すでに外務省内部では東南アジアにおける日本の指導権確保の方針が決定されていた。この方針の背景には一九四〇年六月のフランス降伏が関係していた。当時、外務省内部では、ドイツとイタリアの勝利によって欧州戦争が終結すれば、講和会議の席上、東南アジア植民地の再分割が問題になると予測していた。そうなると、ドイツ、イタリアと日本が衝突する前に、早期に日本の指導権を確保しておく必要がある。このような予測のもとにドイツとイタリアを牽制する意図から大東亜共栄圏構想が生み出されたのである。第二次近衛の組閣に先立つ荻窪会議での合意事項（一九四〇年七月一九日）、「東亜及隣接島嶼に於ける英仏蘭葡殖民地を東亜新秩序の内容に包含せしむるため積極的の処理を行ふ但右に関し列国会議を排除するに努む(42)」という部分も欧州戦争終結の予測を前提としていた(43)。

松岡談話が契機となって大東亜共栄圏という言葉が流布すると、南方進出が次第に現実味を帯びはじめる。これにしたがい、文化建設の枠組みも「日満支」三地域から南方を含む大東亜共栄圏へと拡大する。

地方文化建設

第二次近衛内閣の登場とともに外交面では大東亜共栄圏構想が発表され、ドイツ、イタリアとの同盟関係が強化される一方、内政面では新体制運動の流れのなかから大政翼賛会が誕生した。大政翼賛会には文化部が設置され、翼賛文化運動を指導した。大政翼賛会全体の活動方針を示した「大政翼賛会実践要綱」（一九四一年八月七日発表）には、文化建設の理念についても述べられている。

五、文化新体制の建設に協力す。即ち、国体精神に基き雄渾・高雅・明朗にして科学性ある新日本文化を育成し、内は民族精神を振起し、外は大東亜文化の昂揚に努む(44)。

大東亜共栄圏における文化建設のみならず、日本国内の文化建設もまた大政翼賛会の行動目標として掲げられた。しかし、大政翼賛会は、基本的には新体制確立をめざす国内団体であり、海外での文化事業を独自に実施するような部署はなかった。このようなことから必然的に翼賛文化運動は国内に限定された。翼賛文化運動の目的は大東亜文化の建設ではなく、地方文化の建設であった。翼賛文化運動における地方文化とは、基本的には中央文化と対になった概念であり、大東亜文化とは必ずしも関係がない。

しかしながら、地方文化建設は、大東亜文化建設と完全に切り離されていたわけではない。地方文化は大東亜文化の一環をなすものとして位置づけられていた。例えば、一九四一年一月に作成された「地方文化新建設の根本理念」では、こう述べられている。

> 真に世界史を画すべき大業であり、且つ日本民族の運命を決定すべき東亜新秩序建設の企図達成のために、その目的に照応すべき国内体制の刷新、新体制の確立が何よりも先づ必要なことは最早やいふまでもない。〔……〕
>
> この時に当りて最も大切なことは、国民が文化を全く新しき時代に即応して再認識することである。従来やゝもすれば、文化をもつて政治、経済は勿論のこと、国民生活とは全く遊離した贅沢物乃至は装飾品のごとく考へ、それが根本観念に於て著しく消費的、享楽的であり、且つまた個人的、非公共的性質を帯びてゐたことは争はれぬ事実である。固〔もと〕より文化の正しき消費性は尊重さるべきであるが新体制における文化の建設は、以上のごとき誤れる観念をしりぞけ、全国民的な基礎の上にたつ、生産面にふれた新しき文化を創造し、これが育成と政治目的の完遂とを、国民生活と東亜

諸民族の生活の中に実現して行くことにあるのである。〔……〕(45)

つまり、地方文化建設は、単なる国内問題ではないということである。

また、ここでは「文化」概念が批判されているが、同様の批判は大東亜文化建設をめぐる議論でもくり返し登場する。文化破壊の元凶は享楽的な生活様式をともなった欧米文化であるとして、欧米文化の悪弊を除去して、地方文化を再興することが提唱される。欧米文化批判という点からみれば、地方文化建設も大東亜文化建設も同工異曲である。

地方文化は大東亜文化を形成する一要素であったにもかかわらず、先に述べたように翼賛文化運動は国内に限定されていた。翼賛文化運動にみられる日本文化重視の偏向は運動内部でも指摘されていた。だが、大政翼賛会文化部初代部長として翼賛文化運動の先頭に立っていた岸田國士は、そのような指摘に耳を傾けようとはしなかった。岸田が想定する「地方文化」は純日本文化であった。それは東亜文化や大東亜文化のような広域文化ではなかった。岸田は「地方文化」を日本という場に閉じ込めることによって、広域文化との関係を切断した。岸田にとっては日本文化の一環としての地方文化建設こそが問題であった。

対米英戦開始の二カ月前、一九四一年一〇月、大政翼賛会文化部は第一回東北地方文化協議会を開催した。その席上、大政翼賛会宮城県支部の八島孝二は岸田に向かって、日本文化重視の偏向を直接に批判している。

〔……〕日本の文化の大切だといふ事は私支那満洲を三十年来常に見て居るので御座いますけれども満洲辺りに行つてはロシアの勢力が大きい場合にはロシアの文化に頼つたのでありますけれども、これは支那事変以来日本の勢力が隅々まで及んだ今日日本人の一挙手一投足総てが文化なのでありまして、それを満人の農民達或は都会に生活して居る満人達が色々見習ふのであります。さうした大きな文化の指導責任が日本にある事を考へて見ますと単にここに小さい地方文化を論じてそれで事が済む時代ではないといふ事を常に私考へて居ります。〔……〕今後の戦争が果して日本の有利な条件に展開するのは眼に見えて居るのでありますから、さうなつた場合に直ぐ戦争の後に文化といふ事を引続き開始しなければならぬのでありますが果して大東亜共栄圏内の文化が研究されて居るか、或は近くは満洲なり支那なりの文化が果して日本国民に理解されて居るかといふ事を考へました時に、東亜の盟主として立つといふ事は本当に心もとないやうな気分もするので御座います。さうした文化の大陸進出或は東亜に進出する世界に進出するといつた大きな目標を持つて私共の地方文化を考へて見たいと思ひますしまたさうする必要があるじや〔ママ〕ないかと思ひます。〔……〕[46]

翼賛文化運動の指導者たちは自分たちの偏向に無自覚であった。日本文化重視の偏向は岸田國士のみならず、文化運動の現場にもみられるが、このような偏向が翼賛文化運動全体を規定していたともいえる。

東北地方文化協議会の議案を見ると「東北における農業技術改善のために六県農業研究会をつくる件」「無医村に対し一層熱意ある政府の施設を要望するの件」といった産業・厚生に関するものから、

「東北精神の権化と見做して然るべき勤皇先覚の志士例へば平田篤胤・佐藤信淵・山鹿素行・高野長英・林子平友直を追慕尊崇し其の人々の精神を精神とする工夫を講じ東北文化の振興を期す」といった徳や精神に関するものまで、文化運動の現場における地方文化建設はきわめて多義的であった。そのなかでも自分たちの居住する地域の問題が圧倒的に多かった。

一方、東亜新秩序や大東亜共栄圏に関係する議案は、宮城文化協会の宮城音五郎が提出した「大興亜精神昂揚運動の一翼として、日満華三国青少年に民族的民族文化の交驩を行はしむる件」を除いて皆無であった。ここでも地方文化建設の計画は国内に限定されていた。そのようななかにあって八島孝二の発言は例外に属する。文化運動の現場においても地方文化建設は国内問題であり、一般的には大東亜共栄圏と分離して議論されていた。

ただし、地方文化建設であれ、大東亜共栄圏における文化建設であれ、本来的なものを回復するという点では同じである。それは文化建設というより文化再建である。つまり、何もなかったところに新しく構築する意味ではない、ということである。

文化建設の目的は文化の持つ本来の姿を回復することにある。ここには欧米諸国の政治的・経済的影響によって本来的なものが歪められてしまったという認識がある。本来的なものを回復するためには欧米諸国の影響を除去しなければならない。

大政翼賛会調査委員会

大政翼賛会では翼賛文化運動とは別に、第一次改組後に設置された調査委員会において大東亜共栄圏の文化建設について議論されている。調査委員会は他の部局から独立した存在であった。調査委員会の目的は政策を独自に立案して、政府に進言することにあった。調査委員会のなかでも第三委員会が「大東亜共栄圏の建設に関する事項」を調査・審議することになったが、そこには「文化的建設に関する事項」も含まれていた。第三委員会報告「大東亜共栄圏建設に伴ふ文化的対策」は小委員会での審議（一九四一年八―九月）を経て、一九四一年九月一八日に政府に上申された。

大政翼賛会調査委員会は政府が直接に設置する諮問機関とは性質が異なるものであった。官僚が用意した文案をもとに審議するのではなく、小委員会での議論をふまえて数名の委員が文案を作成し、そこに各委員の意見を加味して提言がまとめられた。第三委員会の報告にも委員たちの意見が直接に反映されている。

第一、緒言

一、文化事項は政治、経済施策との調和の内に、我国文化の神髄発揮に依り、東亜諸国民の有せる文化の正当なる発達を促し、茲《ここ》に皇道精神を中核となし、東亜人の緊密なる提携の下に、東洋文化の発展創成を期し、以て新秩序下に於ける大東亜共栄圏の建設に資する目的として起案す。日本が道義的指導をなすに方《あた》り、大東亜諸国の民心に及ぼす感銘を、古来大陸に於ける幾多の実例に徴して考慮するに、凡そ外来の新勢力は常に自己の特性と威信とを厳守しつつ、徐《おもむ》ろに土着民の為め、其面目と生活とを保障するを以て指導の要諦とする。又現代に於ては土着民の心を奪ひ来れる第三国の処理に思を致さねばならぬ。

而して大陸に於ける大衆には常に物心一如の理念に依り、住民の生活面に対する配意が文化工作の上に於ても亦、重要なる役割を演ずることを忘れてはならぬ(47)。

この報告の特徴をまとめると、次の二点になるだろう。ひとつは東亜文化建設を基調としつつ、建設の対象となる文化圏を「日満支」以外の地域にまで拡大していることである。ここでは東亜文化建設は「日満支」三地域に限定されていない。

もうひとつは「第三国」に対する警戒が露骨なまでに表現されていることである。なかでも国民政府を支援するイギリスに対する警戒感が目立つ。この報告では日本による対外宣伝工作についても言及しているが、そこでは「民国は最近百年以来、英米蘇人等より、又、南方は二三百年以来蘭英仏人等より搾取されたる事実に関し、当該国民をして醒めしめ、新秩序下に於て、自己国民の本然の姿を再認識しつつ、隣邦相携へて活くるの途を、知識層並びに大衆に対しては勿論、尚ほ当該為政者に対してすら、夫々丁寧反復して宣伝するを急務とする(48)」というようにイギリスなどによる侵略が批判されている。

以上のことからも明らかなように、この報告では一貫して、侵略を侵略と感じさせてはならないという点に注意が払われている。日本が指導する文化建設は一方的な文化侵略ではない。ひとつひとつの言葉が侵略という意味を喚起しないように委員たちが苦心していたことが小委員会の記録からも読みとれる。先の引用にあった「大東亜諸国の民心に及ぼす感銘」という表現をめぐって、小委員会では次のようなやりとりがなされている。

林小委員長〔林桂〕　例の民心把握を幾らかでもぼかす意味で斯うやつたのですけれども、通じなければもう少し的確なる言葉にして置いて発表の方を削つてしまふ方が適当ぢやないかと思ひます。

天川委員〔天川信雄〕　民心を把握する為にはどうせ発表しなければならぬのですから……。

松本（信）委員〔松本信廣〕　化育と云ふ言葉では如何ですか。

林小委員長　それでも支那人の方から見れば……

林（久）委員〔林久治郎〕　実際問題として民心把握なんだが、文字の使ひ方として出来るだけ悪影響を及ぼさないやうな文字を使つた方が得ですね。

林小委員長　さう云ふ積りでぼかして見たのです。随分妙な字ですが感銘では分りませぬ。[49]

できるだけ他の民族からの反発を避けたいという思いが委員たちにはあった。「化育」や「民心把握」であれば、一方的に占領地の住民に押しつけるという意味にとられてしまう。それでは直前にある「道義的指導」という言葉との間に矛盾が生じてしまう。結局、文案にあった表現を改めることなく、「民心に及ぼす感銘」に落ち着いた。

ここでいわれている「道義的指導」は王道政治や五族協和とそのイデオロギーにおいて必ずしも一致しない。むしろ、「道義的指導」は、石原莞爾のいうような「道義」「王道」と相反するような表現である。石原は五族協和を前提として「道義」「王道」という表現を用いていたが、この報告にみられる「道義的指導」は五族協和を否定する。「道義的指導」が意味するところは五族協和ではなく、皇民化による異民族統治である。「皇道精神」が大東亜共栄圏を覆う一方、「東洋文化の発展創成」は後景に退く。「道義的指導」が暗黙裡に想定していることは民族の共存共栄ではなく、皇民化なのである。

ここで想定されている共栄圏の範囲は陸軍や外務省の構想と同一ではない。調査委員会のなかでも認識はさまざまであったが、大東亜共栄圏の最大公約数的定義としては、大政翼賛会東亜局長、永井柳太郎の発言が参考になるだろう。

〔……〕大東亜共栄圏の研究をすることが何故必要かといふことは、申上げるまでもなく、例へば米洲共栄圏、ドイツ、イタリーを中心としたヨーロッパからアフリカに亘る新秩序共栄圏といふやうなものが設立されることに対しまして吾々は平戦両時に於て、自給自足し得る共栄圏を、如何にして日本の地理上最も接近した所に確立するかといふことが、共栄圏の研究の必要な所以だと思ひます。〔……〕

そこで蘭印までも入るかといふ質問をせられた時に、松岡外務大臣は、蘭印は中に入るとお答になつたことは当然だと思ひます、それは固《もと》より入ります。〔……〕その範囲の所謂大東亜で、真に平戦両時に於ける自給自足が出来るのかどうか、研究の結果、その範囲に於て平戦両時に於ける自給自足が出来なければ、尚更東は濠洲にも伸し、西は印度にも、イラン、イラクにも伸ばす必要が起つて来るかも知れません[50]。

これは日独伊三国同盟をふまえての発言である。日本がドイツとイタリアの権益圏を承認する代わりに、独伊両国が日本の権益圏を認めることが三国同盟締結の主な目的であった。三国同盟には日本はアフリカに、またドイツとイタリアは東南アジアに介入をしないという了解があった。調査委員会の報告のなかで語られる大東亜共栄圏は、日本を盟主として、長期にわたって自給自足が維持可能な権益圏なのである。その範囲は「日満支」から東南アジアまでを含むが、永井が指摘するように、場合によってはオーストラリア、インド、イラン、イラクまで延長することもできる。

先の「道義的指導」という言葉には軍事的占領という現実を覆い隠す意図があったが、どれだけ他の民族に配慮しようとも日本が指導民族であることに変わりはない。報告のなかでも次の部分は他の民族に対して極端なまでに配慮している。

其三　道徳

我国民が惟神の大道に依り其の徳性を彌々向上醇化し、特に現地在留邦人が自粛と協力戮力とに関し強き反省を起しつつ民族の優秀性を無言の内に発揮して東亜諸国民に臨むことが、興亜事業の為め重要なる一面の基礎たることを想起すると共に、各国民にも其の固有の道徳を創造の昔に還元するに努めしめ、茲《ここ》に皇道を中心として東亜人が「道」に於て帰一するの大理想を包懐せしめ、又例へば東洋人が大自然の中に溶け込みて、大和の精神の内に、自づから活くるの道を知れる等の本質を喚起せしめて、茲に東洋的なる共栄精神の発露に資し度し。〔……〕[51]

いったい何を言おうとしているのだろうか。配慮に配慮を重ねた結果、かえって「道徳」「精神」

という言葉の意味がわからなくなっている。奇妙な平身低頭ぶりと価値基準の押しつけとが「道徳」「精神」という言葉によってひとつにまとめられ、そこに生じるであろう矛盾は解消されてしまう。

「道徳」「精神」は個人の自己形成と関係する概念であるが、ここでは少し意味合いが異なる。文化建設をめぐる議論では民族の自己形成という文脈において、徳や精神に関する問題がとりあげられることがある。他の民族も日本の精神に触れることによって、民族の本来の姿を回復して、「東亜人」になることができる。東亜民族・大東亜民族としての自覚は徳や精神を体得することによってもたらされる。そのようにして真に民族の一員となることができるのである。つまり、民族の一員であるという意識は環境によってではなく、ある個人が徳や精神を受容することによって形成される。自己形成を意味するドイツ語 Bildung は「教養」のみならず「文化」とも訳されてきたが、文化建設のめざすところは民族の一員としての自己形成でもあったのである。

大東亜建設審議会

一九四二年二月、当時の首相、東條英機の施政方針演説をうけて、大東亜建設審議会が設置された。審議会の目的は大東亜共栄圏建設に関する重要事項の調査・審議にあった。第二部会（文教政策、部会長＝文部大臣）の答申「大東亜建設に処する文教政策答申」（一九四二年五月二一日決定）には文化政策に関する事項が含まれている。

（一）皇国民の教育錬成方策

第二　方策

八、思想、学術、芸術及宗教に関する方策の確立

古来の日本文化の優秀性を国民に自覚徹底せしめ更に東西文化を摂取醇化して其の向上発展を図ると共に指導的国家たるの内容を充実し以て国民精神を昂揚し国民の資質教養を充実すべく左の方途を講ず

1　日本世界観に基き諸学を確立すると共に国民思想を振作昂揚す

2　国家の綜合的企画に即応し学術に関する各種研究所、博物館、図書館等を整備充実す

3　伝統的芸術の精髄を更に発展せしめ大東亜は固《もと》より進んで世界に光被せしむべき雄渾卓抜なる芸術文化を創造するに力《つと》む

4　宗教思想の醇化昂揚を図り宗教関係機関及団体が進んで大東亜建設に参ずるの真摯純正なる教化活動を促す

（二）大東亜諸民族の化育方策

第二　方策

四、文化に関する方策

日本文化を顕揚し広く其の優秀性を認識せしむると共に現地に於ける新聞、ラジオ、映画等文化施設の普及、医療等厚生施設の充実、図書館、博物館、植物園等の整備を図り且内地より優秀なる学者、研究者、技術者を派遣して現地有識者と共に文化の向上を促進し渾然たる大東亜文化の創造に

培ふ(52)

審議会では大東亜共栄圏建設の具体的な方針を示すことが求められていた。この答申にも実践的課題が盛り込まれている。審議会の設置時、日本が新たに獲得した占領地では、すでに軍政下において文化政策の立案に着手されていた。しかしながら、この答申では、占領地の実状については何も述べられていない。日本文化の「優秀性」についてしか述べていないようにもみえる。だが、ここでも大東亜共栄圏の範囲が明確でなく、大東亜共栄圏をめぐって見解の相違がみられる。また、南方の環境や民族文化に対する理解もさまざまであり、審議会では各委員の知識が次々に披露されることになった。

第二部会の議事録を見ると議論の中心は教育制度であり、答申に登場する文化政策についてはまったくといってよいほど取りあげられていない。文化政策については皇民化問題との関連から第三部会（人口・民族政策、部会長＝厚生大臣）でとりあげられた。

いかにして異民族を皇民化するか？――第三部会では南方民族に対する統治技術をめぐって、委員たちが自身の経験を披瀝しながら議論を展開している。そのなかでも注目すべきは台湾の事例である。南方占領地では華人と先住民族に対して、それぞれ異なる統治方法が必要であるという認識が委員たちのあいだにはあった。そのような異民族統治の先例として台湾がとりあげられている。第三部会の委員であった大谷光瑞は華人と台湾の先住民族とを比較しながら、次のように自説を展開している。

〔……〕腰掛民族を扱う時にはそこに住居して居る民族とは同一の考へでは出来ませぬ、台湾でも従前から居る五万人、全部華僑である、華僑でないものは高砂族十四、五万、之は完全に皇民化して居ります。日本の異民族統治の上で最良の結果を挙げて居るのは高砂族である、私共が恥かしい位立派な国語を使ひます。青年団なども立派に出来て居る、指揮官が号令しますとさつと立ちます。軍隊の真似をします。〔……〕言換へれば文化の低い諸民族であつた場合は帝国領土内に於て皇民とすることは容易である、それから文化のある民族の場合は困難である。〔……〕(53)

大谷の発言のみならず、第三部会のなかで語られる「文化」とは、主として文明や生活様式であった。一方、「文化」が徳や精神といった意味で語られることはあまりない。このことは皇民化の実践にとって、いかに徳や精神が無意味であったかを証明するだろう。

大谷は皇民化を文明化の問題と重ね合わせているが、その一方、「私は民族は同一だと云う大体論は宜い、併し輪転機で新聞を刷るやうな工合にすると云ふことは大反対(54)」と述べて、むやみに皇民化を推進することを批判してもいる。大谷によれば、皇民化にとって重要なことは皇民であるという意識であり、それがなければ皇民化を推進する意味がない。

大谷は皇民化の問題に関連して、その視線を異民族の生活様式にも向けている。皇民化を推進するには異民族を大和民族に包摂するだけでなく、大和民族が異民族の生活様式を受け容れることも必要になる。大谷は自身の体験談を紹介しながら、衣食住のうち食の問題が最も重要であると指摘している。机上で政策を立案するだけでは真の皇民化を実現することはできない。異民族の生活様式に触れるとともに、それを受け容れなければならない。

〔……〕それではと云ふので何でも「パラオ」一番大きい酋長で、大変しつかりした人だ《〔ママ〕》さうでございますが、それに申付けまして日本から貴重な人が来られて吾々の料理を召上がると云ふことは大変結構なことであると云ふので、沢山な珍味を並べて呉れました、私は悉く《ことごと》平げました。〔……〕所が今日迄南洋庁へ立派な御方が沢山御出になつて居りますが、島民料理を差上げますと、ははあ珍しいものだなと云ふて御覧になるが、召上つたことはございませぬ、〔……〕此の食物と云ふ点が大和民族の一番同化し難い点である、是が出来ませぬと同化問題はいけない、〔……〕第一に衣食住の中で衣と住は同化し易い、と云ふのは此処に御出になる方は皆欧羅巴の着物を着て居ります。〔……〕住居は行つた先の住居に否でも応でも住はなければならぬ、暑くて居られぬ、寒くて居れぬ、是は仕方がない、〔……〕成るべく今から何でも食へるやうにして行かなければならぬ、それでないと同化し難い、詰り其処に居付かない、是だけ一寸申上げて置きます。(55)

統治を推進するには大和民族が現地に入植して、異民族を実際に指導しなければならない。まずは、大和民族が現地の環境に適応し、異なる生活様式を受け容れることからはじめなければならない。大谷によれば、海外では日本の食生活を再現することは困難であり、その意味でも食の問題を無視することはできないのである。

だが、大谷がとりあげた生活様式をめぐる問題は、第三部会の答申「大東亜建設に伴ふ人口及民族政策答申」（一九四二年五月二一日決定）には盛り込まれなかった。第三部会全体の議論をみても現地の生活様式を評価する声は少なく、発言回数が多かったにもかかわらず、大谷の提言は他の委員の賛同を得られなかった。大谷の発言とは反対に、第三部会の答申では「大和民族と他民族との雑居は成るべく之を避けしむると共に現地在住者の指導及結束を強化するの措置を講ず」、「大和民族の純一性を保持する為現地定住者には家族を同伴せしむる等必要なる措置を講ず[56]」といったように他の民族との接触を制限する方向が示された。現地の様式に慣れるよりも日本的生活様式を守るほうが望ましいとされたのである。

結局、現地の生活様式は第三部会の委員たちにとって野蛮なもの、改良すべきものであった。委員たちが描いた皇民化の理想とは、日本の指導下に非合理的な生活様式を除去することによって、早急に文明化した生活を実現することにあった。大谷も拙速な文明化には批判的であったが、基本的には他の委員と同じく文明化賛成の立場であった。

4 「擁護」から「創造」へ

東亜文化建設から大東亜文化建設へ

東亜文化建設の実践は大東亜文化建設の登場によって、どのような影響を受けたのだろうか。ここでは、もう一度、東方文化研究所雲崗石窟調査班の活動をとりあげることにしよう。大東亜文化建設の登場は調査そのものの意義を変化させた。雲崗石窟を東亜文化の代表的仏教美術として評価するだけでは不十分であった。大東亜文化の地図の上に改めて位置づけられなければならなかった。

おもふに大東亜戦争開始以来、人々の瞳は特に南方にそそがれた。しかし、蒙彊の時局的な、乃至文化的な意義は毫末もかはらぬはずである。

御稜威の下、赫々たる皇軍の戦果をおほぎ、われわれはこの蒙彊の、いまは廃墟にもひとしい雲岡石仏寺の遺構を調査研究することにより、大東亜の全域に関係するこの石仏寺の古く、且つ偉大なる伝統をあきらかにし大東亜の全民が負へる長きかがやかしき歴史とその前進、しかもさらにのびゆく新たな生命の昂揚を期するものである。(57)

一九四〇年代に入って南方に眼が向けられるようになっていたが、大同が重要な資源供給地であることにかわりはない。調査班は軍や晋北政庁、華北交通株式会社に加えて、大同炭礦株式会社からも援助を受けていた。大同炭礦は石窟周辺での採掘調査、労働力確保を目的とする宣撫工作を実施していた。雲崗石窟の調査は観光や宗教を利用した占領地統治のほかにも、現地の交通網、炭鉱の経営とも関連していたのである。

長廣敏雄は対米英戦開始から二年を経て、大東亜文化を規定する遠近法そのものを問題にしている。長廣によれば、大東亜文化を文化史的に規定するには、独自の遠近法を発明しなければならない。「西洋の近代性」にもとづく遠近法では大東亜文化を規定することはできない。長廣は『近代の超克』(58)の議論をふまえ、今日の学問の根底にある「西洋の近代性」を批判している。長廣は『近代の超克』の感想を次の二点に要約している。ひとつは、『近代の超克』執筆者と同世代の人々（長廣も含む）が自国の文化を軽視していることを再確認した、ということである。もうひとつは、そのような人々には自国の文化のみならず、大東亜文化についても議論する資格はない、ということである。

いや、そんなことはない。吾々は青年のときから大陸に目を向け、支那や印度の文化に関心をもつてゐた〔ママ〕。といふ人もあらうが、そんな人の人数は日本全体にしみついた西洋の近代性の臭に比して問題になるまい。

西洋といふことを言ふと面白くないが、世界中が近代国家の上に近代文明をつくつて競争してゐることは自明の事実である。これは科学や技術の振興といふ現下の国家的喫緊事を捕へても分ることだ。その意味では古臭くて旧慣依然たる支那や印度の文化からは学びとる何ものもない。〔……〕だから「近代の超克」といふことは課題として提出され易い。だが、そういふ土台のない「近代性」を超えて、直ちに歴史創造の基盤の確定といふ課題、ひらたくいつて大東亜文化の創造といふ課題は、文化上の問題としてまだ少しも取りあげられてゐないやうに思ふ。

学者や文芸家が古臭い支那や印度の知識だけによつて、この知識をいくら平易に詳密に説明したところで、歴史の創造にもならず文芸復興にもならない。〔……〕[59]

「文化の擁護」から「大東亜文化の創造」へ——長廣のみならず、知識人のあいだでは文化の「創造」が課題として認識されるようになっていた。[60] このことは「日満支」三地域から大東亜共栄圏へと文化建設の対象が拡大したこととも関係している。「日満支」三地域の地域的限定の中で開始された雲崗石窟調査は、調査そのものの意義を大東亜共栄圏との関連において再設定しなければならなかったのである。だが、長廣の前には、大東亜文化と称されるものはなかった。

「対象は安南人かフランス人か」

日本は対米英戦開始以前にフランス領インドシナ（仏印）に進出しているが、インドシナ進出は大東亜文化建設の試金石となった。しかしながら、日本の対インドシナ軍政下の文化政策とは性質の異なるものであり、大東亜文化建設の例外であった。一九四一年六月、タイとインドシナでの視察を終えて帰国した国際文化振興会常務理事、黒田清は、南方を対象とする文化政策の必要性を次のように説明している。

昨年秋の皇軍の仏印北部平和的進駐、続いておこつた泰仏印国境紛争事件、それに今回の南部仏印に於ける皇軍の進駐等仏印を舞台として東亜の情勢は眼の廻る様に変つて行く。北中南支に於ける皇軍の連戦連勝の後を追うて文化工作が必要であると云ふ事は、昨今異口同音に唱へられる様になつて来た。〔……〕

一方大東亜共栄圏の理想達成のために南方文化工作と云ふ事が近頃我国識者の間に、一大関心事として現はれて来た事は事実である。近東及び南洋方面に文化工作の基地をつくらねばならぬ、殊にイスタンブールとバンコックにしつかりした文化工作基地をつくらねばならぬと私は各方面に進言したのは今より六七年も前の事であつた。然し当時に於てはそれは、何々会の趣意書でも読む様に聞き流されてしまつたのである。遺憾な事ではあつたが、事の熟するのを待つより他どうにもならぬと、私はあきらめて居た。昨今其事がほんたうに熟して来たらしい(61)。

これは南部仏印進駐開始の直後に発表された一文である。黒田は「今より六七年も前」、国際文化振興会の設立時（一九三四年四月）、常務理事に就任した当初から南方での文化政策について提言していたということになる。海外文化事業の実践機関であった国際文化振興会では早い時期から南方を視野に入れた文化政策が構想されていた。

国際文化振興会主事、青木節一は一九三九年末の時点において、欧米諸国が東南アジアで実施した文化政策を概観しつつ、欧米とは異なる、「興亜」の使命にもとづいた文化政策が必要であると指摘している。青木は欧米の帝国主義を批判しているが、フランスの文化政策には一定の評価を与えている。東南アジアに植民地を持つ国の場合、植民地に対する文化政策には当然ながら宗主国側の思惑が反映されている。なかでもインドシナでは宗主国フランスが徹底した文化政策を実施して、他の欧米諸国の文化が流入することを阻止した。フランスは文化を通じた外交戦略を他国に率先して組織的・統一的に実施した文化政策の先進国であった。

然らば大陸に移つて印度支那は如何かと云ふに、仏蘭西はこの領地に対する外国の働きかけに極度に神経過敏である。それに仏蘭西と云ふ国は昔から文化宣伝には非常な努力を払ひ、又相当程度に成功した国であつて、仏国政府の寄附金を主たる財源として国際文化協力機関を国際聯盟の一機関として巴里に設けしめ、聯盟の名に於て自国の文化宣伝を行つてゐる程のその道の先輩である。印度支那を外国文明の勢力に奪はれるが如き、へまはしなかつたのである。それ程印度支那に対する母国仏蘭西の文化工作は完全であつたことを認めなければならぬ[62]。

日本の対インドシナ文化政策は北部仏印進駐によって難題に直面する。日本は宗主国フランスとの関係もあって、直接に現地の人々を対象とした文化政策を実施できなかった。最初にインドシナ在住のフランス人との文化交流が実現したが、それは従来と同じ日仏二国間における文化交流でしかなかった。現地の人々との交渉を後まわしにしたのである。日本国内ではフランス人との交流を優先したことに対して「対象は安南人かフランス人か[63]」と疑問視する声すらあった。

当時、国際文化振興会の主導により、すでに日本・仏印間での最初の学術交流が実現していた。日本からは太田正雄（筆名＝木下杢太郎、東京帝国大学医学部教授）、仏印からはヴィクトル・ゴルベウ（フランス極東学院）が派遣された。一九四一年五―七月、ハンセン病研究を専門とする太田は、仏印滞在中に現地のパストゥール研究所などを訪問し、らい菌の培養実験について講演した。一方、同時期、日本に滞在したゴルベウは黒田清と会談しているが、その際、黒田はゴルベウに「クメール美術の全体を展望できる考古学的作品を所有したい[64]」と古美術品の交換を提案し、一九四一年九月、フランス極東学院は古美術品交換を正式決定した。

結局、対インドシナ政策のみならず、日本の文化政策には統一的計画が欠けていた。日本の対インドシナ文化政策は大東亜文化建設の全体像を描くこともできぬまま、またフランスの文化政策を批判することもできぬまま実行に移されたのである。

独自の方向性を示すことができなかった日本の対インドシナ文化政策は、先行者であるフランスの前に屈したかのようにもみえる。しかし、この時、インドシナがきわめて不安定な状態にあったことを考慮すれば、文化交流の主導権は日本のほうにあった。日本は北部仏印進駐から仏印武力処理（一九四五年三月）直前までインドシナに対して「静謐保持」の原則を貫き、フランス（ヴィシー政府）の主権を尊重した。インドシナを舞台とする日仏協力は、当初、援蔣ルート遮断を目的としていたが、南部仏印進駐前後から対米英戦の遂行に重点がおかれるようになる。この間、日本は、親日的な独立運動を積極的に支援しようとはしなかった。日本がフランスによる統治を是認した結果、現地の独立運動家たちから反発を喰らうことになった。

このような日仏協力を仏印現地当局の側から考察するなら、現地当局は大東亜共栄圏構想に共鳴して日本との協力にふみきったわけではなく、あくまでフランスの主権を維持するため日仏協力を選択したということになる。(65) 同様に、インドシナにおける日仏文化交流もフランスの側からみれば、大東亜文化建設の理念とは無関係に推進されたのである。

タイにおける国民文化形成

インドシナと同様にタイも大東亜文化建設の例外であった。一九四一年一二月二一日、日タイ同盟締結とともにタイは主権国家として独立を維持しつつ、日本に協力することになる。さらに一九四二年一〇月二八日には日タイ文化協定が締結され、両国の文化交流が推進されることになった。大東亜省南方事務局文化課長、東光武三は日タイ文化協定の意義について、こう述べている。

同盟条約に於て日タイ両国は軍事上、政治上、経済上凡《あら》ゆる協力を約してゐるが、今次の文化協定に依つて更に文化活動の凡ゆる部面に於て協力することとなり、同盟は文化の裏付に依つて愈々確固不動のものとなつたのである。〔……〕

〔……〕然し乍ら米英文化の根柢は深く且つ強い、之が絶滅も亦果敢且つ徹底的たるを要する。之が為には素より大東亜興隆の基根たる皇道文化を確立し、宣揚することが先決問題であるが、同時に盟邦文化の特性も之を尊重し東亜諸文化を融合し、茲に大東亜新文化体制を確立する必要があるのである。〔……〕(66)

ここでは日タイ文化協定は大東亜文化建設の一環をなすものとして位置づけられているが、実際には大東亜文化建設に関する事項は協定には含まれていない。この協定は第一条に「締約国は両国間の文化関係の基礎を堅実ならしめ以て両国相互の認識及理解を深からしむる様努力すべく且之が為文化の有らゆる部門に亘り最も緊密なる協力を為すべし(67)」とあるように、その目的は両国間の対等的文化交流に限定されていた。インドシナや軍政下の占領地をも含む大東亜共栄圏内部における文化交流をめざしたものではなかったのである。

当時、タイではピブーン人民党政権が民族文化法の公布、民族文化協議会の設置など国民文化形成を目的とした文化政策を展開していた。ピブーン政権の文化政策は日タイ文化協定の内容とも関係している。バンコク駐在の国際文化振興会職員、山縣三千雄は文化政策の特徴を次のように報告している。

長い間専制君主国であつた泰国に於て、国民一般の生活の改良向上と云ふことに注意が払はれるようになつたのは漸くラーマ四世時代（一八六二―一八六八）からであり、〔……〕未だ国民一般の自覚が伴はず、その啓蒙化は甚だ遅々たるものであつた。

それが大東亜戦争勃発以来急激に厚生文化運動が盛んになつた。これ以前既に独逸のヒトラーユーゲントに範を採り男女青少年の国民文化的訓練を目標にしたユワチョン・ユワナリやラッタニヨム（国民信条）運動の如きものがあり、相当の効果を上げてゐたのであるが、今度はピブン首相自ら国民のあらゆる社会層へ呼びかけ、云はゞ泰国民全体の新生活運動とも云ふ可きものを始めたのである。此の種の運動が戦時の政治的、思想的、経済的混乱にあつて国民精神の昂揚、生活の改善合理化、国民の団結を目指したナショナリズムの表現である事は論を俟たないが、面白いのはその外面が国粋的ではなく非常に国際的で世界の標準型を帯びてゐる事である(68)。

ここで述べられている「厚生文化運動」とは要するに生活様式の近代化である。ピブーン政権は国語・国民文化の創造と並行して、国民生活の刷新をも推進していたのである。国民文化の確立をめざすピブーン政権が日タイ文化協定締結に際して日本の文化侵略を警戒していたことは想像に難くない。

協定には文化侵略と結びつくような「皇道文化」讃美も「米英文化」に対する憎悪も登場しない。両国間の文化交流に関する事項しか含まれていない。ピブーン政権は協定締結によって日本との協力関係を強化する一方、日本文化の流入をできる限り排除しようとしていたのである。

以上のことからも明らかなように大東亜文化建設はいくつもの矛盾を抱えていた。ここでは二点だけ指摘しておこう。

ひとつは東亜文化建設との間に生じた矛盾である。「日満支」三地域は大東亜共栄圏に組み込まれたが、「日満支」を対象とする東亜文化建設は大東亜文化建設へと発展的に解消されたわけではない。東亜文化建設と大東亜文化建設は理念の上では重なる部分もあるが、しかし、両者は異なる統治機構の上に築かれた別々のものである。東亜文化建設が内面指導による自治制（傀儡政権）を想定していたのに対して、大東亜文化建設は基本的には軍による直接統治を想定していた。東亜文化建設は「日満支」三地域における民族の共存共栄を理想としたが、大東亜文化建設では皇民化に重点がおかれ、各民族の生活様式をも強制的に改変しようとした。

もうひとつは大東亜共栄圏内部に生じた矛盾である。南方軍政下の占領地とは異なり、フランス領インドシナとタイでは大東亜文化建設の理念は貫徹されなかった。日本はフランスによるインドシナ統治を黙認しつつ、フランスとの文化交流を実現した。国際文化振興会は極東学院とも提携しながら文化交流を推進したが、それは同時にフランスのオリエンタリストたちの文化財保護を黙認するということでもあった。また、フランスと同様、タイのピブーン政権も大東亜文化建設の理念を受け容れなかった。大東亜文化建設は日本が思い描いた幻像であり、タイの国民文化形成にとっては外圧でしかなかった。このように大東亜文化建設の理念は大東亜共栄圏全体を覆うことができぬまま、その命脈を敗戦によって絶たれてしまうのである。

注

（1）『朝日新聞』一九四五年八月一八日付。
（2）外務省編『日本外交年表並主要文書』下巻、原書房、一九六六年一月、四〇一頁。
（3）「『国民政府ヲ相手ニセズ』政府声明」に対する補足的声明、『日本外交年表並主要文書』下巻、前掲、三八七頁。
（4）『現代史資料』第九巻、みすず書房、一九六四年九月、六二一頁。
（5）堀場一雄『支那事変戦争指導史』原書房、一九七三年六月、一九四頁。
（6）『続・現代史資料』第四巻、みすず書房、一九八三年三月、一五五頁。
（7）外務省編『日本外交年表並主要文書』下巻、前掲、三九一頁。
（8）「陸軍士官学校満洲国生徒に対する講演概要筆記」、角田順編『石原莞爾資料——国防論策篇』増補版、原書房、一九七一年四月、二四七頁。三谷太一郎は満洲国統治を指導した関東軍幕僚の中国観には「中国人の天職を挙げて『文化』に限定し、『政治』（あるいは『軍事』）については、それを否定する」という特徴がみられると指摘している。三谷太一郎「満洲国国家体制と日本の国内政治」、『岩波講座 近代日本と植民地』第二巻、岩波書店、一九九二年一二月、一九〇頁。石原の発言にも同様の特徴がみられる。

（9）時局研究会編『時局認識辞典』再版増補、日本書院、一九三九年九月、七九一頁。『戦時下資料事典』第二巻、日本図書センター、二〇〇二年三月。

（10）近藤春雄『文化政策論』、三笠書房、一九四〇年九月、二二〇—二二一頁。

（11）「支那古代美術の粋　雲崗の石仏保護　皇軍〝保存令〟を布告」『大阪毎日新聞』一九三七年九月二三日付朝刊。

（12）NT「戦塵余録『大同石仏』保護令——皇軍の文化擁護」、『土曜日』第四二号、一九三七年一〇月五日付。

（13）同右。

（14）『土曜日』からの引用は『土曜日』復刻版（三一書房、一九七四年九月）による。

（15）「動乱スペインの民衆教育——『文化の擁護』を目指して」『土曜日』第四二号、一九三七年一〇月五日付。

（16）相磯佳正、五十嵐敏夫、石黒英男、高橋治男編訳『文化の擁護——一九三五年パリ国際作家大会』法政大学出版局、一九九七年八月、一二三—一四頁。

（17）ゲオルギー・ディミトロフ「ファシズムの攻勢と、ファシズムに反対し労働者階級の統一をめざす闘争における共産主義インタナショナルの任務」、坂田信義、村田陽一訳『〔新版〕反ファシズム統一戦線』大月書店、国民文庫、一九六七年九月、一〇八—一〇九頁。

（18）「文化の擁護」特集としては、「文化擁護国際会議に就ての感想」（『社会評論』第一巻第八号、一九三五年一〇月）、「文化を護れ！」（『社会評論』第一巻第九号、一九三五年一一月）などがある。また、第一回文化擁護国際作家会議の記録は小松清編『文化の擁護——国際作家会議』（第一書房、一九三五年一一月）に翻訳、収録された。

（19） 関口「国際作家大会の成立」「大会の状況」、三浦「主なる演説の抜き書」『世界文化』第八号、一九三五年九月。
（20） ここで注意すべきは「文化擁護」という言葉が陸軍の文化財保護と結びつけられて流布したことである。その一例として、以下を参照。一氏義良「戦争と文化擁護」『東京朝日新聞』一九三七年一〇月六―八日付朝刊。
（21） 末永雅雄『日本考古学への道――一学徒が越えた』雄山閣、一九八六年一月、七八五頁。
（22） 末永雅雄「三恩奉謝」、『末永雅雄著作集』第一巻、雄山閣、一九九〇年八月、二九七頁。熱河離宮の調査は、すでに伊東忠太、関野貞らによって着手され、修復は満洲国民生部熱河古跡特別調査所が担当していた。伊東と関野による熱河遺跡調査については以下を参照。徐蘇斌「関野貞と中国の古物古跡保存事業」、角田真弓、早乙女雅博、西秋良宏、藤井恵介編『関野貞アジア踏査』東京大学総合研究博物館、二〇〇五年七月。熱河古跡特別調査所の五十嵐牧太と伊東祐信は、東方文化研究所雲崗石窟調査班の第一回調査を視察している。水野清一「雲岡石窟調査記」『東方学報』第九冊、一九三八年一〇月、三四二頁。
（23） 末永雅雄『考古学の窓』学生社、一九六八年一月、三二二頁。陸軍に対する協力要請は末永のみならず、外務省からもなされた。在張家口総領事が外務省に宛てた電信（一九三八年三月三日付）には「石本参謀長と協議せる処雲崗には相当数の我軍隊も駐屯し居り治安状態心配なきを以て派遣差支なきも足場を掛ける為に仏像を破損し又は故意に所要部分を破損するか如きことなき様厳に注意を加へられ度く」として、現地部隊の協力が得られたことを伝えている。外務省外交史料館所蔵外務省記録「昭和十三年二月　雲崗石窟寺調査ノ件（研究員水野清一外二名）」、アジア歴史資料センター公開、レファレンスコード：B05015877700。
（24） 長廣敏雄、水野清一「北支史蹟調査旅行日記」『東方学報』第七冊、一九三六年一二月。

(25) 長廣敏雄『雲岡日記——大戦中の仏教石窟調査』日本放送出版協会、一九八八年二月、三四頁。外務省が長廣の身分証明書を発行したにもかかわらず、「特高氏」の妨害によって第一回調査に同行できなかった。東方文化学院京都研究所が外務省文化事業部に提出した「東方文化学院京都研究所雲崗石窟調査計画書」(一九三八年二月二六日付)によれば、水野清一、羽館易とともに長廣が調査人員として参加する予定であった。また、文化事業部が京都研究所に宛てた電信(一九三八年三月一七日付)には、外務省が調査人員三名の身分証明書を発送したと記されている。外務省外交史料館所蔵外務省記録「昭和十三年二月雲崗石窟寺調査ノ件(研究員水野清一外二名)」前掲。

(26) 水野清一「雲岡石窟調査記」前掲、三一七頁。雲崗石窟調査班の報告は東方文化研究所の紀要『東方学報』に掲載された。第一回から第七回までの調査期間と研究班による報告は以下のとおりである。

○第一回　一九三八年四—六月
↓水野清一「雲岡石窟調査記」、『東方学報』第九冊、一九三八年一〇月。
○第二回　一九三九年八—一〇月
第三回　一九四〇年六—九月
第四回　一九四一年六—一〇月
↓雲岡石窟調査班(執筆=鹽田義秋、長廣敏雄、水野清一)「雲岡石窟調査記——昭和十四、十五、十六年度」、『東方学報』第一三冊第一分、一九四二年六月。
○第五回　一九四二年六—一〇月
↓雲岡石窟調査班「雲岡石窟調査記(昭和十七年度)」、『東方学報』第一三冊第四分、一九四三年九月。

○第六回　一九四三年六―一〇月
↓雲岡石窟調査班「雲岡石窟調査記――昭和十八年度」、『東方学報』第一四冊第四分、一九四四年一一月。
○第七回　一九四四年七―一〇月
↓雲岡石窟調査班「雲岡石窟調査記」、『東方学報』第一五冊第二分、一九四六年一月。

水野清一は調査と並行して、雲崗石窟に関する概説書を発表している。水野清一『雲岡石窟とその時代』冨山房、一九三九年一〇月。同『雲岡石仏群』朝日新聞大阪本社、一九四四年六月。また、敗戦後には、長廣敏雄とともに雲崗石窟の写真集を編集している。長廣敏雄、水野清一『大同の石仏』座右宝刊行会、一九四六年九月。

(27)　木下杢太郎『大同石仏寺』増補版、座右宝刊行会、一九三八年一二月、三九九頁。雲崗石窟調査班の羽舘易が撮影した盗掘禁止の立札が掲載されている。立札には「昭和十二年」とあるが、「昭和十三年」の間違いであろう。

(28)　「仏教復興企図　晋北政府乗出す」『読売新聞』一九三八年四月二〇日付夕刊。文化財保護のみならず、宗教も占領という現実を覆い隠すイデオロギーとして機能する。文化財保護のイデオロギーと植民地主義の関係については以下を参照。稲賀繁美「越境する学術：二〇世紀前半の東アジアの遺跡保存政策――帝国主義的状況下の美術史学、建築史学、考古学」『美術フォーラム21』第六号、二〇〇二年六月。シンポジウム「近代東アジアの美術史学、建築史学、考古学の成立――文化財行政とその周辺」『日本研究』第二六集、二〇〇二年一二月。

(29)　吉開将人「東亜考古学と近代中国」、『岩波講座　「帝国」日本の学知』第三巻、岩波書店、二〇〇六年五月、一五三―一五五頁。

(30) 濱田青陵「東方考古学協会と東亜考古学会のこと」『民族』第二巻第四号、一九二七年五月、一二〇頁。東亜考古学会に対する批判は日本の文化侵略を警戒する中国のみならず、日本国内においても存在した。濱田耕作門下の考古学者、禰津正志はマルクス主義の立場から「正統な任務を忘れた考古学が、今日他の凡ゆる市民的科学と同じく、――元来考古学の発達は十九世紀に於ける西欧資本主義、ならびにその海外に於ける発展・外交政策・戦争と歩をともにした――それ自体すでに行詰つてをり、それと同時に、外見的に華やかな植民地・半植民地の発掘探検に力を注ぎ始めた意味も、此の市民的社会が独占経済の段階に入つた構造的本質によつて説明せられるであらう」と述べて、東亜考古学会を公然と批判している。禰津正志「原始日本の経済と社会(一)」『歴史学研究』第四巻第四号、一九三五年八月、二〇―二一頁。禰津正志も『世界文化』同人であった。一九三〇年代半ば、禰津は末永雅雄とともに石舞台古墳の発掘調査を指揮しながら、『世界文化』誌上に人民戦線運動に関する記事を発表している。

(31) 吉開将人「東亜考古学と近代中国」前掲、一五九―一六一頁。

(32) 長廣敏雄「雲岡石仏寺日記抄」『考古学論叢』第一五輯、一九四〇年四月、四七頁。同様の記述が長廣敏雄『雲岡日記』前掲、五九―六〇頁に見られる。

(33) 雲岡石窟調査班「雲岡石窟調査記――昭和十四、十五、十六年度」『東方学報』第一三冊第一分、一九四二年六月、九六―九七頁。東亜旅行社の調査によれば、大同における日本旅館宿泊者数は一九三七年度の一三二四人から、三八年度が二万一七四人、三九年度が二万八六二四人と急増している。「主要地日本旅館累年宿泊人員(推定)」、東亜旅行社満洲支部編『満支旅行案内』博文館、一九四二年八月、三一五頁。

(34) 前田青邨の作品「大同石仏」は一九三八年九月、院展に出品された。木下杢太郎(太田正雄)は「大同石仏」を「事変が齎した一つの収穫」、「事変が戦争画へ導かないで、大同の石仏の再現へと道を附けたと云ふことは、芸術の立場から云へば少しも不思議な事ではない」と評価している。木下杢太郎「院展評（1）大同石仏の再現」『東京朝日新聞』一九三八年九月七日付朝刊。

(35) 雲岡石窟調査班「雲岡石窟調査記（昭和十七年度）」『東方学報』第一三冊第四分、一九四三年九月、一六二一—一六三三頁。

(36) 「会員名簿」『京都探検地理学会』第一輯、一九四〇年一月。京都探検地理学会は例会を通じて、意見交換をおこなうとともに調査計画を検討した。例会では会員のほかに金関丈夫（第六回例会「蛋民の話」一九三九年一一月二一日）、フォスコ・マライーニ（第二〇回例会「チベット旅行談」一九四三年三月一七日）らも講演している。

(37) 「本会設立の趣旨」『京都探検地理学会年報』第一輯、前掲。

(38) 今西錦司「序説」、木原均編『内蒙古の生物学的調査　京都帝国大学内蒙古学術調査隊』養賢堂、一九四〇年一〇月、二一—三頁。

(39) 一九四四年、今西錦司は西北研究所（張家口）の所長に就任した。今西の張家口赴任にともない、京都探検地理学会は活動を休止した。一九四四年六月一三日、長廣敏雄は西北研究所を訪問している。長廣敏雄『雲岡日記』前掲、一五八頁。一九四六年八月、今西は京都に帰還したが、その直後に発表した談話のなかで日本人研究者による海外学術調査について、「軍の掲ぐる理想と実地になすところが全く相反してゐたこともとよりだが、国旗を背景に現地に入つたものでは結局その考へからぬけ出すことは出来ない、公平に見て国旗をはなれてあくまで個人の力でやつて行けるだけの能力のある人はまづなかつた、軍隊が引き揚げたあとわれわれは中国に何を遺したか、日本人の大陸発展とは軍隊が侵入すること以外ではなかつたか、そして遺したものは廃墟だけではなかつたか」と述べている。今西錦司「日本人の大陸発展と

は？」『夕刊京都』一九四六年八月一六日付。
(40) 外務省編『日本外交年表並主要文書』下巻、前掲、四三六頁。
(41) 『東京朝日新聞』一九四〇年八月二日付夕刊。
(42) 外務省編『日本外交年表並主要文書』下巻、前掲、四三六頁。
(43) 河西晃祐「外務省『大東亜共栄圏』構想の形成過程」『歴史学研究』第七九八号、二〇〇五年二月、九―一四頁。
(44) 北河賢三編『資料集　総力戦と文化』第一巻、大月書店、二〇〇〇年一二月、三頁。
(45) 同右、六頁。
(46) 大政翼賛会組織局文化部『第一回東北地方文化協議会会議録』。『資料　日本現代史』第一三巻、大月書店、一九八五年七月、二八二―二八三頁。
(47) 大政翼賛会『調査委員会報告書』一九四二年七月。『大政翼賛運動資料集成』第一〇巻、柏書房、一九八八年三月、一九二頁。
(48) 同右、一九四頁。
(49) 大政翼賛会『調査委員会第三委員会速記録（第四回第三小委員会）』。『大政翼賛運動資料集成』第七巻、柏書房、一九八八年三月、八八頁。大政翼賛会調査委員会の第三委員会には三つの小委員会が設置された。「文化的建設に関する事項」は第三小委員会において審議された。委員は市川房枝、川喜田長政、鶴見祐輔、戸田貞三、松本信廣らであった。
(50) 大政翼賛会『調査委員会第三委員会速記録（第一回）』。『大政翼賛運動資料集成』第七巻、前掲、八頁。
(51) 大政翼賛会『調査委員会報告書』。『大政翼賛運動資料集成』第一〇巻、前掲、一九二頁。
(52) 企画院『大東亜建設基本方策（大東亜建設審議会答申）』一九四二年七月。『南方軍政関係史料二三　大東亜建設審議会関係史料――総会・部会・速記録』第一巻、龍溪書舎、一九九五年五月、七―八、一一頁。大東亜建設審議会第二部会の委員は石黒忠篤、井上幾太郎、大河内正敏、小原直、黒田長和、後藤文夫、白鳥敏夫、高橋三吉、田中都吉、徳富猪一郎、平生釟三郎、細川護立である。

(53) 『大東亜建設審議会第三部会議事速記録』第三回、一九四二年三月二五日。『大東亜建設審議会関係史料』第一巻、前掲、一一六―一一七頁。第三部会の委員は石黒忠篤、伊藤文吉、大谷光瑞、黒田長和、島田俊雄、高橋三吉、津田信吾、藤山愛一郎、細川護立、横山助成である。

(54) 同右、一三四頁。

(55) 同右、一三九―一四一頁。

(56) 企画院『大東亜建設基本方策（大東亜建設審議会答申）』。『大東亜建設審議会関係史料』第一巻、前掲、一六頁。

(57) 雲岡石窟調査班「雲岡石窟調査記（昭和十七年度）」前掲、一六九頁。

(58) 知的協力会議『近代の超克』創元社、一九四三年七月。

(59) 長廣敏雄「前線の若き友へ」『学芸』第一巻第七号、一九四三年一二月、四〇―四二頁。

(60) 一九四〇年代に入ると「文化の擁護」に代わって、文化の「建設」「創造」を強調する言説が登場する。たとえば、谷川徹三は「『文化の擁護』に於いては人人は政治に対立してゐた」、「『文化の建設』に於いては主体的に政治を分担してゐる」と指摘している。谷川徹三「本年文化界の回顧（下） 擁護から建設へ」『朝日新聞』一九四〇年一二月三一日付朝刊。

(61) 黒田清「相互的文化の交換」『新亜細亜』第三巻第九号、一九四一年九月、七七頁。

(62) 青木節一「亜細亜諸国に対する文化工作」『新亜細亜』第一巻第五号、一九三九年一二月、六頁。

(63) 「仏印文化工作統一せよ」『読売新聞』一九四一年七月二九日付朝刊。

(64)藤原貞朗「二〇世紀前半期におけるアンコール遺跡の考古学と仏領インドシナの植民地政策」『日本研究』第二六集、二〇〇二年一二月、二四五頁。日本の仏印総領事が外務省に宛てた電信(一九四一年九月一三日付)には極東学院が「『アンコール』時代美術品七十一点(見積り価格約五万円)を本邦側へ寄贈する旨」国際文化振興会に打診してきたことが報告されている。外務省外交史料館所蔵外務省記録「『アンコール』時代美術品七十一点仏印ヨリ本邦へ寄贈関係」、アジア歴史資料センター公開、レファレンスコード:B04012327200。

(65)立川京一『第二次世界大戦とフランス領インドシナ――「日仏協力」の研究』彩流社、二〇〇〇年五月、八一―一〇五頁。

(66)東光武三「日タイ文化協定成立に就て」『国際文化』第二四号、一九四三年三月、一〇―一一頁。

(67)国立公文書館所蔵御署名原本「日本国『タイ』国間文化協定」、アジア歴史資料センター公開、レファレンスコード:A03022777100。

(68)山縣三千雄「泰国厚生文化運動の現況」『国際文化』第二二号、一九四二年一二月、七二頁。ピブーン政権の文化政策については、以下も参照。村嶋英治「タイ国の立憲革命期における文化とナショナリズム」、『岩波講座 東南アジア史』第七巻、岩波書店、二〇〇二年一月。

シンガポールおける皇民化教育の実相
——日本語学校と華語学校の比較を中心に

渡辺洋介

シンガポールは、赤道のほぼ真下、マレー半島の南端に位置する都市国家で、東京二三区に匹敵する国土に約四〇〇万人（二〇〇〇年現在）が暮らしている。一八一九年に英国東インド会社のトーマス・スタンフォード・ラッフルズ（Thomas Stamford Raffles）が上陸した際には数百名の漁民が住むマレーの寒村にすぎなかった「獅子の街」（シンガポールの別称）は、英国の海峡植民地（the Straits Settlements）として中継貿易によって発展し、一九三一年までに人口五五万を擁する大都会となった。当時の民族構成は、華僑・華人七五・一%、マレー人一一・七%、インド人九・一%、ユーラシア人（欧亜混血）その他四・一%で、この比率は現在までほとんど変わっていない。[1] [2]

第二次大戦前、英国の東洋の拠点として「難攻不落の要塞」（impregnable fortress）と謳われたシンガポールも、太平洋戦争勃発からわずか七〇日で陥落し、一九四二年二月一五日、英国は日本との降伏文書に調印。シンガポールは昭南島と改名され、その後三年半にわたる日本の占領統治を受けることなる。その間、軍政当局は、日本語教授を主たる手段として皇民化教育を実施した。その実態は、明石陽至、宮脇弘幸らの研究によって、日本語教育、教員養成、エリート教育（興亜訓練所、南方特別留学生）についてはかなり明らかになってはいるものの[3]、圧倒的多数の児童が通っていた初等学校（小学校）の教育現場がどのような実態であったかについては、ほとんど解明が進んでいない[4]。本稿の目的は、シンガポールの人口の七五％を占める華人が主に通っていた華語学校（小学校）にとくに焦点をしぼり、その教育現場ではどのていど皇民化教育が実施され、それは生徒にどのように受け取られたのか、日本語学校の教育実態に関する既存の研究と比較しつつ、資料や聞き取り調査にもとづいて、その実態の一端を明らかにすることにある。

以下においては、まず軍政当局の教育政策について概観したうえで、教育現場において実施された皇民化政策の実相はいかなるものであったか、とくに日本語学校と華語学校の実態を比較して、その違いを明らかにしたい。

1　日本占領下における教育政策

教育の基本方針

占領下におけるシンガポールの教育政策は、原則として、東京の日本政府（軍中枢を含む）において基本方針が策定され、東南アジア全体を統括する南方軍政総監部を経て、在シンガポールの軍政監部（時期によって、富集団［第二五軍の別称］、昭南、馬来軍政監部と名称および組織上の位置づけが変更された）および昭南市役所において具体化、実施されることとなっていた。ただし、倉沢愛子によると、実際は、各軍の軍政監部は直接の上位機関である南方軍の頭越しに東京の指示を仰ぐことが多かったという[5]。

戦争開始当初、東京の中央政府は占領地における具体的な教育政策をもっておらず、かわりに南方軍総司令部によって南方占領地における教育の基本方針が策定された（一九四二年一月）[6]。その内容は、占領期のシンガポール市政担当者によって編纂された『昭南特別市史』によるとおおむね次のようなものであった。

一、占領地の文化、教育政策は八紘一宇の日本帝国精神を南方民族に示威し、各民族の文化を日本文化に合一すること。
二、教育は専らその地域の産業を促進するため、日常生活に有用な産業、技術の修得に向けられるべきこと。
三、日本語は共栄圏の共通意志疎通を促進するため普及される要あること。
四、労働の尊重と勤労精神は促進されるべきこと[7]。

すなわち、日本占領下における教育政策の眼目は、日本語教育を主な手段として現地住民の皇民化を進め、また、産業技術教育の促進および勤労精神の涵養によって南方資源の獲得に有用な人材を育成し、大東亜共栄圏の建設、すなわち戦争への協力をとりつけることにあった。

小学校再開に関する件（一九四二年四月）

その後、右の方針に沿って教育政策が策定されるわけであるが、シンガポール占領期における教育方針は、反日的ではあるが経済的に実力のある華人にどう対処するかという問題とからんで、とくに（一）教授用語として何を認めるか、（二）私立学校を認めるか（華語学校の多くは私立であった）の二点を中心に、わずか三年半の統治の間に再三方針が変更された。

まず第一に、一九四二年四月一八日、軍政監部は戦争によって休校となっていた小学校を再開するにあたり「小学校再開に関する件」[8]を通達し、教授用語としての華語、および私立学校の再開を原則として禁止した。教授用語については「馬来語学校は　日本語　馬来語」、「印度語学校は　日本語　印度語」として、マレー語及びタミール語学校には民族語の使用を認めたが、「其他の学校は　日本語　馬来語」とされ、華語学校と英語学校には、それぞれ、華語、英語の使用を認めなかった。英語禁止の方針は、それが敵国の言語であることによるものと思われるが、華語の使用が禁止されたのは、明石陽至によると、「日中戦争中、華僑が展開した排日、反日運動、マライ作戦中彼らがおこなった抗日、利敵行為に対する軍政部の懲罰的措置」のためであった[9]。

第二に、私立学校を認めるか否かについて「小学校再開に関する件」は「原則として旧制の私立学校の復旧は之を認めず」とする一方、「児童収容力大なる設備を有する学校はその校舎を公立学校に使用することを得」とし、戦前、そのほとんどが私立であった華語学校にも公立学校として再開する道を残した。実際、一九四二年七月までにシンガポールにおいては二一校の華語学校が授業を再開している[10]。

「小学校再開に関する件」は、その他、英語、マレー語、タミール語の各小学校を整理統合して新校名を付することや(華語学校については言及されていない)、予定教育科目を「唱歌、体操、遊戯、手工、図画、日本語、作文、園芸」とすること、小学校を七年制とし、学費は月二～三ドルとすること、全教員を登録し、思想検閲後各学校別に任命することなどを定めている。こうした指示にもとづいて、一九四二年三月から七月にかけて各学校は授業を再開した。南方軍調査部が一九四三年に実施した調査によると、シンガポールにおいては、マレー語学校二七校(戦前二八校)、華語学校二三校(戦前三六九校)、タミール語学校九校(戦前二〇校)、英語学校二四校(戦前九七校)が開校している。[11]

ここで、華語学校(再開率六・二%)と英語学校(再開率二四・七%)の再開率がとくに低い点が注目される。この点について『占領後に於ける「マライ」の初等教育』は、以下の二つの理由を指摘している。第一に、戦前、英国統治下の学校登録法が私塾規模(生徒数数十名、学級数一)の教育機関をも学校として登録し、こうした小規模な学校が華語学校に最も多かったため、それを整理統合した結果、華語学校の再開率がとくに低いのであり「必ずしも華僑抑圧方針の現れとのみ見るべからず」としている。しかし、「小学校再開に関する件」で華語学校における華語の使用を認めなかった例にみられるように、時期による程度の差はあれ占領中一貫して、華人に対する抑圧方針が軍政当局にあったことも事実である。第二に、英語学校の再開率が低いのは、その原因が単に教授語である英語が廃止の運命にあるということだけにあるのではなく(ただ一方で、実際には英語学校では「過渡的に当分英語の使用を許さ」れた)、戦前より英語学校の校舎は立派なものが多く「今なほその校舎の多くが軍関係により使用さるるもの多く、学校再開を計画するもその建物を使用し得ざる事情にあることも見逃し得

ず」と説明している。(12)

教育に関する指示（一九四二年一〇月）

つぎに、東京の大東亜建設審議会による「大東亜建設に処する文教政策答申」（一九四二年五月二一日同審議会決定、八月二一日閣議決定）、南方軍の「軍政総監指示」（一九四二年八月七日）、および、シンガポールの軍政監部による「教育に関する指示」（一九四二年一〇月六日）について述べる。

大東亜建設審議会は、一九四二年二月一〇日の閣議決定（「大東亜建設審議会設置に関する件」）にもとづいて設置され、大東亜共栄圏建設の基本方針を策定するために設けられた。同審議会のメンバーはいずれも各界の有力者で、第一部会では東条英機首相みずからが部会長を務めた。(13)こうした部会のうちシンガポールの教育政策にかかわるのは、第二部会（「大東亜建設に処する文教政策」）、なかんずく、「大東亜諸民族の化育方策」である。同「化育方策」は、その基本方針として、「大東亜建設の世界史的意義を闡明徹底し」、従来の「欧米優越観念及米英的世界観」を排除し「皇道の宣揚」を期すること、また、各民族固有の文化及び伝統を尊重し、画一的で性急な施策を戒め、主として「大和民族の率先垂範」によって薫化することを掲げている。(14)

つぎに、その具体策については、第一に、大東亜共栄圏建設に有用な現地青年の育成に力を入れ、第二に、反日思想をもつ教員・学校は排除、あるいは教師を再教育し、戦前の教科書については検閲・改編し、第三に、現地住民に対しては必要な技術的訓練を施すとしている。さらに、言語に関しては、「現地の固有語は可成之を尊重」するものの、「大東亜の共通語としての日本語の普及」をはかり、また、「欧米語は可及的速に之を廃止」するよう求めている。

こうした東京の基本方針は、陸軍省より南方軍総参謀長に送付され、その要旨は南方軍「軍政総監指示」[15]（一九四二年八月七日）として麾下各軍に配布された。[16] その指示にそって、シンガポールの軍政監部は、一〇月六日、「教育に関する指示」[17]を通達し、（一）「規律節制を旨とする訓育」の実施、（二）「東亜の民たるの矜持と自覚」の涵養、（三）「産業技術の指導」に重点をおくことの三点を教育の基本方針として示した。その具体策としては、小学校では「日本語習練、体育訓育」、「労働を尊重する気風」の育成に重点をおくとともに、旧制中等学校は廃止、かわりに「職業訓練補導教育機関」を開設し、また、高等教育機関も特種技術者養成機関に限っては軍政監の認可のもと開設できるものとして、産業技術教育を強化した。さらに、当分「教育の強制又は普遍化を図るか如き施策」はおこなわないとの方針を示した。

「教育に関する指示」では、教授用語、私学の是非の二点において、半年前の「小学校再開に関する件」で示された華語教育に対する厳しい立場が緩和されている。第一に、教授用語については、原則、日本語、マライ語とするものの「但止むを得さる場合印度語の使用を許し、英語、和蘭語、中華国語は補助語として当分使用するも漸次之を許ささる如く指導す」として実質的に華語の使用を容認した。その背景には、教育現場における日本語教師、日本語教科書の圧倒的な不足があった。当時の昭南市役所の職員によると、「小学校再開に関する件」にみられるような発想は「あくまで軍政監部の発想であって、現場の実状はそれより遥かにかけ離れた苦しい歩み方を余儀なくされていた」。また、「日本語中心の教育といっても、第一、日本語を教える先生もいなければ、教科書もない。さしあたっては『従来通りの教育を続けよ。』と教育科のインスペクターに指示せざるを得なかった」（原田歴二教育科長）のが実情であった[18]。

第二に、私立学校設立の是非について、「教育に関する指示」は、原則として「州（市）直轄初等教育機関の経費は当該州（市）の負担」とし公立とするが、例外として、市長、州長官がその内容や教官を検討して認可を得た私立学校については「其の再開を許可する」とした。ここで、半年前に「小学校再開に関する件」で原則禁止とされた私立学校が許可されたのは、「其の後私立学校開設を陳情ありたるに鑑み」てのことであった[19]。

初等学校の名称及教科目に関する件（一九四三年七月）

一九四三年七月二七日、シンガポールの軍政監部は「初等学校の名称及教科目に関する件[20]」を通達し、初等学校における教科目を、訓育、日本語、算数、作業、体育、唱歌、図画工作・裁縫（手芸を含む）、マレー語／タミール語／華語と定めた。このうち、日本事情、歴史、地理等の題材を用いて訓話や実習をおこなう「訓育」は「大東亜建設に邁進する性格を涵養」することを目標とし、農業を主とする「作業」は「勤労精神を養成し生活能力を付与」することを目指し、「体育」によって「共栄圏建設に必須なる体力気力及習性」を養うとした。こうした目標はいずれもすでに定められた教育の基本方針にそっている。また、訓育、日本語、算数は全学年で授業を実施するものとしている。

ここで、同「教科目に関する件」で指定された教科を、約一年三カ月前の「小学校再開に関する件」で指定された教科と比較してみると、従来の科目に訓育、算数、現地語（マレー語／タミール語／

華語）が加わったことが特筆される。[21] とくに現地語は「教科目に関する件」では「一週三時間以内授業することを得」とされ、ここでは、少なくとも教科としては、マレー語／タミール語／華語が同列にあつかわれている。ただ、これを「小学校再開に関する件」で華語を教授用語から排除し、その後「教育に関する指示」で華語を補助語として認めた延長線上の出来事として、華語が他の言語と同列の扱いを受けるようになったと理解できるかは疑問である。実際、「教科目に関する件」の通達と相前後しておこなわれた地方長官会議（一九四三年七月）において「華僑子弟を収容する学校に対しては特に日本人教官に依る指導監督を一層徹底せしむること」が指摘されており、軍政当局の華語教育への警戒は緩められていない。また一方で、同会議資料は「本施策の実施に当りては華僑を他民族に対し差別感を抱かしむる如きことなき様格段の配意をなすこと」として、華人への差別的待遇を戒めている。[22] しかし、裏を返せば、これは当時華人への差別的待遇が起こりがちであったことを示唆している。

初等教育の刷新強化方策（一九四四年三月）

一九四四年に入り、軍政当局は私立華語学校の禁止および教科としての華語科廃止の方向へ大きく舵をきる。同年三月、馬来各州（市）長官会議に提出された「初等教育の刷新強化方策」[23] には「初等学校教育を通して軍政の浸透を図ると共に皇軍に対する感謝信倚心を喚起向上」させるため「先ず教職員特に学校長指導薫化に意を用ひ不動に把握す」ることが必要であると記されている。すなわち、軍政当局は、小学校における教員、特に校長の再教育が必要だと考えたのである。同「強化方策」によると、その対象は「学校長、視学、視学補等馬来教育界の幹部」であり、馬来上級師範学校に幹部錬成科を開設し、そこで、彼らに対し日本語教育を主たる手段として「皇道教育を一層徹底」するものとした。

その主たるターゲットは私立の華語学校教員であった。上記長官会議において配布された「華僑対策」に関する資料[24]には、「私立学校教員等に対する臨時訓練実施計画」が記載されており、それによると再教育の対象は「各州私立華校男女現職教員及昭南特別市教員」であった。同計画によると、一九四四年五月から、昭南所在の私立華語学校教員を皮切りに三〇〜三五名ずつ馬来上級師範学校に送り込まれることになっている。教科目は、日本語、訓育、体操、教練で、一カ月の集中コースであった。同計画では、再教育を受ける教師に対しては月額六〇ドルの手当が支給され、訓練期間中の経費も一切軍政監部が負担することになっている。

また、軍政当局は「華僑に対する文教施策[25]」（一九四四年三月）において「私学を禁止し」「学校に於ては支那語を教へず」「日本語教育を強化す」という三つの方針を打ち出した。第一に、私学の禁止については「既存の私立華校は可及的速かに之を閉鎖す」とし、その実施完了時期は「概ね本年〔一九四四年〕十月目途とす」るが、各州長官が適当と認めた私立学校については公立学校として復活することを許容した。また、華語私立学校を戦前からの学校と私塾に分け、前者のうち再開の容易なものは公立学校として復活させ、後者に対しては学齢児童教育を禁止し、一般成人に対して日本語教育をおこなっている私塾にのみその存続を認めた。この背景には、私立学校に対する軍政当局による管理の難しさもさることながら、一部の私立華語学校では生徒に対して中国への愛国を説く教育をおこなっていたという事実もあった（この点については後述）。

第二に、存続を許された公立の華語学校においても「教科目の一として支那語を課せざるもの」とした。その背景には、華語は当面の間補助語としてのみ認め、原則は日本語での授業をめざしていた軍政監部の方針にもかかわらず、一九四四年の時点でさえ華語学校においては「教授語として全課目殆ど支那語（北京官話）を使用せる現状」であり「全時間を通じて支那語を教授せるものと称し得べく、教授語としての支那語は当分禁止し得ざる実情」であった[26]。

最後に、日本語教育の強化について「華僑に対する文教施策」は、「南方諸地域に普及すべき日本語の教育に関する件[27]」（一九四三年九月二八日）に準拠して、それを積極的に実施するものとしている。その内容は、南方諸民族に「日常生活に必要な日本語を習熟せしめ〔……〕日本語を通じて日本精神日本文化の浸透を期する」とともに、日本語を大東亜の共通語とすることによって「圏内諸民族の団結強化に資する」ことを目標としている。具体的には、普及すべき日本語として「敬語法には特に留意」し、日本語普及の題材としては、（一）日常生活に関する事項、（二）大東亜民族としての自覚団結に資する事項、（三）日本精神、日本文化、日本の歴史の理解に資する事項、（四）日本の国力の卓越を示す事項から取りあげ、その教授に際しては「躾を重視」し「日本的なる生活態度の育成」に努力すべしとしている。また、教授法については「当初より日本語を以て教授する」ことを原則とするが、その際の華語の併用は当分さしつかえないとしている[28]。

このように日本占領下シンガポールにおける教育政策は「小学校再開に関する件」（一九四二年四月）において華語、私学を禁止して華語教育に厳しい方策をとったものの、半年後の「教育に関する指示」（同年一〇月）では華語、私学ともに容認され、華語教育に寛容な立場に変更された。しかし、一九四四年三月、軍政当局はふたたび華語教育締めつけ強化の方針に転じ、華語科は廃止、私学も華語学校に限って閉鎖された。さらに、日本語教授を主な手段とした再教育が、特に華語学校の教員に対して重点的に実施されたのであった。

教育の実施体制とインフォーマー

占領下シンガポールにおける皇民化教育は、昭南興亜訓練所などにおける現地エリートの養成、昭南工業学校などにおける産業技術教育、昭南特別市師範学校などにおける教員養成のほか、昭南日本語学園などにおける日本語教育、既存の小中学校などを引き継いだ学齢児童教育（学校教育）などを通じて実施された(29)。これらの教育のうち、本稿では日本語学校および華語学校（小学校）の教育現場に焦点をあてる。日本語学校は成年向けの語学学校で、無料の公立校のほか、私立の日本語学校や自主的な補習班も数多く設立された。一方、華語学校は児童向けの全日制の学校で原則として公立であったが、こちらは若干の授業料が徴収された。また、日本語学校、華語学校ともに義務教育ではなかった。戦前、英国統治下では、英語学校、華語学校、マレー語学校、タミール語学校における教育内容や制度はバラバラで統一されていなかったが、日本占領後、「小学校再開に関する件」によって、制度の面においてはすべての小学校が七年制に統一された。以下においては、日本占領期に日本語学校あるいは華語学校でそれぞれ教育を受けた体験者への聞き取り調査、および、それぞれの学校の資料にもとづいて、その教育実態の一端を明らかにしていきたい。

聞き取り調査は、二〇〇六年三月二〇日（芦鶴齢：Lu He Ling）および三月二三日（杜崇謙：Du Chong Qian）にシンガポールにて中国語（北京語）でおこなわれた。杜崇謙は一九二九年、シンガポールに生まれ、戦前は自宅の私塾にて教育を受けた。日本占領後は、戦争によって一時閉鎖されていた養正学校（華語学校）が一九四二年に再開されたのを契機に小学四年生に編入し、小学五年生まで教育を受けた。その後、同校が閉鎖されたため、一九四四年から、昭南日本語学園の後身にあたる昭南特別市クイーンストリート日本語教習所にて日本語を学び、終戦までに上級クラスを卒業した。

芦鶴齢も同じく一九二九年、シンガポールに生まれ、六歳のときに中国に渡り、広東省の敦本小学にて教育を受けた。七歳から九歳まではシンガポールのパールズ・ヒル・スクール（英語学校）、ひきつづき一二歳までオートラム・スクール（英語学校）に通い、日本占領後は、養正学校（華語学校）に転校した。その後、軍政当局がすべての小学六年生に軍事教練を受けさせるとの方針を発表したのを契機に家族とマレーシアのエンダウへ引っ越すこととなり同校を去った[30]。

杜崇謙氏。（筆者撮影）

2　日本語学校

シンガポールの日本語学校概観

シンガポールにおける日本語学校は、鄭良樹の表現を借りれば、日本占領後に「雨後の筍」のごとく急増した[31]。その数であるが、軍政当局公認の華字紙『昭南日報』を発行していた昭南日報社発行の『昭南島新生一年間』によると、一九四二年一〇月現在、軍政監部に登録済みの私立日本語学校はシンガポールに一六カ所あり[32]、その五カ月後には、シンガポールにおける成年向け日本語学校は、公立も含め二一カ所となった[33]。

こうした学校のうち特筆されるのは、軍政当局によって一九四二年五月一日に設立された「昭南日本学園」である。同校は、詩人の神保光太郎を校長に迎え、文芸評論家・中島健蔵や作家の井伏鱒二といった文化人を顧問に据えた異色の学校である。同校は、シンガポール中心街のはずれ、クイーン・ストリートにあった元フランス人経営の小さな私立学校を接収し、それを校舎として使用した[34]。しかし、開校から半年後、同校の管轄が昭南市役所から軍政監部に移行されるのを機に名称も一新されることとなり[35]、昭南日本学園は、藤山三郎新校長のもと、一九四二年年一一月、「軍政監部国語学校」として再出発した[36]。さらに一九四四年二月、同校は「昭南特別市クイーンストリート日本語教習所」と改称され、軍政監部国語学校にて教頭を務めた鳥居次好が校長に就任した[37]。同校は前身二校に引きつづき、昭南市の直轄とされ、授業料は無料であった[38]。また、クイーンストリート日本語教習所

表1　日本統治時代のシンガポールにおける私立日本語学校一覧表（1942年10月）

校　　名	住　　所	創 立 者
本願寺日本語学塾	オクスレー・ライズ３号	岡本氏，川崎氏
陳氏日語講習所	ニュー・ブリッジ・ロード339号	陳雁影
呉氏日語講習所	張豊路７号（英語名不明）	呉清鏡
嘉　拿　路	サウス・ブリッジ・ロード	黄伯申
哨勿立芝路	サウス・ブリッジ・ロード	黄伯申
日語速成班	モー・グアン・テラス39Ａ	王振南
黄氏初級日語講習夜学	スミス・ストリート19号	黄志平
東亜日語速成班	アッパー・ホッケン・ストリート43号	鄭芝亭
昭南日文講習所	ミドル・ロード28号	林一処
日本語伝習所	チュリア・ストリート	林国楝
東亜日本語学園	ドービー・ゴート38号	張安麗
南洋書院日語講習所	セシル・ストリート130Ａ	林恵祥
工商業餘日語講習所	ベイン・ストリート44号	林恵柏
林氏日本語講習所	セレギー・ロード77号	林恵平
光栄日語講習所	クラブ・ストリート７号	高橋氏
日本語講習所	ロビンソン・ロード76号	曽芋頭

参照：『昭南島新生一年間』新加坡：昭南日報社，1943年，30頁。

は、昭南本願寺日本語学塾とならんで当時のシンガポールで最も著名な日本語学校のひとつであった[39]。以下においては、昭南日本学園、軍政監部国語学校、昭南特別市クイーンストリート日本語教習所をひとつの学校ととらえ（以下、上記三校を「昭南日本学園等」とする）、そこでおこなわれた皇民化教育の様子をみていきたい。

教師と生徒

まず、同校の教師であるが、杜崇謙によると、クイーンストリート日本語教習所の教員はすべて日本人で、とくに授業態度や礼儀には厳しかったという。とくに厳しかった「阿部先生[40]」について、彼は以下のように述懐している。（以下、インタビューの引用においては、「　」は日本語で発音されたものを意味する。）

昭南日本学園校舎。
（『昭南島新生一年間』昭南日報社，1943年，29頁より）

あの日本の先生、たしか「阿部先生」だったと思いますが、授業を聞いているときこうやって〔頬杖をついて〕話を聞いていたら、彼は本を投げて来たんですね。「だめ、だめ」そんなふうにしてはだめだと。

先生がそんなに厳しく教えたのは日本の軍官が教えていたからです。彼が文部省の人かどうかはわかりませんが、彼らはみな軍服を着ていました。

一九九〇年に宮脇弘幸が実施したインタビューにおいても「教員はカーキ色の軍服を着ていました」という生徒の証言がみられるが[41]、彼らの観察どおり日本人教員のなかには軍人もかなり混じっていた。軍政監部編『マライ教育事情』によると、軍政当局は「二十五軍に乞ひて教員の資格ある、又は教育に経験ある将兵の転属を受け、是等を日本語教育の中枢に入れ[42]」ており、また、昭南日本学園でも「K上等兵」を日本語教師として迎えている[43]。

ところで、神保光太郎の『昭南日本学園』によれば、同学園の教員たちはただ単に厳しかったわけではなく、生徒に対しては愛情をもって接していたようである。たとえば、ある新入りの教員は授業を始めて二、三日経ったころ神保に対して「やはり若い者を教へることはいい気持ちですな。内地にゐた時、近所の工場の青年学校に頼まれて、役所が退けてから教へに行つてゐたことがありますが、何ともいへない愛情を感じてきますな」と漏らしている。[44]

また、こういうエピソードもある。第一期生の修了式も近くなり、生徒たちが卒業後の就職を心配しはじめたころ、神保は「生徒達も就職のことを心配してゐると思ふから忙しいでせうが、希望の者には証明書を書いてやることにしようぢやないか」と教員たちに提案し、これに教員たちも快く賛成した。さらに、神保は生徒を気づかって現地の日本語新聞『陣中新聞』および各国語の新聞に、昭南日本学園の名で就職依頼の広告を出した。この広告は思いがけないほど大きな反響があって、その後、軍政監部、市役所、日本の商社や料理屋から、電話や手紙による問い合わせが殺到した。また、神保は、生徒たちの要望に従って、学園に新たに中等科を設けた。[45]

こうした行動に神保を駆りたてたのは生徒への愛情であったと思われる。同様に、同学園において他の教員たちによってなされた厳しい教育は、神保の観察によると、生徒への愛情をともなっていた。

愛情があるところ、如何にスパルタ的に厳重であつたとしても、よし、その当時は解らなくとも、いつかは、その真意を悟つてくれるであろう。又、如何に放任自由の道を採つたにしても、教育する者が教育される者に対する愛情を欠く場合は、乱雑不毛の結果しか示すことがないであろう。

私たち、昭南日本学園の場合、今、これをふりかへつてみるのに、各教室で、直接教授に当たつた先生達は、親和した人間的交渉を現地の青年とつづけたと思ふ。[46]

こうした教員たちの愛情は生徒も感じていたようである。さきの宮脇のインタビューによると、昭南日本学園等に在籍した経験をもつインフォーマー九名のうち六名もが「先生は皆親切で熱心であった」「先生たちは皆親切で親しみを感じた」などと述べている。なかには冷静な意見もあり「教師と生徒との関係は表面的には親密で信頼関係はあったが、本心でそうであったかは個々のケースによると思う。一部の教え子は今なお元教師と文通している」というものもあった(47)。

ところで、同日本語学校の教師はすべて日本人であったが、生徒の民族構成は多種多様であった。その点について神保は「洋服姿の印度の若者もゐれば、ぎらりとした眼鏡をかけた支那の青年もゐる。ソンコ（土耳古帽のやうなマライの帽子）を被つたマライの少年もあれば、一見、ドイツの女性を思はせるやうながつしりと肥つたユーラシアン（欧亜混血）の少女もいる。かうした歩行の一群を自転車で駆け抜けて通る町の兄貴風の若者もある」とその多様性を生き生きと描写している(48)。また、杜謙崇によると、生徒の多くは華人であったが、他にマレー人、インド人、フィリピン人などがいたという。

私が日本語学校で勉強をしていた時、華人、マレー人、インド人、フィリピン人がいました。一～二名のフィリピン人がいたのを覚えています。マレー人もいました。インド人もいました。華人がわりと多かったですが。〔……〕〔授業中〕マレー人はほとんど発言しませんでした。インド人はわりと多く発言しました。インド人と華人はわりと多く発言しました。マレー人は発言が少なかったです。

神保の調査によると、昭南日本学園第一期生約三五〇名の民族構成は、華人が約五〇％、インド人が三〇％、残りの二〇％の大部分がマレー人で、少数のユーラシアン、アラブ人、ポルトガル人も存在した。[49] これは当時のシンガポール全体の民族構成（華人七五・一％、インド人九・一％、マレー人一一・七％）[50]と比較すると、インド人は三倍強、マレー人は二倍弱であったのに対し華人は約三分の二にすぎなかった。同じように華人は、昭南日本学園のみでなくシンガポール全体においても、日本が再開を許可した華語小学校に戦前の児童数のわずか一八％（一九四三年五月）しか登校しておらず、[51] 彼らがいかに日本の教育に対して警戒的であったかがうかがえる。男女比率は男子が圧倒的に多く、全校生徒約三五〇名のうち、女子はわずか五〇名程度であった。年齢構成は、一期生の場合、大多数は二十歳前後の青少年であった。[52] これは杜崇謙の証言ともおおよそ一致する。

最年長は二〇歳、そんな感じで、みな若い男子で私のように十数歳くらいがわりと多かったです。〔最年長は〕だいたい二〇、二一歳、そんな感じでした。みな昼間は日本人の「会社」で働いて、夜日本語を勉強していました。

あのとき「会社」の中に、たしか銀行の中に、自主的に日本語を学ぶ者を養成するための日本語の補習クラスが開かれていました。ただ、どのクラスも成績はなく、適当で、進歩は非常に遅かったです。

昭南日本学園　朝の訓示。
（『昭南日本学園』注(35)参照，44頁より）

使用言語と授業科目

昭南日本学園等では、当初より直接教授法をとったため授業は日本語でおこなわれた。また、多くの証言によると、当然ながら、授業は日本語科が中心であった[53]。一方で、軍政監部国語学校においては、日本語のほか、修身、唱歌、体操、日本歴史も教えられた[54]。ただ、こうした授業を生徒がどのていど別科目として認識していたかは不明である。当時、日本語学校で授業を受けた生徒の回想によると、授業の一環としてよく「君が代」「海ゆかば」などを歌ったほか、体操、教練、武道も実施された[55]。また、クイーンストリート日本語教習所の生徒であった杜崇謙も、授業中、日本歴史に関する話をきいたと証言している。

教育内容と教科書

昭南日本学園等においては、すでに述べたように、厳しい礼儀教育が施された。その厳しさは、同校の教育を受けた生徒がみな異口同音に認めている。宮脇のインタビューによると昭南日本学園等に在籍した経験を持つインフォーマー九名のうち五名が、何らかのかたちで「教室での礼儀は厳しかった」「規律が厳しかった」ことに言及している。[56]

では、なぜこのように厳しく礼儀を教育したのであろうか。それは、神保によると、日本の礼儀を示し、現地生徒の「行儀の悪さ」を正すことも同学園の任務の一環であると考えたからであった。当時、神保が「行儀が悪い」と違和感を抱いたのは、生徒たちがさも当然のように自分の机の上に、ときには教科書やノートの上に腰をおろすことであり、また、彼らの授業に対する態度や姿勢が、日本の学校に比べてだらりとしていることであった。また、多くの生徒が休み時間に買い食いをし、校内で食べ散らかすのも彼の目には「行儀が悪い」と映った。[57] その風景を、神保は驚きとともに以下のように描写している。

授業が終わつた。休み時間である。生徒達がぞろぞろ教室から出てくる。参観者の私達に学校生徒らしく、挨拶する者もゐない。〔……〕すると、おどろいたことに、学校の門を中にして、その両側に、かうした生徒を待ち構へるやうに、いつの間にか、数種の屋台店が立ち並んでゐるのである。〔……〕立ち食ひである。片手にノートをかかへてゐるのもある。落花生の紙袋は、忽ち、そちこちに散乱して、それは、点々、門前から、校庭へ、校庭から教室内まで及ぶ。その風景は、〔……〕凡そ、私達が知つてゐる日本の学校風景とはかけ離れたものである。[58]

このほか、神保の観察によると、シンガポールの生徒には「自分たちは学校の顧客である」という意識があり、掃除などは使用人のすることで、掃除当番などを作っても彼らは一向に手を出そうとしない。そうしたことは、学校内での食い散らかしなど彼らの「行儀の悪さ」とともに、現地の伝統的な習慣かもしれないが、「これらの複雑な姿を、日本の礼法に依て一貫して行くのが、私達学園の任務でもあり、礼法でもある」と神保は考えた。彼は「単に語学を教授するのではなくして、日本語を通じて、日本を教へたかつた」のである。一方で、神保は、終始、大和民族の優秀性を信じて疑わず、「彼らを指導することが、私達民族に与へられた天の使命である」と信じていた(59)。

神保の抱いたこうした考え、すなわち、「単に語学を教授するのではなくて、日本語を通じて日本を伝える」「東亜の人々を指導するのは我々日本人の使命である」といった発想は、必ずしも彼個人に特異なものではなく、当時の日本人のあいだではむしろ一般的なものであった。その考え方が典型的にあらわれているのが、現地住民を皇民化するために日本語学校で使用された教科書である。当時、クイーンストリート日本語教習所で使用され、同校の校長でもあった鳥居次好が執筆した教科書『国語読本』について、同氏は以下のようにコメントしている。

日本人がその頃言っておった八紘一宇とか、大東亜共栄圏とかいうふうなことは、この本にも書いてあります。われわれにはわれわれの文化があるというふうなことは生徒に話して聞かせたことがあります。〔……〕多くはそういう一種の皇国史観を、いま考えてみるとなるべくわかりやすい日本語にして、西洋の植民地であるよりも、日本と一緒に仕事をやったほうがいい、というふうなことを自分では説いたように思います(60)。

実際に『国語読本』をみてみると、鳥居のいうように、皇国史観や東洋の文化が西洋の文化よりも優れているといった課文が多くみられる。以下に『国語読本』の抜粋をいくつか示す。（『国語読本』は、占領地の初学者用に、正確に発音に即した仮名遣いを採用している。例：「は」→「わ」、「を」→「お」、「へ」→「え」）

昭南日本学園　授業風景。
（『昭南日本学園』前掲書，208頁より）

大日本　大日本　我ら一おく国民たちわ　天皇陛下お神ともあおぎ　親ともしたいておつかえ申す[61]

東洋人わ、西洋の機械文化の光で目がくらみました。そしてそれおりっぱな光だと、考えました。これわ大へんなまちがいでありました。東洋の神々わ、此のまちがいお、おゆるしになりませんでした。大東亜戦争わ、東洋の神々のご命令で始まったのです。[62]

今まで私たちわ　ただ西洋の文化にのみ　たよって来ました。しかし東洋にわもっとすぐれた文化があることお　知らなければなりません。そのために私たちわ　まず日本のことお　勉強しているのです。[63]

宮脇弘幸によると、当時シンガポールで使用された日本語教科書の課文のなかには、日本の内地や朝鮮・台湾で使用されていた国語教科書をもとに、課文全体を短くし、表現をやさしくしたものがいくつかみられるという。たとえば、上記『国語読本（巻二）』は、第二〇課で「君が代少年」という話が載っており、その内容は大怪我をした台湾の少年が臨終間際に「君が代」を歌いきって息をひきとるというものであるが、この題材は内地で使用されていた『初等科国語三』（一九四二年発行）にあったものを短縮・平易化したものであり、それに類するものは朝鮮総督府発行の『初等国語読本巻七』（一九四一年発行）にも、台湾の公学校で使用された国語教科書にも掲載されていた。また、シンガポールの『国語読本（巻三）』には第九課で「国語の力」という話があるが、宮脇によると、これも内地用教科書『小学国語読本九』（一九三七年発行）および『初等科国語八』（一九四三年発行）を占領地向けに簡略化したものである。[64] 以下に「国語の力」の抜粋を示す。

日本わ、今新しい大東亜の父になりました。アジアわ一つの大きな家になるでしょう。そしてかぞくのみなが、国語お話しながら、たのしい食事おするようになるでしょう。〔……〕日本の力わ、国語の力です。アジアお平和にするのわ、国語の力であります。国語の力わ、新しいアジアおつくります。[65]

では、こうした教科書を使って、教育の現場では実際にどのような話がなされていたのだろうか。当時、クイーンストリート日本語教習所に通っていた杜崇謙は、先生は「時々私たちに英国人がどんなに悪人で、アメリカ人がいかに悪者か話していました」と述べた後、以下のようなエピソードを披露している。

〔大東亜共栄圏や天照大神について〕「日本語学校」の日本人は話しました。「平安時代」「軍閥」……軍閥、平安時代に日本人が天照大神を祭りはじめました。日本の天皇は天照大神です。日本人は学校で〔こうした〕話をしましたが、華語の養正学校ではありませんでした。

〔日本語学校の先生がよく言ったのは〕天皇に忠誠を尽くしなさい。天皇は神の末裔であって、皇居に向かって遥拝し、お辞儀をしなさい。〔先生は〕私たちに日本の歴史の要点を教えてくれました。平安時代のあの軍閥が、あの軍人がどうであったか。日本の学校では日本の歴史について話を聞く機会がわりと多くありました。天皇は神の末裔で、天照大神です。

昭南日本学園　国旗掲揚式。
（『昭南日本学園』前掲書，104頁より）

こうした説明を、当時の杜少年は疑っていなかったばかりでなく、日本と日本人の愛国精神を崇拝していたそうである。

私は十数歳でした。〔日本語学校で受けた教育に対して〕いかなる考えも、いかなる反感もありませんでした。ただ話を聞いてました。いかなる考えも、何もありませんでした。

続けてこうした教育を受ければ、私たちはだんだんだんだんと忠誠を尽くすようになり、日本をいいと感じ、天皇を神だと思うようになった可能性があります。ただ、そうした時間は長くはありませんでした。しかしながら、続けて影響を与えつづければ、私たちはある種信じるようになったかもしれません。

当時は、祖国に対する認識がうすかったのです。〔皇民化教育を〕そうやって続けられて、私たちは日本を崇拝していました。なぜなら、私たちが思うに、彼らはとても愛国心が強く、天皇に忠誠を尽くし、天皇のために自殺さえしました。その時、私はとてもすごいと思いました。私はかつて崇拝していました。彼らは非常に愛国心が強く、私たちは愛国の精神を学ぶべきだと思いました。

このように昭南日本学園等の教育現場においては、文字どおり皇民化教育が実施され、それが教師の人格を通じて生徒にもそれなりに受け入れられていた。

3　華語学校

シンガポールの華語学校概観

シンガポールにおける華語教育は、一九一九年の中国での五四運動以来、中国本土のナショナリズムの高まりとそれに呼応したシンガポール華人の動き、さらに、それを取り締まろうとする英国植民地政府や日本占領当局の介入に翻弄されつづけた。華語学校においては、以前はそれぞれの方言（福建、広東、客家、潮州、海南語）で授業をおこなっていたが、五四運動を機に同地でも教授語として華語を採用する学校が増えはじめた。たとえば、シンガポールの伝統校のひとつ、応新学校では標準的な華語を直接教授してもらうために一九一九年に北京出身の韓鉄藩を校長として迎えている(66)。また、教科書もほとんどすべての学校で中国から取り寄せたものを使用しており、その内容は中国への愛国主義と排外思想に満ちていた。たとえば、一九二七年出版の小学生用華語教科書『新時代国語教科書』の内容は、国民党旗について、「国父」孫文について、「革命の英雄」蔣介石について、中国の「国恥」についてなどであった(67)。また、中華書局発行の教科書は、アヘン戦争後の英国への香港割譲について、英国は中国人民を軍事力で圧迫したと非難し、また、日清戦争については、中国は野蛮な日本人から失地を回復しなければならないと記述していた。一方で、孫文の革命運動や国民党の指導者に対しては称賛を惜しまなかった(68)。

こうした中国におけるナショナリズムの高まりに対し、それまで教育に関しては自由放任の立場を貫いてきた英国も次第に警戒感を強め、植民地立法評議会（the Singapore legislative council）は一九二〇年に「学校登録法」（School Registration Ordinance）を制定し、植民地に所在するすべての学校の校長、教員に登録を義務づけたうえ、視学官に自由に登録校を視察する権限を与えた。[69] 当時の司法長官（the Attorney-General）によると、同法を制定したのは「革命」思想の教授など植民地の利益に反する学校教育を禁止するためであった。[70] つづいて、一九二三年に英国は華語学校にも補助金を与える方針を打ち出したが、補助金を受けた学校は教授語を華語方言に変更しなければならなかったため、多くの学校はこのスキームにもとづいて補助金を受けようとはしなかった。[71] 実際、補助金を受け取った華語学校の数は一九二九年にはわずか一五校、一九三八年でも七八校で、[72] これはシンガポール全体（三六九校）の二一％にすぎない。[73]

こうした状況のなか、一九四二年二月一五日、シンガポールは日本の手中に落ち、英国に代わって日本がこの地域を統治することとなる。戦争によって休校となっていた小学校を再開するにあたって、日本も英国と同様、まず、校長および教員に登録を求めた（「小学校再開に関する件」一九四二年四月）。登録を済ませた華語学校は、『昭南島新生一年間』によると、シンガポールでは二五校であったが、学校の合併整理などにより、同年七月までに実際に開校を許されたのは（表2）の二一校であった。[74]

そのうちの一校である養正学校は、日本占領時代に杜崇謙、芦鶴齢の両インフォーマントが通った学校である。同校は伝統あるシンガポールの名門校で、一九〇八年、チャイナ・タウンの外延、パーク・ロードに、広州、肇慶、恵州出身者（いずれも中国広東省）の出資によって開設された。校名は『易経』の「蒙以養正」（無明を以て正しき徳を養う）に由来する。[76] その後、一九一八年に林耀翔が校長

表2　シンガポールの華語小学校一覧（1942年7月）[75]

旧校名	新校名	校長	経費
ビクトリア英校	ジャラン・ブッサール華文女子校	張英秀	昭南市が負担
崇福女子校	スタンレー街華文女子校	陳克傑	
聖嬰男子校	アッパー・セラングーン路華文男子校	柯心容	
聖ニコラス女子校	ビクトリア街華文女子校	シスター・ヘンリー	
ビクトリア英校	ジャラン・ブッサール華文男子校	黄鏡波	
聖テレサ英校	カンポン・バルー華文男子校	徐嘉禄	
華僑学校	パシル・パンジャン華文男子校	施志超	
建華学校	プリンセップ街華文男子校	黄幼秀	
公教学校	クィーン街華文男子校	姚国華	
愛同学校	テロク・アエル華文男子校	黄至元	
聖嬰女校	アッパー・セラングーン路華文女子校	シスター・セント・フランソワ	
光洋学校	ヤン・チュ・カン華文男子校	呉福臨	
俊源学校	クンセン路華文男子校		
崇本女子校	アリワル街華文女子校	彭夢民	各学校が負担
養正学校	クラブ街華文女子校	楊瑞初	
工商学校	オートラム路華文女子校	連品蓮	
崇正学校	アリワル街華文男子校	陳鴻陶	
養正学校	クラブ街華文男子校	林耀翔	
碧山亭義学	碧山亭華文男子校	李　文	
工商学校	オートラム路華文男子校	林則揚	
端蒙学校	タンク路アリワル華文男子校	林国璋	

参照：『昭南島新生一年間』新加坡：昭南日報社，1943年，21-24頁。

に就任したころから同校は発展し、生徒が五〇〇名を超えるようになったため、校舎をクラブ・ストリートに移設した。日本占領後は、軍政監部の登録のもと、一九四二年七月から授業再開を果たした。小学校の経費は原則として昭南市が負担することとなっていたが、同校は日本占領後も自ら経費を負担した。(77)

教師と生徒

つぎに、日本占領時に養正学校校長の任にあった林耀翔について、簡単に紹介したい。林耀翔は、広東省番禺生まれ、幼年期は香港で教育を受け、一九〇八年に広州嶺南大学付属中学を卒業した。一九一五年に米国コロンビア師範学院にて教育理学士を取得、その後中国へ戻り、嶺南大学付属中学の副校長を務めたが、一九一七年、養正学校の招聘によりシンガポールへ赴任、一九二一年まで同校の第四代校長を務めた。その後中国へ戻るが、一九三七年にふたたび養正学校に招かれ第一二代校長に就任。世界恐慌後の不景気によって経営危機にあった同校の再建に努め、戦後の一九五七年に退任した。(78)芦鶴齢によると、当時、多くの華語学校は国民党派か共産党派のどちらかに分かれており、林校長は国民党の支持者であった。また、同校の教師は日本語の教師も含めて全員華人であった。

日本人の先生は一人もいませんでした。全員華人で、日本語のクラスも日本語を勉強した華人が教えてくれました。(芦鶴齢)

戦後（一九四八年）の資料ではあるが、実際、養正学校の教員一一名は全員華人であった。教員の出身地は一名を除いて全員が中国大陸で、その内訳は、広東省四名、上海市三名、福建省二名、四川省一名、シンガポール一名であった[79]。日本人の教師がいないのは養正学校に限らず、シンガポール全域をみても小学校に在籍する日本人教員はわずか五名であった[80]。

一方、養正学校の生徒もまたみな華人であった。芦鶴齢の回想によると、生徒は主として広東人であった。

養正学校　林耀翔校長。（『養正学校復員後第五届高小卒業紀念刊』1949年より）

> 華語学校の生徒は全員華人でした。英語学校には他の人種の人もいましたが。私はチャイナ・タウンに住んでましたが、隣近所はみな広東語を話す人たちでした。養正で勉強をしていた人もみな広東語ができました。

一九三六年の統計になるが、同校の二九四名の生徒のうち広東籍が二三一名（七八・五％）と圧倒的に多く、続いて福建籍が二二名（七・五％）、残りがその他の地域で四一名（一四・〇％）であった。また、児童の出生地は、中国外（すなわち華僑）が六五・七％、中国本土が二四・八％、未詳が九・五％である。杜崇謙、芦鶴齢両氏とも、両親は中国出身であるが、自身はシンガポール生まれである。また、生徒の親の職業については、店主が三二・三％と最も多く、次いで自由職業（一九・一％）、肉体労働者（二四・五％）、店員（九・九％）であった。[81]

使用言語と授業科目

まず教授用語についてであるが、軍政当局の政策レベルにおいては、「小学校再開に関する件」（一九四二年四月）において華語の使用が禁止され、教授用語として日本語とマレー語が指定されたが、半年後の「教育に関する指示」（同年一〇月）では「中華国語は補助語として当分使用する」ことを許されることとなった。また、教科としての華語は、一九四三年七月の通達「初等学校の名称及教科目に関する件」では週三時間まで認められたが、翌年三月の馬来各州（市）長官会議においては廃止の方向が打ち出された。

このように教科としての華語は廃止にいたったが、教授用語としての華語は、占領当初の使用禁止方針にもかかわらず、占領中一貫して使われていたと考えられる。その理由として、第一に、教師も生徒も全員華人である華語学校において日本語あるいはマレー語で授業をおこなうのはあまりに非現実的であることがあげられる。のちに昭南市役所の職員も吐露しているように、華語禁止方針はあくまでも軍政監部の発想であって、教育現場の実情はそれとははるかにかけ離れていた。[82]第二に、当時の原田教育科長も認めているように、教育現場においては日本語教師と教科書が圧倒的に不足しており、軍政監部が理想とする日本語中心の教育を徹底することは不可能で、さしあたっては従来どおりの教育を続けるよう指示が出されていた。[83] 第三に、馬来軍政監部調査部による「昭南華僑私学調査」によると、一九四四年の段階においても華語学校では「教授語として全科目殆ど支那語（北京官話）を使用せる現状」であると報告している。[84] また、杜崇謙も授業はすべて華語でなされたと証言しており、華語学校の教育現場では占領中も一貫して華語が教授用語として使用されたものと考えられる。

つぎに、授業科目であるが、すでに述べたように「小学校再開に関する件」では「唱歌、体操、遊戯、手工、図画、日本語、作文、園芸」が指定され、一年三カ月後の「初等学校の名称及教科目に関する件」では、訓育、日本語、算数、作業、体育、唱歌、図画工作・裁縫（手芸を含む）、マライ語／タミール語／華語に指定科目が変更された。しかし、華語学校の教育現場において教授された科目は必ずしもこのとおりではなかった。

たとえば、『占領後に於ける「マライ」の初等教育』には、「小学校再開に関する件」による指定科目が適用される時期におけるシンガポールの某華語学校第七学年の時間割（一九四三年三月）が掲載されているが、これによると、同校では日本語（週一二時限：読方五、書取四、会話三時限）、数学（週九時限：算術四、代数三、幾何二時限）、農業（週五時限）、華語（週四時限）、唱歌、地理（各週三時限）、手工、図画、衛生（各週二時限）、体操、運動、修身（各週一時限）の各教科が教えられている（一時限は三〇分）。[85] このうち、数学、華語、地理、衛生、修身は右の指定科目と異なる。同様に、芦鶴齡、杜崇謙も指定科目とは別の科目も教授されたと回想している。

〔日本占領後〕学校で教えられた科目は、まず、英語がなくなりました。以前、華語学校では英語を学んでいました。中、英、算が主要科目でした。算とは算数のことです。当然、華語学校でもこの三科目が主要科目でした。主要科目以外では、衛生、地理、歴史、図画がありました。私たちの描いたのは水墨画、毛筆画でした。（芦鶴齢）

学校の通常の歴史、地理はすべて華語でなされました。英語科の時は英語を使いました〔注・実際は占領中英語科は廃止されていた〕。歴史、算数、衛生、ヒストリー、文学、すべて華語でなされました。中国の歴史、当然、シンガポールの歴史もありました。（それは少なかったですよ—杜氏夫人）上級生になると、世界史がありました。私たち、中学年四年生が学んだのは中国の歴史、シンガポールの歴史でした。（杜崇謙）

両インフォーマーによると、要するに、養正学校では算数、華語、地理、歴史、衛生、図画が占領中教授されたとのことである。このうち図画を除く五教科は「小学校再開に関する件」の指定科目になく、地理、歴史、衛生は「初等学校の名称及教科目に関する件」による指定科目とも異なる。

ところで、戦前に発行された『新嘉坡養正学校概況』（一九三三年）によると、当時、養正学校で小学校五・六年生に教えられた教科は、国語（華語）（週九時間）、英文（週六時間）、算術（週五時間）、体育（週四時間）、公民、地理、歴史、自然、課外作業（各週二時間）、商業、衛生、手工、図画、唱歌（各週一時間）の一四科目計三九時間であった[86]。こうした戦前の教授科目と芦鶴齢、杜崇謙両氏の回想する占領中の教授科目がほぼ一致することから、占領期における同校の教授科目は、英語科が廃止され日本語科が新設されたことを除いては、基本的に戦前の枠組みを踏襲したものと思われる。ただ、時がたつにつれ日本語の授業数が多くなり（杜崇謙証言）、一九四四年には、シンガポールの小学校における日本語教授時間は平均週七時間に達していたことも見逃してはならない[87]。

教育内容と教科書

右に述べたように、軍政監部は日本語を中心とした皇民化教育をめざしたものの、日本語教師、日本語教科書の不足から、さしあたっては従来どおりの教育を続けるよう昭南市役所の原田教育科長は指示を出していた。そのため、教育現場では占領後しばらくはほぼ従来どおりの教育がおこなわれていた可能性が高い。したがって、占領期の教育実態をうかがい知るために、戦前の養正学校における教育方針をみてみるのも有益であろう。

先の『新嘉坡養正学校概況』によると、同校の教育目標は次の三つである（教育目標については呂偉覚校長が執筆）。

（一）社会的に健全な青少年および善良な国家の公民を養成する。
（二）必要な知識を教授し、読書の能力を養成し、進学の基礎を準備する。
（三）職業技能を訓練し、それによって職業に就き生計を立てる能力を得る。

（一）について呂校長は「国境を廃せない現在の段階において、我々が社会を改革するには、国家を基本的対象として、その後、世界に拡充するという手続きをふまなければならない。これゆえに学校教育においては、社会を愛し、国家を愛するという観念、および、どのように社会に貢献し、国家の義務を遂行するかという認識を学生にもたせなければならない！」と述べ、教育における愛国主義の重要性を説いている。(二)については、一般的知識や学理、基本的読書能力は、初等教育の時期に養わなければならないとしたうえで「教育の一般目的は、社会の伝統的、歴史的経験から得られた知識を生徒に継承すること」であると述べている。(三)については、家庭の経済的事情によって進学できない児童に対しては、卒業後、活路を見いだせるように「一種の職業訓練」を施すとしている。ただ、職業訓練といっても小学生に対するものなので「高度の職業技能を授けることはできないが、彼らには一種の基本的な職業常識を与えるよう我々はつねに配慮している」と述べている。[88]

つぎに、養正学校で教育の重要な一環をなした訓育について、それがいかなるものであったか、その主旨、方法、基準についてみていきたい。『新嘉坡養正学校概況』によると、訓育の主旨は「良い習慣、健全な公民を養成し、社会国家の観念を認識させ、華僑の暮らしを発展させる」ことであり、その方針として、青年の道徳を高め、科学の知識を普及し、国民の体格を鍛え、芸術に対する興味を啓発し、生活意識を養い、社会国家の観念を明確に理解させることを掲げている。[89] とくに最後の点については、訓育でなぜ国家の観念を教えるかについて以下のように説明している。

人に国を持たぬ者なし。いやしくも一国の人にて、その国を知らぬなら、すなわち、その国は強くとも必ず弱くなり、存在していても必ず滅びる。かかる国民のため、その民族もまた生存すること能わず。いま吾人は南島の華僑にて、祖国から遠く離るるも、然るに中国とは中国人の中国なりて、国家の興亡は各々の責任なり。故に本校は、一方にて現地の法律を遵守するよう生徒に諭すも、他方にて国家観念を示すことを以て訓育方針の一となす[90]。

『新嘉坡養正学校概況』にみられる訓育の実施方法は、大要、(一)訓話、(二)公民的資質の養成、(三)課外活動、の三つに分類することができる。(一)については、毎週月曜の午後に各教員の輪番制によりおこなわれる三〇分間の「週訓」、国慶節、黄花節といった国民党や中国の記念日に全校生徒の前でおこなわれる「紀念日訓話」、毎週おこなわれる校長の訓話のほか、学級主任が必要なさいに随時おこなう「訓話」といったものがある。(二)は主に子供のしつけに関するもので、しっかり列に並ぶよう指導することや、整理整頓を習慣づけること、学級会等の場で選挙の仕方を学ぶことなどが述べられている。(三)はクラブ活動のことで、各児童の個性や嗜好に合わせて、国技クラブ、手工クラブ、音楽鑑賞クラブ、水

養正学校講堂前正門。
(『今日養正』1959年より)

泳クラブといった二一のクラブを設けたことが記されている。[91]

最後に、養正学校における訓育の基準について簡単に触れておきたい。『新嘉坡養正学校概況』には、訓育の章の最後に、訓育実施基準として、広州中山大学付属小学校の「訓育叢書」が参考としての掲載されている。養正学校における訓育の目標として、どのような児童の育成をめざしたのか、その輪郭をつかむため、ここに簡潔に紹介したい。

小学校一、二年生用の「模範学生第一種」は、六三の項目からなるチェックシートである。その内容は、ほとんどはしつけや生活態度に関するものであるが（服の袖で鼻水を拭かない、痰を吐かない、食事の前には手を洗うなど）、なかには儒教的価値観にもとづいていると思われる項目もある。たとえば、「私は父母を敬愛しています」、「私は先生を尊敬しています」、「私は父母の意向に逆らいません」、「私は授業の際に静かに先生の話を聞きます」、「私は先生の話す教訓を聞きそれに従います」といった内容である。[92] 養正学校の訓育方針のひとつとして、生徒に愛国観念を植えつけることが何度もくり返されているが、同「模範学生」には愛国に関するチェック項目はない。また、具体的な内容は各校によって異なる可能性はあるが、当時、養正学校以外の多くの華語学校でも訓育が実施されていた。[93]

つづいて、当時養正学校で使用されていた教科書について述べる。『新嘉坡養正学校概況』によると、教科書については、シンガポールの実情を斟酌したうえで、全国教育会議決議の中小学課程綱要の本旨にもとづいて、その採用を決定するとしている。[94] 全国教育会議とは、一九二九年一一月および翌年四月に、それぞれ国民党中央訓練部、中華民国教育省が主催し中国で開かれた教育に関する一連の会議である。前者は、植民地政府による華語教育への圧迫を非難したうえで、華僑への政党教育

（党化教育）強化の必要性を指摘し、後者は、中華民国の教育方針を「三民主義」（「民族独立、民権普遍、民生発展を以て世界の大同を促進する」）と定めており、いずれも政治的色彩を強く帯びている。[95]こうした会議の方針にもとづいて養正学校で採用された教科書は、いずれも中国大陸で出版されたものであった。『新嘉坡養正学校概況』によると、一九三三年に同校で採用された教科書一六冊のうち、一〇冊は商務印書館（上海）、五冊は中華書局（上海）、一冊が開明書局（上海）のものであった。[96]すでに述べたように、五四運動（一九一九年）後の中国におけるナショナリズムの高まりに呼応して、また、国民党政府の愛国教育の方針もあって、[97]上海の商務印書館や中華書局によって発行された教科書は、それが歴史であれ、地理であれ、華語であれ、愛国主義と排外思想に満ちた内容であった。[98]当時、養正学校では、ほとんどのクラスで商務印書館発行の『新学制国語教科書』を華語の教科書として採用していたが、[99]その内容をうかがい知るために、参考までに、同じ商務印書館発行の『新時代国語教科書』（一九二七年）の中身を紹介したい。

同教科書は初等小学校用教科書で全八巻からなっている。その序文において、同シリーズの目的は、国民党の方針を小学生にも理解できる言葉で伝えることにあり、題材の選択においては、中華民族の特徴、独立の精神、断固さ、男らしさ、勇敢さを重視したとしている。その内容は、すでに述べたように非常に愛国主義的、排外主義的である。たとえば、第三巻には、国を愛するのなら中国製品を買わなければならないという記述があり（四五頁）、また、第五巻には「国恥」について詳細な説明がある。同教科書によると、アヘン戦争によって香港を割譲し揚子江を外国船に開放したころから「国恥」が始まり、フランスに安南（ベトナム）を、英国にビルマを、日本に朝鮮と台湾を奪われ、さらに、一九〇〇年には八カ国連合軍に蹂躙され、その後、日本の二一カ条の要求を呑むにいたった（一四～一八頁）。その「国恥」を雪ぐためには、強靭な肉体を持ち、勤勉に働き、勇敢で決然とした精神を養い、自らの心身を捧げ、死を恐れずに戦わなければならないと記している（一九頁）。その他、同教科書では、国民党旗について、孫文について、蔣介石について、また、中国歴史上の武将や戦争の英雄について記述されている[100]。

戦前、養正学校で使用された教科書の内容もこれに類したものであったと考えられる。日本占領によってこうした教科書は没収されたが、授業内容は占領期においてもさほど変わった様子はなく、同校では中国出版の教科書では頻繁に取りあげられている愛国的武将・岳飛の故事などを教えていた[101]。この点について芦鶴齢はつぎのように回想している。

あの時代はわりと時間が余っていて、確か歴史の授業のときに先生は故事を、中国の故事を話してくれました。教科書はありませんでした。たとえば、岳飛が忠誠を尽くして国を守り、どのように〔敵の〕金に迫害され、金に対抗し、秦檜に殺されたか、こういったようなことを話してくれました。

私は本を暗記するのは嫌いでしたが、先生が故事を話すのを聞くのは好きでした。私はまだ覚えているのですが、林という名字の華語の先生がいて、彼はだいたい四十歳くらいで、背が低く、ビール瓶の底のように厚い眼鏡をかけていました。授業の初日、林先生は私とクラスメートを木製の椅子の上に座らせました。彼は授業の際、時々私の母語、広東語で解説してくれたので、とても親近感を感じました。教科書はなかったのですが、林先生はいつも故事成語、歴史上の人物、ことわざの話などを私たちにきかせてくれました。〔……〕こうした故事で今でも覚えているのは、たとえば、越王勾践の「臥薪嘗胆」についての故事成語で、それは「世の中に難しいことはない、ただ心がけ次第である」という道理を私に教えてくれました。岳飛の忠に厚く国に報いるという故事をきいて、私は彼の愛国精神に敬服しました。〔……〕こうやって私はだんだんと華語が好きになり、中華文化を愛するようになりました。(102)

こうした授業は、すでに述べたように、すべて華語によっておこなわれていたが、日本占領期には、もちろん、日本語も教えられた。杜崇謙によると養正学校における日本語の授業は月曜から土曜まで毎日あり、占領当初は三〇分授業を一日二時限だったが、のちに日本語の時間が増え、他の教科の時間は減らされた。ちなみに、先に述べたシンガポールの某華語学校における日本語授業数は週六時間(一九四三年三月)であり、一九四四年五月発行の『マライ教育通覧』によると、当時のシンガポールにおける日本語の平均時間数は週七時間であった。(103)また、杜崇謙によると、日本語の教科書は先生の分しかなく、生徒は先生が黒板に書いたものを書き写したが、日本語のレベルが初歩だったため、それはそれほど問題にならなかったという。

ただ、習ったことは本当に簡単でした。例えば、「つくえ」「せんせい」「がくせい」と、単語をひとつずつ書き写していきました。その後、やさしい、簡単な三、四行の文を習いました。

「わたくしの名前は~です」

「わたしは兄弟三人、兄弟四人、姉さん、お母さん、お父さん」

これだけでした。

また、杜崇謙によると、日本留学経験のある一名の教師を除いて、教師の日本語レベルは低かったようである。

先生のうちひとりは日本留学から帰ってきてすぐに、私たちの学校で教えていました。その時、私たちは非常に嬉しかったです。話す日本語はまるで日本人と同じようでしたから。その他は、一語一語、たどたどしく教えてました。

こうした日本語教育に対して、芦鶴齢は「私がまだ覚えている日本語は『わかりません』だけです」と答えている。実際には、彼はほかにも日本語の歌などを覚えていたが、養正学校における日本語教育が彼にとっては大きな影響を与えていないことがうかがえる。これは、杜崇謙が語学が好きで日本語に興味をもっていたのとは対称的に、芦鶴齢は「日本語は強制的に勉強させられたもので、毎日いつになったらもう勉強しなくていい日がくるか切に望んでいた」という姿勢の違いにもよるのであろう。そうした姿勢の違いが影響してか、杜崇謙はクラスでも日本語の成績がよかったようで、そのため彼は毎朝授業の前におこなわれる「宮城遥拝」「国旗掲揚」の儀式を任されていたそうである。杜崇謙は当時の様子を以下のように回想している。

「宮城遥拝」は「毎朝」平日の「昼間」も私がやりました。「日の丸」がこんな感じで掲揚され、その後、例の決まり文句「宮城遥拝」と言い、日本の天皇に向かって礼をしました。その後、授業が始まります。

芦鶴齢によると「国旗掲揚」の際にはラッパが吹き鳴らされ、国歌斉唱はなかったそうである。その代わり「君が代」は「日曜日にのみ歌った」とのことである。

ところで、こうした養正学校における教育は、果たして生徒にはどのように受けとられたのであろうか。芦鶴齢は日本占領時代に受けた日本の教育についてつぎのようにコメントしている。

彼らのは決して日本の教育ではありません。彼らはただ日本語科を多くしただけです。私はたしかに私塾へ行って補習をしました。彼らの二、三の科目のほかに、私はさらに日本語の特別クラスに行きました。ただ、ここで私の受けた影響は教育とはいえません。ひとつの言語を学習しただけです。そうでしょう。

養正での教育はひとつの完全な教育です。しかし、日本のはただ、与える教科書はないが、教育はしてよい。教科書が必要なら日本の許可した教科書を必ず使いなさい。まったく不可能なことです。

一方、養正学校で受けた教育について、芦鶴齢はそれまで英語学校で受けた英国植民地教育とは異なり、中国の伝統や愛国主義を重んじたものとして評価している。

華語教育と英語植民地教育の違いは非常に大きいと思います。英語教育は多く読書を多くし数学をやり、英国は厳しい帝国ではなく、いかにこれだけ多くの植民地を得たかを教えています。なぜなら、私たちの歴史をみれば、ここにひとつの植民地、インドにひとつの植民地、ミャンマーにひとつの植民地があり、もし植民地が成立するのであれば、どこでも植民地になってしまっていたからです。

〔中国の〕歴史と地理は、英語学校では学びませんでした。英語学校で学んだのは、植民地の地理、植民地の歴史でした。地理も、植民地の地理、コロニアル・ヒストリー、コロニアル・ジオグラフィーで、英国に関係のある地域のものでした。全世界において英国はその植民地をもっていました。英語学校〔で教えられたもの〕は、当然、英国の歴史、欧州の歴史、ローマの歴史でした。なぜそうかというと、最も重視するのがケンブリッジ試験の受験であって、その試験範囲は、エンパイア・ヒストリーだったからでした。エンパイア・ヒストリー、すなわち、それぞれの植民地がどうやって成り立ったのか、インドはどうやって成立したのか、シンガポールはどうだったのか、香港はどうか、アメリカはどうであったのか、一六〇五年、一六〇六年にアメリカに渡ったとか、こういったことが歴史でした。

養正学校　授業風景。
（『養正学校復員後第五届高小卒業紀念刊』1949年より）

ところが華語学校では、いかにして国のために尽くすか、我々の体は国のためにあり、いかにして父母に孝行し、また、その体は自分だけのものではないことを説いたのです。

〔こうしたことを〕養正学校にて私ははじめてくわしく知る機会に恵まれました。先生は愛国を説きましたが、これは五千年の文化の影響だと思います。先生は自由に好きなことを言えませんでしたが、ただ、そのなかからどうすべきであるかを感じとることはできました。

こうした証言から、戦前、愛国教育を重視し、儒教的価値観にもとづいて訓育を実施していた養正学校の教育方針は、軍政当局による監視の目をくぐり抜け、日本占領期においても貫かれていたことがうかがい知れる。戦前の愛国的教科書は没収されたとはいえ、占領期においても同校の教師はほぼ全員中国大陸出身であったと考えられ、こうした教師が授業中に話す内容が愛国主義的になっても不思議ではない。そうした華語学校の思想教育について、芦鶴齢は次のような感想も述べている。

私に関していえば、私がもし昭南島〔時代〕を経なければ、私は養正に入ることはありませんでした。もし養正に行く機会がなければ、私は続けて英語〔学校〕にて学んでいたと思います。思うに、私の思想、私の恩には恩で報いるという思想、社会に対して何をすべきかという私の考え方、こういったものは、思うに、〔英語学校で続けて学んだ場合とは〕違いが非常に大きかったと思います。

この点について、芦鶴齢は養正学校での講演でも「英語学校では、先生は私に知識を教授しました。華語学校では、知識のほかに、先生は人としての道理をたくさん教えてくれました。これは私の一生の宝となっています」[104]と述べ、華語学校における思想教育を高く評価している。一方、芦鶴齢は、日本による思想教育やプロパガンダに対しては否定的であった。たとえば、大東亜共栄圏については次のようにコメントしている。

〔大東亜共栄圏といったことは〕新聞で報じられていました。ただ、私たちは皆心の奥ではわかっていました、そんなものは訳のわからないものだと。

このように芦鶴齢の皇民化政策に対する態度は、日本語学校で教育を受けた杜崇謙とは対称的である。芦鶴齢の話からわかることは、養正学校の現場でおこなわれていた教育は、皇民化教育というよりはむしろ華人による華人のための教育であり、軍政当局による監視の目をくぐり抜けて、生徒に中国の伝統的価値や愛国主義を伝えていた。

養正学校にて講演中の芦鶴齢。
(『聴芦爺爺講故事』2006年，65頁より)

華語学校の教育現場で皇民化教育が徹底していなかった例として、次のようなエピソードもある。一九四四年に原田歴二教育科長が李之華視学官につれられて養正学校および崇福女子校を見学しにいった際、同教育科長は突然黒板に三つの質問を書いて生徒に回答を求めた。その質問は、(一)東アジアで一番強い国はどこか、(二)最後に勝利する国はどの国か、(三)中国の最も偉大な人物は誰か、というもので、彼は当然、(一)日本、(二)日本、(三)汪兆銘という回答を期待した。しかし、回収した回答用紙のなかには、(一)中国、(二)中国、(三)蔣介石、というものが二つあった。原田はこの二人の生徒を呼びだして、なぜ中華民国主席であり『昭南日報』でも称えられている汪兆銘と答えなかったのか問い詰めた。その生徒は、汪兆銘は主席であるけれども政権を握ってないが、蔣介石は政権を握っているのでより偉大だと思ったと答えたそうである。[105]思うに、養正学校の林校長は自身が国民党支持であること生徒に隠しておらず、同校でこうした事件が起きても決して不思議ではない。

こうした例が示すように、華語学校においては、なかんずく養正学校の例においては、日本語学校と比較して皇民化教育が徹底していなかったばかりか、軍政当局が最も嫌がる中国に対する愛国教育すらおこなわれていた。日本人の先生との個人的接触も皆無で、授業もすべて華語によって実施された。日本語学校と異なり、皇国史観に連なるような話は華語学校ではなされていなかった。

4　教育現場にみる皇民化政策の実態

シンガポールにける皇民化教育の実態は、日本語学校と華語学校のあいだで、その内実にかなりの開きがあった。日本語学校、なかんずく、昭南日本学園、軍政監部国語学校、クイーンストリート日本語教習所においては、文字どおり日本語を通じた皇民化教育が実施されていた。これは教科書の内容をみても、校長や先生の意識をみても明らかである。たとえば、神保光太郎は、日本語教育自体が目的ではなく、むしろ、礼儀や日本そのものを伝えることが学園の役割だと考えていた。[106]また、杜崇謙によると、授業では単に日本語のみが教授されただけでなく、天皇は天照大神であるとか、日本の歴史であるとか、皇国史観に連なる話もされていた。ただ、それを生徒が理解できたかは別の話である。実際、軍政監部国語学校に学んだ生徒のひとりは「共栄圏理念や日本創造の神話はよく理解できなかった」[107]と真情を吐露している。

一方、華語学校においては、養正学校の例にみられるように、皇民化教育とは名ばかりで、実際には、軍政当局の監視をくぐり抜けて中国の伝統的価値観や愛国精神が教えられていた。当時、反日感情が高まっていた華人社会が皇民化教育に対して熱心でなかったのは当然としても、従来どおりの華人による華人のための教育が可能であったのは、第一に、原田教育科長も指摘しているように、日本人教師および日本語の教科書が圧倒的に不足しており、人的物的両面において日本語を通じた皇民化教育を実行することが不可能であったという事情が大きい。

第二に、軍政当局は戦前使用された教科書を没収したが、これは華語学校における愛国教育を防ぐという点ではほとんど効果がなかった。なぜなら、華語学校の教師は戦前からの教師であり、芦鶴齢の証言にあるように、彼らは自らの記憶を頼りに愛国精神と伝統的価値観を伝える授業をすることができたからである。また、華語学校において授業を担当した教師のほとんどは中国出身であるうえ、戦前に使用された教科書は、華語であれ、歴史であれ、地理であれ、愛国主義と排外思想に満ちていた。それに対して英国植民地政府は、学校登録法の制定によって取締まりを強めたが、華語学校における愛国主義的傾向を完全に抑えることはできなかった。実際、芦鶴齢の証言にあるように、日本占領中においてすら華語学校では愛国教育が続けられていた。このような教育現場の実態が、一九四四年に入り、軍政当局をして、私立華語学校教員の再教育、華語科の廃止、私立華語学校の閉鎖といった一連の華語学校締め付け強化策へと導いた大きな要因であったと考えられる。

第三に、そもそも華語学校において皇民化教育への抵抗が強かったのは、マレー人やインド人のナショナリズムが反英独立に向かいやすかったのに対し、中国や華人社会における「中華ナショナリズム」は抗日運動と分かち難く結びついていたからであった。とくにシンガポールは、戦前から抗日運動の重要な拠点のひとつであり、太平洋戦争が始まる前からすでに抗日救国の雰囲気に満ちていた。さらに、日本占領後、軍政当局は、華人粛清殺事件（Sook Ching）[108]や五〇〇〇万ドル強制献金事件[109]によって華人を迫害し、また、華語教育に対しても占領中一貫して抑圧政策をとった。こうした華人に対する日本の厳しい態度が、華人の抗日ナショナリズムをさらに燃え上がらせ、華語学校における皇民化教育を名ばかりのものにしたように思われる。

注

（1）一般に中国からの移民一世で中国国籍の者を「華僑」、移民国生まれで現地国籍の者を「華人」と呼ぶが、煩雑さを避けるため、本稿では双方とも「華人」とする。ただし、この定義についても議論はある。Suryadinata, Leo, “Ethnic Chinese in Southeast Asia : Overseas Chinese, Chinese Overseas or Southeast Asians?” in Leo Suryadinata ed., *Ethnic Chinese as Southeast Asians*, Singapore : Institute of Southeast Asian Studies, 1997, pp. 1-4. 参照。

（2）Saw Swee-Hock, *Singapore Population in Transition*, Philadelphia : University of Pennsylvania Press, 1970, p. 57. ちなみに、二〇〇〇年現在における各民族比率は、華人七六・八％、マレー人一三・九％、インド人七・九％、その他一・四％であった（Singapore Department of Statistics, *Census of Population 2000 Statistical Release 1*, p. viii.）。

（3）日本占領下の日本語教育については以下を参照。
明石陽至「日本軍政下のマラヤ・シンガポールにおける日本語教育の軌跡」同右書。

樫村あい子「日本占領下『昭南島』における日本語教育――エスニシティー構造の変化に着目して」日本植民地教育史研究会運営委員会編『植民地教育史研究年報　第7号　植民地教育体験の記憶』二〇〇五年三月。

宮脇弘幸「南方占領地における日本語教育と教科書――マレー・シンガポールの場合（一九四二～一九四五）」『成城文芸』一二六号、一九八九年。

宮脇弘幸「シンガポール・マレーシアにおける皇民化教育の聞き取り調査」『成城学園教育研究所研究年報』第一四集、一九九一年。

宮脇弘幸「マラヤ、シンガポールの皇民化と日本語教育」『岩波講座　近代日本と植民地7　文化のなかの植民地』岩波書店、一九九三年。

宮脇弘幸「占領下マラヤ・シンガポールにおける教育と日本語教科書」、明石陽至、宮脇弘幸編『南方軍政関係史料32　日本語教科書　日本の英領マラヤ・シンガポール占領期（一九四一～一九四五）』編集復刻版、第一巻、龍渓書舎、二〇〇二年。

日本語教育のほか、教員養成、エリート教育、職業教育、初等教育、高等教育については以下の諸論文を参照。

明石陽至「興亜訓練所と南方特別留学生――日本軍政下のマラヤにおける文化工作とその影響」、早稲田大学社会科学研究所編『インドネシア――その文化社会と日本』早稲田大学出版会、一九七九年。

明石陽至「軍政下シンガポール、マラヤにおける日本の教育政策」、阿部洋編『戦前日本のアジアへの

教育関与』国立研究所紀要第一二一集、一九九二年。
明石陽至「日本軍政下のマラヤ・シンガポールにおける文教施策——一九四一～一九四五」、倉沢愛子編『東南アジア史のなかの日本占領』早稲田大学出版部、一九九七年。
Akashi, Yoji, "Education and Indoctrination Policy in Malaya and Singapore under the Japanese Rule, 1942-1945," *Malaysian Journal of Education*, Vol. 13 No. 1/2, December 1976.
Akashi, Yoji, "The Japanese Occupation of Malaya : Interruption or Transformation?" in Alfred W. McCoy ed., *Southeast Asia under Japanese Occupation*, Monograph Series No.22, Yale University Southeast Asia Studies, 1980.
Akashi, Yoji, "Japanese Cultural Policy in Malaya and Singapore, 1942-45," in Grant K. Goodman ed., *Japanese Cultural Policies in Southeast Asia during World War 2*, New York : St. Martin's Press, 1991.
Lee Ting Hui, "Singapore under the Japanese 1942-1945," *Journal of the South Seas Society*（『南洋学報』）, Vol. 17, Part 1, April, 1962.
Wilson, Harold E., *Educational Policy and Performance in Singapore, 1942-1945*, Occasional Paper No. 16, Singapore : Institute of Southeast Asian Studies, May 1973.
邱新民『昭南時代史話』新加坡：青年書局、一九九〇年。
呉体仁「枷鎖統治与奴化教育」南洋華僑籌賑祖国難民総会、大戦与南僑編委会『大戦与南僑 馬来亜之部』新加坡：新南洋出版社、一九四七年。
許雲樵「淪陥時期的新加坡教育」、蔡史君編『新馬華人抗日史料一九三七—一九四五』新加坡：文史出版私人有限公司、一九八四年。

鄭良樹『馬来西亜華文教育発展史 第二分冊』吉隆坡：馬来西亜華校教師会総会（教総）、一九九九年。

（4） 英語学校については、前掲 Wilson 論文（*Educational Policy and Performance in Singapore, 1942-1945*）に Bras Basah Road Boy's School の実態が垣間見られる。華語学校については、右に掲げた論文のほか、Akashi, Yoji, "Japanese Policy Towards the Malayan Chinese 1941-1945," *Journal of Southeast Asian Studies*, Vol. 1 No. 2, September 1970 で言及されているが、いずれも日本当局による教育政策に重点をおいたものであり、教育現場で実際にどのような教育がおこなわれていたかについての解明は進んでいない。例外として、洪錦棠『劫後回憶録』（新加坡：榴蓮出版社、一九四六年）二四頁に養正学校での教育実態についてのエピソードがある。

（5） 倉沢愛子「解題」、富集団司令部、昭南・馬来軍政監部編『復刻版 南方軍政関係史料18 極秘戦時月報・軍政月報』第一巻、龍渓書舎、二〇〇〇年、三頁。

（6） 明石「軍政下シンガポール、マラヤにおける日本の教育政策」前掲、二三七頁。

（7） シンガポール市政会『昭南特別市史』社団法人シンガポール協会、一九八六年、一九五頁。

（8） 「小学校再開ニ関スル件」（昭和一七年四月一八日）、富集政総第一二号、軍政部長ヨリ各州長官特別市長宛、明石陽至編『南方軍政関係史料19 軍政下におけるマラヤ・シンガポール教育事情史・史料（一九四一～一九四五）』第二巻、龍渓書舎、一九九九年、二〇三―二〇五頁。

（9） 明石「軍政下シンガポール、マラヤにおける日本の教育政策」前掲、二三九頁。

（10） 『昭南島新生一年間』新加坡：昭南日報社、一九四三年、二〇―二四頁。

（11） 南方軍政総監部調査部「占領後ニ於ケル『マライ』ノ初等教育」（一九四三年一二月）、明石編『南方軍政関係史料19』第二巻、前掲、一五八―一六二頁。

（12） 同右書、一六〇―一六二頁。

(13) 明石陽至、石井均「解題」、『南方軍政関係史料23　大東亜建設審議会関係史料』第一巻、龍渓書舎、一九九五年、二一四頁。
(14) 企画院「大東亜建設基本方策（大東亜建設審議会答申）」（一九四二年七月）、同右書、九—一一頁。
(15) 「軍政総監指示」（昭和十七年八月七日軍政総監部）、富集団軍政総監部複写、明石編『南方軍政関係史料19』第一巻、前掲、一七—二〇頁。
(16) 石井均『大東亜建設審議会と南方軍政下の教育』西日本法規出版、一九九五年、八九—九一頁。
(17) 「教育ニ関スル指示」（昭和一七年一〇月六日）、富集政総第二六九号、軍政監各州長官ヨリ特別市長宛、明石編『南方軍政関係史料19』第二巻、前掲、二〇六—二〇八頁。
(18) シンガポール市政会『昭南特別市史』前掲、一九六—一九七頁。
(19) 馬来軍政監部調査部「調査部報」第五号（昭和一九年七月五日）、明石編『南方軍政関係史料19』第二巻、前掲、二九〇頁。
(20) 「初等学校ノ名称及教科目ニ関スル件」（昭和一八年七月二七日）、馬来監総第二三四号、馬監総務部ヨリ長各州長官、特別市長宛、同右書、二二四—二二六頁。
(21) 「初等学校ノ名称及教科目ニ関スル件」によると、「小学校再開ニ関スル件」において指定科目であった「遊戯」は「体育」に、「園芸」は「作業」に含まれる。
(22) 「教科書用図書ニ就テ」（昭和一八年七月）、地方長官会議資料、明石編『南方軍政関係史料19』第二巻、前掲、九六—九七頁。
(23) 「初等教育ノ刷新強化方策」示達事項説明（一八日配布）、（昭和一九年三月）、同右書、二二五—二二六頁。
(24) 「華僑対策」昭和一九年三月開催馬来各州（市）長官会議、同右書、二三〇—二三四頁。
(25) 「華僑ニ対スル文教施策」、同右書、二三五—二三八頁。

(26) 馬来軍政監部調査部「調査部報」第五号（昭和一九年七月五日）、同右書、二九七頁。
(27) 「南方諸地域ニ普及スベキ日本語ノ教育ニ関スル件」（昭和一八年九月二八日）、閣議諒解事項、同右書、一〇七―一〇九頁。
(28) 「華僑ニ対スル文教施策」前掲、二三七頁。
(29) 宮脇「マラヤ、シンガポールの皇民化と日本語教育」前掲、一九九―二〇二頁。
(30) 養正小学学生作品集『聴芦爺爺講故事』（非売品）二〇〇六年、二二頁。
(31) 鄭『馬来西亜華文教育発展史』前掲、四二八頁。
(32) 『昭南島新生一年間』前掲、三〇頁。
(33) 軍政監部内政部文教科「マライ教育事情（第一巻）」（昭和一八年三月）、明石編『南方軍政関係史料19』第一巻、前掲、一五〇頁。
(34) 神保光太郎『昭南日本学園』（愛之事業社、昭和一八［一九四三］年）、『二〇世紀日本のアジア関係重要研究資料3　復刻版　単行図書資料』第六八巻、龍渓書舎、二〇〇三年、四五頁、五一頁。
(35) 同右書、二三八―二四二頁。
(36) 明石「軍政下シンガポール、マラヤにおける日本の教育政策」前掲、二五六頁。
(37) 「インタビュー二三　軍政監部の教育――鳥居次好」、日本の英領マラヤ・シンガポール占領期史料調査フォーラム編『南方軍政関係史料33　インタビュー記録　日本の英領マラヤ・シンガポール占領（一九四一～一九四五年）』一九九八年、龍渓書舎、六二三頁。宮脇「シンガポール・マレーシアにおける皇民化教育の聞き取り調査」前掲、一九九―二〇〇頁。
(38) 軍政監部教育科「案件」（昭和一八年三月二六日）、明石編『南方軍政関係史料19』第二巻、前掲、一四頁。「インタビュー二三　軍政監部の教育――鳥居次好」前掲、六四四頁。

(39) 邱『昭南時代史話』前掲、一〇三頁。
(40) インタビューにおける「阿部先生」とは、クイーンストリート日本語教習所に在籍していた阿部茂芳のことと思われる。宮脇「皇民化教育の聞き取り調査」前掲、八一頁参照。
(41) 宮脇「南方占領地における日本語教育と教科書」前掲、一九一頁。ただ、このカーキ色の服は当時内地の公の場で着用が一般化していた「国民服」であった可能性もある。
(42) 軍政監部内政部文教科「マライ教育事情（第一巻）」前掲、一三九頁。
(43) 神保『昭南日本学園』前掲、五八頁。
(44) 同右書、二二五頁。
(45) 同右書、一八四―一八七頁。
(46) 同右書、七〇―七一頁。
(47) 宮脇「シンガポール・マレーシアにおける皇民化教育の聞き取り調査」前掲、六三―七四頁。
(48) 神保『昭南日本学園』前掲、五〇―五一頁。
(49) 同右書、一四二頁。
(50) *Saw, Singapore Population in Transition, op. cit.,* p. 57.
(51) 南方軍政総監部調査部「占領後ニ於ケル『マライ』ノ初等教育」前掲、一六五頁。
(52) 神保『昭南日本学園』前掲、一四一―一四二頁。
(53) 宮脇「シンガポール・マレーシアにおける皇民化教育の聞き取り調査」前掲、六三―七八頁。
(54) 馬来軍政監部文教科「マライ教育通覧」、明石編『南方軍政関係史料19』第二巻、前掲、二八〇頁。
(55) 宮脇「シンガポール・マレーシアにおける皇民化教育の聞き取り調査」前掲、六三―七八頁。
(56) 同右書、六三―七四頁。

(57) 神保『昭南日本学園』前掲、六七―六九頁。
(58) 同右書、五五―五六頁。
(59) 同右書、六一―六九頁。
(60) 「インタビュー一三 軍政監部の教育――鳥居次好」前掲、六二七頁。
(61) 軍政監部国語学校編「国語読本巻三」(一九四三年)、明石・宮脇編『南方軍政関係史料32』第一巻、前掲、一三四頁。
(62) 同右書、一八一―一八二頁。
(63) 軍政監部国語学校編「国語読本巻二」(一九四二年)、同右書、六三―六四頁。
(64) 宮脇「日本語教育と教科書」前掲、四七―四九頁。
(65) 軍政監部国語学校編「国語読本巻三」前掲、一六一―一六三頁。
(66) 『国民日報』(一九一九年一月二二日)、崔貴強『新加坡華人――従開埠到建国』新加坡:教育出版私営有限公司、一九九四年、一六八頁、註一九。
(67) Peake, Cyrus H., *Nationalism and Education in Modern China*, New York : Columbia University Press, 1932, pp. 184-189.
(68) *Monthly Review of Chinese Affairs* (MRCA), No. 5, Jan. 1931, pp. 37-38. 崔『新加坡華人』前掲、一六五頁。
(69) Kenley, David L., *New Culture in a New World : The May Fourth Movement and the Chinese Diaspora in Singapore, 1919-1932*, New York : Routledge, 2003, p. 54. 戸田賢治「英領マラヤの海峡華人のアイデンティティーと言語――海峡華英協会を中心にして」一橋大学大学院修士論文、二〇〇四年、三七―三八頁。

（70）*Straits Times*, 1 June 1920. このほか、学校は学校らしく運営されるべきこと、教師はしっかりとした教授法を身につける必要があることを「学校登録法」制定の理由としてあげている。
（71）Gwee Yee Hean, "Chinese Education in Singapore," *Journal of the South Seas Society*（『南洋学報』）, vol. 25, no. 2, December, 1970, pp. 109-110. さらに、英国植民地政府は、英語を第一言語とする華人に対しては、華語学校を経ずに直接英語学校へ通うよう奨励した。そのため華語学校における英語教育は補助金の対象とならなかった。一方、華語学校が英語学校への進学カリキュラムをもつことは奨励された。
（72）崔『新加坡華人』前掲、一六六頁。
（73）南方軍政総監部調査部「占領後ニ於ケル『マライ』ノ初等教育」前掲、一五九―一六〇頁。
（74）『昭南島新生一年間』前掲、一六頁、二一〇―二一四頁。
（75）華僑学校、建華学校、養正学校（男女両校）、工商学校（女子校）、碧山亭義学の校長名は、許「淪陥時期的新加坡教育」（四五四―四五五頁）を参照した。また、華語学校名のカタカナ訳については、許雲樵、蔡史君編『日本軍占領下のシンガポール――華人虐殺事件の証明』（田中宏・福永平和訳、青木書店、一九八六年、二〇七―二〇八頁）を参考にした。
（76）『新嘉坡養正学校概況』（非売品）一九三三年、一頁。
（77）『昭南島新生一年間』前掲、二四頁。
（78）林耀翔「五十年之回顧」『養正学校金禧紀念刊』（非売品）一九五六年、二七―三一頁。『養正学校新校舎落成開幕紀念特刊』（非売品）一九六七年、一七頁。
（79）『養正学校復校第四届卒業班紀念特刊』（非売品）、一九四八年、七〇―七一頁。
（80）馬来軍政監部文教科「マライ教育通覧」前掲、二五七―二五九頁。
（81）『最近之養正』（非売品）一九三六年、頁表記なし。

(82) シンガポール市政会『昭南特別市史』前掲、一九六頁。
(83) 同右書、一九七頁。
(84) 馬来軍政監部調査部「調査部報」第五号、二九七頁。
(85) 南方軍政総監部調査部「占領後ニ於ケル『マライ』ノ初等教育」前掲、一八二頁。
(86) 『新嘉坡養正学校概況』前掲、三三頁。
(87) 馬来軍政監部文教科「マライ教育通覧」前掲、二四八頁。
(88) 『新嘉坡養正学校概況』前掲、五―七頁。
(89) 同右書、五一―五五頁。
(90) 同右書、五四頁。
(91) 同右書、五五―六〇頁。
(92) 同右書、六二―七一頁。
(93) 同右書、五一頁。
(94) 同右書、八頁。
(95) 崔『新加坡華人』前掲、一六七頁。
(96) 『新嘉坡養正学校概況』前掲、三四頁。
(97) たとえば、中華民国の『教育部文牘彙編』(教育省公文書集)(出版年不明、第一巻、三四頁)によると、「修身科の目的は、児童が良い行いをするよう徳を養うことにある。初等小学校の生徒が学ぶべき徳は、従順、愛情、誠実、勇気、尊敬、礼儀、勤勉、純心である。これらのうち教えやすい徳から始めて、つぎに社会に関する徳、最後に、国家に関する徳を教える。また、愛国精神を浸透させ、児童が自国民と国家を愛するようになるよう指導する。」として愛国教育を国家の方針として掲げている。(Peake, *Nationalism and*

Education in Modern China, op. cit., pp. 99-100 より引用)

(98) 崔『新加坡華人』前掲、一六四頁。Peake, *Nationalism and Education in Modern China*, op. cit., pp. 97-119.

(99)『新嘉坡養正学校概況』前掲、三四頁。

(100) Peake, *Nationalism and Education in Modern China*, op. cit., pp. 184-189.

(101) たとえば、『士兵千字課（第三巻）』北京：中華平民教育促進会、一九二八年、『新時代修身教科書』上海：中華書局、一九二三年、『新時代国語教科書（第二巻）』上海：商務印書館、一九二七年に岳飛のエピソードが記述されている。Peake, *Nationalism and Education in Modern China*, op. cit., p. 164, p. 172, p. 189 参照。

(102)『聴芦爺爺講故事』、三五―三六頁。同書は、芦鶴齢が二〇〇五年三月六日に母校の養正学校にて日本占領時代について講演した様子を、同校の生徒がまとめたものである。

(103) 馬来軍政監部文教科「マライ教育通覧」前掲、二四八頁。

(104)『聴芦爺爺講故事』前掲、三六頁。

(105) 洪錦棠『劫後回憶録』新加坡：榴蓮出版社、一九四六年、二四頁。

(106) 神保『昭南日本学園』前掲、六一頁、六九頁。

(107) 宮脇「皇民化教育の聞き取り調査」前掲、六六頁。

(108) 華人粛清事件とは、日本軍によるシンガポール占領直後の一九四二年二月から三月にかけて、反日分子の「粛清」（シンガポールでは広東語の読み方にしたがって一般にスクチン [Sook Ching] と呼ばれている）を目的として日本軍が実施した掃討作戦のこと。一八歳から五〇歳までの華人男性は全員出頭を命じられ、そのうち「反日」と認定された者の多くが処刑されたが、その認定のしかたは杜撰で実際には無差別殺戮であった。犠牲者の数は五千人とも五万人ともいわれている。

(109) 五〇〇〇万ドル強制献金事件とは、一九四二年三月から六月にかけて、華人の反日行為に対する償いと称して、在シンガポールおよびマラヤの華人から五〇〇〇万ドルを強制的に「献金」させた事件のこと（実際に集った額は二八〇〇万ドルで、残りの二二〇〇万ドルは銀行融資によって調達された）。同「献金」はマラヤ軍政の事実上の責任者であった渡辺渡大佐と華僑工作担当の高瀬通が中心となり、華僑協会の林文慶（Lim Boon Keng）らを脅して実施させた。同事件は、その後、「粛清」とともに日本軍による華人弾圧の象徴として長く語り継がれることとなる。

花木蘭の転生

――「大東亜共栄圏」をめぐる日中大衆文化の交錯

鷲谷　花

中国には近代以前からの女傑、女侠、異性装の物語の豊かな伝統があるが、そのプロトタイプ的な存在が花木蘭《ファムーラン》（Hua Mulan、テキストにより雌木蘭、魏木蘭とも）である。老いた父に代わりに男装して従軍し、北方の異民族との戦いで大功をたてた女性兵士・木蘭の物語は、現存する最古のテキストである宋代の長編叙事詩『木蘭詩』をはじめ、古来より数多くの詩歌や戯曲、小説に題材を提供してきた。

近代以降の中国の大衆文化の歴史においても、木蘭物語はくりかえし語り直され、その時々の政治的文脈に応じて新たな意味と機能を与えられてきた。一九一九年以降の五四運動における「女性解放」の言説では、木蘭は封建的な家から脱出し、公的空間において男性と対等に活躍しようとする〈新女性〉のロール・モデルとしての意味を付与される。抗日戦争期の反帝国主義と国民総動員の言説においては、木蘭は国家のために身命を賭して敵民族と戦う〈国民〉のモデルとなる。さらに新中国成立後は、封建的家父長社会の抑圧から解放され、男性と同等の立場を与えられた〈解放された中国女性〉のモデルともなった。つまり、近現代の中国の重大な歴史的転換期に、〈女性〉ないしは〈国民〉のアイデンティティを新たに形成しようとする運動が立ち上げられるたびに、木蘭がロール・モデルとして召還されてきたといえる[1]。

木蘭の物語とは、女性が男装することによって、従来は男性のみに開かれていた公的空間としての戦争と政治に参入し、そこでの役割をみごとに果たしたのち、ふたたび女性の本来の活動空間としての家庭の内部に帰還するという、ジェンダーの〈越境〉の物語であると要約できる。近現代中国の歴史的転換期に、木蘭が何らかの象徴的な意味を担って召還されるとき、木蘭の〈越境〉は、たんに旧時代から新時代への転換を意味するのみならず、新／旧に引き裂かれた二つの時代を結び合わせ、異なる価値規範の衝突を調停する役割をも担うこととなった。たとえば、『啓蒙期の中国女性（*Women in Chinese Enlightenment*）』の著者王政（Wang Zhen）の指摘によれば、『木蘭詩』は、本来、儒教的な家父長制社会における「忠」「孝」の道徳規範を女子に教えるためのテキストとして普及したものだった。それにもかかわらず、二〇世紀初頭に生を受けた中国女性にとって、このテクストは、伝統社会における抑圧的なジェンダー規範から解放された〈新女性〉のロール・モデルを示すものとして受容されたという[2]。

越境するヒロイン・木蘭は、中国という国民国家の内部のみならず、その外部においても受容され、さまざまに異なる目的のために利用されてきた。二〇世紀末、大衆文化のグローバル化が進展するさなか、木蘭はディズニーの長編アニメーション映画のヒロイン「ムーラン」として蘇り、ローカルな地域文化をグローバルな普遍文化へと結びつける役割を担うこととなった。そして、『ムーラン』に先行すること約六〇年、日本が「新東亜文化」「大東亜文化」と称する汎アジア的な文化の建設を試みつつあったとき、木蘭物語が同時代の中国の映画・演劇を介して発見され、やはりローカルな地域文化を、ある種のグローバルな普遍文化へと統合する運動の一環として積極的に利用された。このとき、日本に受容された木蘭物語は、敵対する二つの国民国家のナショナリズムと、「大東亜共栄圏」の大アジア主義とのあいだの矛盾を調停もしくは隠蔽する機能を担わされることとなった。

これまでみてきたように、ジェンダーの〈越境〉の物語としての木蘭物語は、何らかの政治的な危機と緊張の時期において、特権的な価値を獲得してきた。すでに述べたように日中戦争期、中国ではもっぱら総力戦に向けた国民総動員運動において木蘭物語が利用されたのに対し、それが日本において受容された際には、日本と中国の敵対関係を隠蔽し、日中連帯のもとに形成されつつある東アジア文化共同体のイメージを演出するために利用された。

ジョーン・W・スコットは、「ジェンダーは、意味を解読し、さまざまな形の人間の相互関係の複雑なつながりを理解する手立てとなっているのである。ジェンダー概念がどのように社会関係を正当化し構築するかを探求する時、歴史家は、ジェンダーと社会の相互的な性格や、政治がジェンダーを構築しジェンダーが政治を構築するときの独特の、それぞれの文脈に固有の方法について洞察を深めることになる」(3)と述べている。戦時期の中国と日本で木蘭物語のたどることとなった紆余曲折は、「政治がジェンダーを構築しジェンダーが政治を構築する」プロセスを克明に示す事例といえる。

「花木蘭の男装と従軍」というジェンダーの〈越境〉の物語が、まず国民国家の危機に際しての国民主体の形成と動員という文脈において、さらにはアジアの国民国家群のナショナリズムを利用しつつ、最終的には脱国民国家的な文化共同体へと統合してゆく「大東亜共栄圏」の文化建設という文脈において語り直されるとき、そこにはいかなる〈政治〉が立ち上げられていたのか。本論考はそれを明らかにすることを試みる。

1　戦時上海における『木蘭従軍』

一九世紀末に欧米から映画が伝来して以来、日本と中国の映画産業はそれぞれに独自の発展をとげてきたが、日中戦争開戦まで、両者のあいだには小規模な、もしくは散発的な交流しかおこなわれてこなかった[4]。一九三〇年代、日本映画界と中国映画界とが、ともに黄金期というべき段階に達し、質量ともに充実した作品群を生み出していた時点でも、両国のあいだで相互に映画の輸出入がおこなわれ、現地の一般観客に向けて上映される機会もほとんどなく、互いの映画界に対するジャーナリスティックな関心も総じて希薄だったといえる[5]。

日本の映画産業が中国大陸への進出を本格的に開始したのは、一九三七（昭和一二）年九月末、満洲映画協会（満映）が、日本から招いた映画人による現地観客向けの映画製作を開始し、また、満洲および華北における外国映画（日本映画も含む）の輸入配給権を獲得して以降のことといえる。また、同年一一月に、日本軍が上海の外国租界（英米共同租界、仏租界）以外の地区を占領した際、複数の日本の映画関係者が上海に渡り、日本映画の輸入配給ルートの確立、日中合作映画の製作基盤の整備、現地映画人との協力体制の確立および親日的な映画企業の設立などを目的とする「映画工作」を開始するに至った。

さらに、一九四一年一二月の日米開戦を機に、日本軍が外国租界を含む上海全市を占領したとき、既存の上海の映画産業はことごとく日本の支配統制下に統合され、日本の占領政策に沿った映画製作をおこなうことを余儀なくされた。上海を中心とする日本軍占領地区への日本映画の配給ルートが確立され、日本映画の中国市場への進出が本格的に開始されたのもこれ以降である。以後、上海の映画産業は、日本の指導のもと、「アジア民族共通の映画」としての「大東亜映画」の建設というプロジェクトに奉仕することを要請される。(6)

結局、日中戦争から「大東亜戦争」に至る日本の中国に対する軍事侵略に便乗することによって、日本映画は初めて中国と本格的な関わりをもつことができたといえるだろう。一方、上海を最大の拠点とする中国映画界は、日本の軍事侵略に対する抵抗というかたちで、やはり日本との積極的な関わりを開始するにいたった。

一九三一(昭和六)年の満洲事変以後、上海の左派映画人の主導によって開始された「国防映画運動」において、「抗日救亡(日本の侵略に抵抗し、祖国を滅亡から救う)」は、今後の中国映画が優先的に表現しなければならない最も重要なテーマのひとつとされた。以後、上海の映画人たちは、国民党政府や租界当局による厳しい統制を受けつつも、「抗日救亡」を主題とする「国防映画」の製作を試みる。三七年一一月に、上海の外国租界を除いた地区が日本軍によって占領された後は、多くの映画人たちが、南京陥落後の国民党政府の戦時首府となった重慶、中国共産党の拠点延安、英領香港などに脱出し、また、上海にとどまった映画人たちは、日本の支配の及ばない「孤島」と化した外国租界内に製作拠点を移すことで、それぞれに映画による侵略への抵抗を続けた。しかし、四一年一二月の日米開戦と同時に、上海が日本軍によって全面占領された後は、現地映画産業は、ことごとく日本の支配統制下におかれ、日本および親日的な南京の汪兆銘政府の「国策」に沿った映画製作を続けることを要請される。このとき、諸事情により重慶、延安などの非占領地区に脱出できなかった映画人たちは、一面では「国策」に協力することを余儀なくされつつも、隠れた抵抗の意志や、占領下の映画製作をめぐる葛藤や軋轢を暗示するような作品の製作をしばしば試みた。

結局、戦前にはほとんど相互の交流をもたないまま、それぞれに独自の展開をとげてきた日本と中国の映画史が交錯し、複雑な利害関係をもつに至った最大の動因は、日本の中国に対する侵略戦争だった。したがって、戦時期の日中映画関係に関しては、これを「日本による侵略」と「中国による抵抗」の二項対立として捉える解釈が、従来の研究もしくは言説において主流を占めてきた。

最も権威ある中国映画の通史としての程季華主編『中国電影発達史』（一九六三、八一年）をはじめ、一九四九年の新中国成立以後に中国大陸で刊行された複数の映画史書は、抗日戦期の中国映画史を、基本的には帝国主義的文化侵略としての日本側の映画工作と、それに抵抗する中国側の「抗戦映画」「国防映画」との戦いの過程として記述してきた。これらの史的記述は、日本軍占領地区（「淪陥区」）にて映画製作を続けた映画人たちを、結果的に日本の「国策」に協力した「漢奸（民族の裏切り者、売国奴）」とみなしている。たとえば『中国電影発達史』は、戦時期に「淪陥区」で製作された映画作品を、ことごとく「漢奸映画」と呼び、その「中国映画」としての正統性を全否定する立場にたつ。

現在にいたるまでの中国大陸における公式的な映画史観は、基本的に『中国電影発達史』の見解に準拠している。現状において、戦時期の中国映画史に関する最も新しくかつ包括的な書物である李道新『中国電影史　1937―1945』（二〇〇〇年）は、「〔「淪陥区」で製作された映画のなかには〕少なからぬ娯楽作品も含まれており、それらのイデオロギー的な性質を明確に判断することは難しい。複数の中国側の映画製作者は、自身にはいかんともしがたい選択を迫られるなかで、情況に逆らうような映画作品を製作した」と、「淪陥区」で製作された映画作品を一枚岩的に「漢奸映画」として断罪してきた既存の史観に対する若干の異議を申し立てつつも、総論としては次のように述べている。

「淪陥区」の映画（日偽電影）は、中国映画の発展史における巨大な逆流である。〔……〕その基本的な傾向とは、日本が「大東亜戦争」及び「大東亜共栄圏」というスローガンのもとに進めていた侵略政策に対する協力であり、中国人民にもたらした害毒と負の影響はとうてい看過しえない。これらの映画作品の製作は、主に日本による侵略と漢奸による売国を美化するためにおこなわれた。一部の作品の侵略性と売国性は自明である。(7)

一方、戦後に、香港・台湾などで書かれた映画史は、日本軍占領地域における映画人たちの活動のうちに、日本の侵略と占領に対するひそかな抵抗の試みを見いだすことで、彼ら彼女らをことごとく「漢奸」として断罪してきた中国大陸側の歴史観に対する異論を提出しようと試みてきた。また、日本で書かれた映画史では、戦時期の中国における日本側の映画人たちの活動を肯定的に評価する見解がしばしば示されてきた。その場合、川喜多長政ら、占領地域の映画工作にかかわった日本人たちは、実際には中国の映画人たちの隠れた抗日の意志を知りつつも、真に「日中友好」を願うゆえにそれを黙認し、比較的自由な活動を許容したとされてきた。(8) しかし、どの人物を「侵略者」「漢奸」とみなし、どの人物を「抵抗者」とみなすかに関しては大きな解釈の差異があるものの、戦時期の日中映画関係を「日本による侵略」と「中国による抵抗」の二項対立として、つまりは現実の日本と中国という二つの国民国家の敵対関係を直接に反映したものとみなす点において、これらの映画史記述は、中国大陸のそれと共通する前提に立つものといえる。

しかし、近年の研究では、それとは異なる視点が示されつつある。たとえば、傅葆石（Poshek Fu）は、戦時期の上海が、日本と中国という交戦する二つの国民国家の文化の戦場であるのみならず、より複雑な経済的・政治的な利害関心の交錯する場であり、そこにかかわった各人のアイデンティティと体験が、単なる「侵略者」／「抵抗者」もしくは「愛国者」／「売国奴」の善悪二項対立には還元しえない屈折性と多様性をもつものだったと指摘している。(9) また、三澤真美恵は、上海における日本の映画工作に協力したことで、従来は代表的な「漢奸」のひとりとみなされてきた台湾出身の小説家・映画製作者の劉吶鴎の活動を検証しつつ、「当然には「国民」に統合されない、あるいは統合されまいとする」植民地出身の知識人が、「ナショナルな枠組みを脱しうる価値の創造を映画という芸術に求め」ようとする意志をそこに見いだそうとする。(10)

傅や三澤らは、戦時期の上海映画を、単に二項対立的な国民国家の文化の戦場としてばかりではなく、より複雑かつ多様な利害関心の交錯するなか、国民国家の枠組みを超えてゆくような文化の生成されてゆく場としても把握しようとする。そのような、国民国家的であると同時に脱国民国家的な文化生成のダイナミズムは、第二次上海事変以降の上海で製作された「抗日映画」の代表作として名高い『木蘭従軍』の製作・配給・受容のプロセスにも如実にも見いだしうるだろう。

第二次上海事変の終結後、社会・経済の全面的な混乱状態と、多くの映画関係者が延安、重慶などの「解放区」へと脱出したことにより、一時は危機的な状況に陥っていた上海映画界は、一九三九(昭和一四)年一月に公開された『木蘭従軍』(卜萬蒼監督、華成影片公司)の大ヒットによって復活をとげる。香港から招かれて主人公・花木蘭を演じた陳雲裳は、無名の新人からたちまち上海映画界最大のスターのひとりとなり、プロデューサーの張善琨は、名実ともに上海映画界のリーダーとしての地位を確立した。『木蘭従軍』は国民党拠点の重慶、香港、東南アジアの華人コミュニティ、さらには日本軍占領下の諸地域、満洲、台湾にも配給され、各地で大きな反響を得た。

すでに多くの識者によって指摘されているように、映画『木蘭従軍』は、「古装片」(時代劇)のスタイルを借りつつ、現在の政情に即した「抗日救亡」のメッセージを訴える「国防映画」として企画・製作され、受容されたものだった。『木蘭従軍』の「国防映画」としての性格は、武芸にすぐれた少女・花木蘭が、病父に代わって男装して従軍し、北方の異民族の侵略と、敵に内通する「漢奸」の謀略を退けて国難を救うという物語の内容のみならず、同時代中国の「国防文化」をめぐる文脈からも明らかであるといえる。戦時期の中国において、映画以上に「国防文化」としての重要な機能を担ったメディアとは、「話劇」(中国の近代以前からの伝統的な劇形式に対し、日常語の会話を重視する近代的な劇形式)だった。[11] 抗日戦争初期の話劇の中で、とりわけ観客に歓迎されたジャンルは、国難を救うべく身命をなげうつ愛国的な女性を主人公とする歴史劇だった。洪長泰（Chang-Tai Hung）は、「中国の劇作家が人々を抗戦に駆りたてるべく試みたさまざまな手段のなかでも、抵抗のシンボルとしての女性を創出し、賞賛することは、おそらく最も大きな視覚的魅惑をもつものだった」と述べている。[12] そして、洪によれば、この時期の歴史劇を代表するキャラクターは、古来より詩や伝説、演劇などで知られてきた男装の女性兵士・花木蘭だった。[13]『木蘭従軍』のシナリオを執筆した劇作家・映画脚本家の欧陽予倩は、当時の上海演劇界の抗日運動を牽引した重要人物のひとりであり、とりわけ『桃花扇』（一九三六年）、『梁紅玉』（一九三八年）などの作品の成功により、愛国的な女性主人公の活躍する歴史劇にかけては第一人者としての定評を得ていた。「抗日救亡」の典型的なシンボルとしての「花木蘭」を主人公に据え、欧陽予倩のシナリオを得た段階で、映画『木蘭従軍』の「国防映画」としての正統性はあらかじめ保証されていたといっていい。

しかし、映画『木蘭従軍』は、単に「抗日救亡」を訴える「国防映画」として企画・製作され、中国国民によって熱狂的に歓迎されたという国民文化的な側面のみに還元しえない、複雑な運命をたどったフィルムでもあった。三七年一一月の上海陥落以後、日本軍に四方を囲まれた「孤島」と化した上海の外国租界は、国家と民族に対する忠誠を忘れ、名利の欲と保身のために敵と妥協する「漢奸」の温床として、非占領地域からの疑惑と警戒の視線にさらされていた。とりわけ『木蘭従軍』のプロデューサー張善琨は、混乱を極める「孤島」の映画界にあって積極的に業務の拡大をはかり、『木蘭従軍』を含むヒット作を連発したことで、ともすれば、国難をよそに商業的利益のみを追求し、「敵」と妥協することも辞さない商業主義者とみなされてきた。たとえば、四〇年一月、国民党の拠点重慶に『木蘭従軍』が配給されたとき、一部の左派映画人がこれを「漢奸映画」であると非難し、上映館の映写室に乱入してプリントを焼却する事件が起きている。[14] この事件にみるように、『木蘭従軍』の中国公開時、その「国防映画」としての正統性に対する疑いもしばしば表明されてきた。[15]

また、『木蘭従軍』は、「国防映画」としてのナショナリズムのみならず、アメリカニズムを露骨に体現する作品でもあった。『木蘭従軍』の冒頭のクレジット・タイトルには、「美商中国聯合影業公司」との製作会社名が記され、「Released by United Motion Picture Corporation Inc. U.S.A」との英語名が併記されており、以下、キャストおよびスタッフ名はすべて中国語と英語で併記されている（図1）。第二次上海事変勃発及び上海陥落以降、外国租界に拠点を移した上海の文化産業は、周辺地区を占領する日本軍や、租界内での中国人の政治活動を警戒する租界当局の干渉を逃れるため、表向きは外国籍の会社を設立するという手段をしばしばとった。張善琨もまた、租界での映画製作をなるべく自由かつ有利に進めるべく、アメリカとのコネクションを積極的に活用していた。[16]『木蘭従軍』のクレジット・タイトルにおける、アメリカ系であることを示唆するような製作会社名や、クレジットの英語表記は、「米中合作映画」としての外観を装うための方策であると考えられる。

図1　映画『木蘭従軍』（1939年）クレジット・タイトルより。

しかも、『木蘭従軍』におけるアメリカニズムとは、擬似的な「米中合作映画」としての外観のみにとどまらず、フィルム＝テキストの意味内容を規定する重要な要素でもあった。『木蘭従軍』が上海の観客に対して獲得した大きなポピュラリティは、「国防映画」としてのナショナリティのみならず、ハリウッド映画との近接性によってももたらされたものだった。

『木蘭従軍』のハリウッド映画性は、まず、主人公・木蘭を演じる陳雲裳のスター性に典型的にあらわれているといえる。張善琨が香港から招いた新人・陳雲裳は、当時の上海のメディアにおいては、極度にアメリカナイズされたスターとして紹介され、それゆえに特権的な地位を獲得した。傅葆石によれば、上海でのデビュー当時の陳雲裳は、従来の上海映画の女性スターの典型的な装いだった旗袍（チャイナドレス）ではなく、もっぱらショートパンツやスラックスなどの軽快な洋装を身にまとって映画雑誌のグラビアに登場していた。多数のインタビューや記事では、水泳や自転車などのスポーツを愛好し、ピアノをたしなみ、英語に堪能であるという西洋的な生活スタイルが紹介されている。また、陳雲裳のスターとしての魅力は、もっぱらハリウッドのスターとの類似性をとおして讃えられていた。[17]

『木蘭従軍』というフィルム自体が、観客に対して陳雲裳というスターの魅力を見せることを最優先目的として作られているといってよい。「孤島」上海での制約された製作条件のため、もっぱらスタジオセットで撮影された『木蘭従軍』は、野外での戦闘場面においても、戦場となる空間全体をうつし出し、敵味方を集団として捉えるロングショットはほとんど使用されていない。中心となるショットは、個々の人物に近いキャメラ位置から撮られたミディアム～クローズショットであり、その結果、フレームの中心にはたえず陳雲裳＝木蘭が位置し、その溌剌とした身体と表情によって観客の眼を惹きつけつづける。木蘭が剣をふるって敵と闘い、撃退する場面においても、敵のイメージが画面に顕在化する瞬間がほとんどないため、陳雲裳＝木蘭の活発に躍動する身体と、りりしい表情とが、つねに画面を支配することになる（図2）。これらの陳雲裳＝木蘭のクローズショットは、敵に対する「抗戦」の意識よりは、むしろスターの視覚的魅力に向かうフェティシズムを強く喚起するものといえる。

図2　映画『木蘭従軍』より陳雲裳演じる木蘭。

　また、男装していた木蘭が、「女装」して敵兵を誘惑し、敵地に潜入することに成功するという、古典的な「木蘭」テキストには存在しないエピソードに典型的に顕れているように、陳雲裳＝木蘭がスクリーンで披露する異性装は、グレタ・ガルボやマレーネ・ディートリッヒの男装と同様に、女性スターの官能的な魅力を強調するという機能を担っていたとみることができる。このように、「見られるための偶像としての女性」の映像／イメージのもたらすフェティッシュな視覚的快楽を追求する点において、『木蘭従軍』は、きわめてハリウッド映画的なスペクタクル性を実現したフィルムであるといえる[18]。

　『木蘭従軍』が、「救国」とともに「恋愛」を重要な主題として採用している点も、この作品が中国におけるモダニズム／アメリカニズムの文脈に位置することを示す要素のひとつである。現

図3　映画『木蘭従軍』より木蘭と柳元度。

存する最古のテキストである宋代の『木蘭詩』から、明清時代の小説や戯曲にいたるまで、近代以前に成立した木蘭物語のテキストにおいて重視されてきた主題は「孝」と「忠君」であり、「恋愛」の主題が扱われることはなかった[19]。それに対し、映画『木蘭従軍』の後半部分では、木蘭と、戦友で部下の柳元度（梅熹）とのあいだの恋愛に描写の力点がおかれることになる。欧陽予倩によるシナリオが、「救国」とともに、「恋愛」を主題としたことには、古典的な「花木蘭」テキストの「代父従軍」（父に代わって従軍することで、家をつつがなく存続させ、孝を全うする）という「封建的」イデオロギーを、封建的家父長制からの女性の解放と、対等な男女の「自由恋愛」という近代化の理想へと置き換える意図を読みとることができる。女性主人公が「救国」と「自由恋愛」をともに実現するという物語は、「五四」以降の中国の近代化運動における「反帝国・反封建」の主張に忠実に沿うものでもあった。

一九二〇～三〇年代の中国の都市部において、「自由恋愛」の具体的なモデルとして大きな影響力をもったのはハリウッド映画だった。映画『木蘭従軍』の木蘭と柳元度の「自由恋愛」もまた、ハリウッド映画において典型的であるようなパターンに沿い、気の強い女性と、ハンサムで少々頼りない男性とのロマンティックな関係として描写される（図3）。戦勝祝いの宴の晩、柳元度が木蘭のテントを訪れ、テントの中と外で「月の歌」を歌いかわすくだりのユーモアを交えたロマンティシズムといい、新婚の二人が仲むつまじく寄り添うハッピーエンドといい、『木蘭従軍』の恋愛に関連する部分は、明らかにハリウッド映画が「恋愛」を描く際の文法に従って演出されている。

ここまでみてきたように、「国防映画」としての正統性とそれに対する異端性、伝統的な物語と近代的なメディア、ナショナリズムとアメリカニズム、これらの複数の相反する要素が混在するテキスト＝フィルムとして『木蘭従軍』は成立していた。そして、『木蘭従軍』のジェンダーの〈越境〉の物語と、スクリーンにおける陳雲裳＝木蘭のイメージとパフォーマンスは、それら矛盾し葛藤しあう複数の要素を媒介する機能を果たしたといえる。封建的家父長制のもとで女性の唯一の居場所とされた〈家〉を出て、従来は男性によって占有されていた公的空間への〈越境〉を果たし、男性と対等以上の立場で活躍するばかりか、「自由恋愛」までも成就させる映画版の木蘭は、五四運動以来の〈新女性〉の理想を体現した人物であり、しかも異民族や漢奸と勇敢に戦い勝利する〈救国の英雄〉でもある。つまり、ここでは、ヒロイン・木蘭の形象において、五四運動期の〈新女性〉と、抗日戦争期の〈国民〉という二つのロール・モデルが見事に融合されているとみることができる。さらに、アメリカナイズされた溌剌とした身体と表情をもつ一方、伝統的な中国女性の美徳を体現する陳雲裳のスター・ペルソナ(20)を介することで、木蘭というキャラクターは圧倒的な存在感と、フェティシズム的な魅惑すら獲得することになった。

かくして映画『木蘭従軍』は、解放区／被占領区／植民地の境界を超えた流通を果たし、主人公・木蘭は政治的帰属を異にする広範な観客層によって、戦時期中国の〈新女性〉および〈国民〉のロール・モデルとして受容された。

「孤島」上海から始まった『木蘭従軍』の〈越境〉は、ついには敵国日本にまで到達し、そこでまったく異なる政治的目的のために再利用されてゆくことになる。次節以降では、『木蘭従軍』の日本における受容と、その際に、ジェンダーの〈越境〉という主題がいかに読みかえられ、語り直されていったかについての考察を試みる。

2 『木蘭従軍』の越境と受容

晏妮は論文「伝説のヒロインから国民の表象へ——『木蘭従軍』の受容の多義性をめぐって」で、『木蘭従軍』が上海から重慶へ、さらには日本軍占領地区から日本へと流通してゆく過程で、生成を促した言説の軌跡を詳細に跡づけつつ、「「映画の抗日」メッセージは主に解読による産物だから、解読法さえ変えれば、「抗日」がいとも簡単に消去できる。〔……〕関係者たちが「借古」の不明瞭さでもって、「抗日救国」の主題を曖昧な「愛国」に書き換えることに成功し、一連の言説はさらに競って作品の娯楽性や女優の魅力を引き合いに出すことで、「諷今」を覆い隠すことをやり遂げた」と述べている[21]。晏妮の指摘するように、日本側による『木蘭従軍』の受容は、「抗日救亡」のメッセージの明快な政治性が曖昧化され、覆い隠されたのちに、そこに新たな政治性が書き込まれてゆく過程とみることができる。

映画『木蘭従軍』の日本人による受容は、一九三九（昭和一四）年六月に、中支派遣軍司令部の要請を受けた川喜多長政によって上海の日本軍占領地区に設立された中華電影股份有限公司（中影）が、中国映画配給第一作として『木蘭従軍』の日本軍占領地区での配給を画策し、七月一七日から公開を実現したことに始まる。この時、川喜多長政は極秘にプロデューサーの張善琨と会談し、当時の中華電影社員だった清水晶の証言によれば「(1)日本軍の検閲は避けられないが、許可された作品について内容の改竄などは絶対に行わない。(2)映画代金は前金で支払う。(3)租界が〈孤島〉化した結果、輸入困難になった生フィルムその他の資材は日本から入手して、供給する」[22]の三つの条件を提示することで、配給の承諾を得たという。中国側に対して資金と資材を提供し、完成したフィルムを日本軍占領地区に配給するが、企画・製作のプロセスや完成作品の内容には一切干渉しない、というこの時点で示された川喜多長政の方針は、日本軍による上海全面占領以後も継続されることになる。[23]

「抗日救亡」を訴える「国防映画」としての定評をすでに確立していた『木蘭従軍』を、日本軍占領地区に対しても配給する試みは、当然、一部の軍関係者からの強い反対を受けることになった。このとき、軍の検閲にかかわった当事者のひとりである辻久一は、次のように回想している。

憲兵隊の反対意見はかなり強硬だった。〔……〕私は歴史上の故事の映画化という建前論で憲兵を説得しようと試みたが、相手は故事を借りて現戦争を諷しているという本音の方を重く見て、説得に応じてくれない。

その時、報道部の私の上司で、宣伝班長の元陸軍大尉伊地知進が、大変明快な裁断を下した。

〝「一旦緩急あれば義勇公に奉じ」とは、教育勅語に示された日本人の義務であり、精神であって、我々はそれを大切にしている。その日本人が、国家存亡の危機に際し、中国の歴史上の女性の「義勇公に奉じ」た事蹟を讃美的に描いた映画を、抗日的映画などと言ってケチをつけるのは矛盾しているのではないか。愛国の観点からすれば、これは日中共通のものであって、教育の見地からも、占領地区の中国民衆に見せて何らさしつかえはない。日中提携という以上、中国民衆も強固な愛国心の持ち主でなければならない〟という意見だった。私がその意見を憲兵に口移しで伝えたところ、ようやく憲兵も妥協した。[24]

一方、当時の中国映画としてはきわめて異例なことに、『木蘭従軍』は、かなり早い段階から日本国内のメディアの注目を集めていた。報道の初期の段階では、『木蘭従軍』は「抗日映画」とみなされ、もっぱら陥落後の上海に残存する抗日運動の脅威に関連させる形での言及がおこなわれていた。筆者が確認した限りでは、日本国内で最初の『木蘭従軍』関連報道である三九年五月一五日付の『朝日新聞』記事では、「巧妙な抗日映画　木蘭従軍のからくり」の見出しのもとに、「最近の上海映画は同市陥落以来我方の厳重な申入れも有って目立ち易い抗日映画は一応姿を潜めたようですが最近は又巧妙な形式でこれが復活してきています。近ごろ全支那で一躍話題となった上海新華影業公司の『木蘭従軍』は、外見ジャンダークのような女丈夫を扱った昔話を主題にしたものですが、底意は立派な抗日映画です[25]」と記述されている。

しかし、その後の日本国内の『木蘭従軍』に関するメディア言説は、このフィルムの内包する政治的なメッセージについての言及を回避しつつ、当時盛んに喧伝されつつあった「日支文化交流」の文脈に沿い、同時代の中国映画の代表作としてこの作品を親しく受容しようとする方向性へと向かうことになる。

たとえば三九年一〇月に、内務・文部両省後援により開催された大日本映画協会主催「映画文化展覧会」では、日本映画に関連する展示のほかに、「大陸映画」というコーナーが設けられており、そこでは、満映や中華電影といった日本系の映画会社の資料と並んで、『木蘭従軍』の関連資料がいくつか展示されていた(26)。また、同時期の新聞や雑誌には、満洲を含めた中国全土で『木蘭従軍』のおさめた圧倒的な成功や、主演女優陳雲裳の魅力的なパーソナリティ、国民党の本拠地重慶に送られた『木蘭従軍』のプリントが、「親日的」であると批判を受けて焼却されたという事件など、『木蘭従軍』の「抗日映画」としての政治性を無効化する、もしくは曖昧にするような情報が集中的に掲載された。さらに、中国大陸で実際に『木蘭従軍』を見た複数の評論家や映画関係者の感想・批評が、複数の映画雑誌に掲載された。晏妮の前出論文においても指摘されるように、これらの（大体において好意的な）感想・批評は、もっぱら『木蘭従軍』の娯楽映画としての価値、とりわけ主演スターの陳雲裳の魅力に焦点をおいて書かれたものだった。一例として、三九年一二月に満洲で『木蘭従軍』を見た筈見恒夫の評を次に引用する。

物語は、他愛がない。木蘭という美少女が、男装して祖国の急を救うというのは、「ジャンダーク」を思わせるが、深刻ぶるのが得意の支那映画にしては、打って変った軽快な運びで通している。男装の少女と、美丈夫が従軍の旅をする辺りは「クリスチナ女王」の運びを思わせたり、ローレル、ハーディ式のギャグを取り入れたりして、相変らず、上海映画のハリウッドからの影響の甚大さを感じさせるが、映画的テンポの滑らかさは、数本見た支那映画の中では、ずば抜けている。〔……〕だが、この作品の圧倒的な当りは、美少女木蘭の愛国的精神の昂揚にあり、これに扮する陳雲裳の素晴らしい魅力にあろう。(27)

従来の日本の映画ジャーナリズムにおいては、単に無視されるか、あるいは軽視・軽蔑の対象でしかなかった同時代の中国映画のなかで、『木蘭従軍』のみが特権的な価値を認められたのはなぜか。それは、それまで日本の映画関係者が見てきた「支那映画」の多くが、いまだ舞台的な表現様式から脱しきれておらず、「映画として稚拙」という印象をもたらしたのに対して、『木蘭従軍』が、「映画的テンポの滑らかさ」において突出した、つまりはハリウッド映画の文法に従って作られたフィルムであったからという要素が大きかった。そして、アメリカナイズされたスターとしての陳雲裳の魅力は、日本においても、ハリウッド映画のスターに向けられるのと同質の陶酔をもって迎えられた。当初の「抗日映画」としての報道にもかかわらず、結局『木蘭従軍』が日本国内のメディアによってきわめて好意的に受容されることができたのは、それが〈中国〉もしくは〈アジア的なるもの〉に対する欲望以上に、〈アメリカ的なるもの〉に対する欲望を惹きつけてやまない作品だったからでもあった。

3 「国防映画」から「国民劇」へ――『木蘭従軍』の転生

総力戦体制下の〈アメリカニズム〉

ここまで、映画『木蘭従軍』をめぐる日本国内のメディア言説において、本来のナショナルな政治性が曖昧化され、消去される一方で、ハリウッド映画的な娯楽作品としての大衆的価値が発見されるプロセスを辿ってきた。こうして日本国内における『木蘭従軍』受容の体制が整ったのち、一九四一（昭和一六）年七月二日から二八日には、「音楽劇」『木蘭従軍』（白井鐵造作・演出、小夜福子主演）が、「東宝国民劇」の第二回公演のメインプログラムとして上演された。この舞台は、明らかに映画『木蘭従軍』、もしくはシナリオを執筆した欧陽予倩による同名戯曲を直接参照して成立したものとみることができる。「東宝国民劇」版『木蘭従軍』のプロットは、欧陽予倩による映画脚本および戯曲のそれと似通っており、いくつかの重要なエピソードやディティールの重複も指摘できる。さらに、一年後の四二年には、「大東亜映画」政策に同調する形で、映画版の日本公開が実現する。

従来、日本においてはほとんど関心をもたれることがなかった同時代の中国の大衆文化が、日本国内の大衆文化に対して直接的なインパクトを与えたほぼ最初の事例として、「東宝国民劇」版の『木蘭従軍』は重要な意味をもつ。また、抗日戦争下の「孤島」上海で製作された「国防映画」が、日本において「国民劇」へと翻案される過程は、戦時期の日本における「国民文化」と「大東亜文化」の複雑な二重構造のありようを如実に示すものである。さらに、〈中国〉あるいは〈アジア〉と、〈日本〉との関係がいかなる形で想像され、表象されようとしていたかについて、この舞台の意味内容は多くの示唆を与えてくれる。

さて、「東宝国民劇」とは、いかなる経緯をたどって成立した企画であったのか、まずはその概要を把握しておく必要があるだろう。製作会社の東宝の社史『東宝三十年史』(一九六三年)には、「東宝国民劇」に関して、以下の説明が記されている。

東宝国民劇は、演劇、舞踊、音楽の三つを渾然一体として、力強い、大衆的な舞台を創造しようとしたもので、製作責任者として宝塚の白井鐵造氏が招聘され、この演劇形式の創案者である秦豊吉氏と協力し、その実現に精根を傾けました。公演の方法は、主として舞踊、音楽を担当する東宝舞踊隊、東宝楽劇団のほかは固定した専属俳優をおかず、企画次第で広く芸能界から適切有能な主演者を迎え入れて、その真価を発揮させるというやり方でありました。故逸翁社長は国民大衆の生活必需品となる演劇を国民劇といい、大衆料金で鑑賞出来る良質の娯楽本位の演劇とし、それを実現させるのが大劇場であり、歌舞伎の現代化のようなものを国民劇の理想の一つとしました。[28]

阪急・東宝グループの代表として、「東宝国民劇」の設立を主導する立場にあった小林一三は、一九一三(大正二)年初期に宝塚少女歌劇を創業した時点から、「国民劇」の建設という目標を掲げつづけていた。この段階で小林一三が提唱した「国民劇」構想とは、歌舞伎に代表される伝統的な日本の舞台芸能から、三味線音楽をはじめとする花柳界に関連する要素を取り除き、その代わりに、近代学校教育によって普及されてきた西洋楽器や唱歌を採用することで、「健全な家庭娯楽、国民大衆の生活必需品」というにふさわしい新たな演劇ジャンルを立ち上げる、という主旨であったと要約しうる。最初に「国民劇」の構想を提唱してからおよそ二〇年後に、小林は「東宝国民劇」の名のもとに、「国民劇」のプロジェクトを本格的に始動させるにいたるが、この段階で、以下のように発言している。

私達は宝塚の上級生たる同人を中心として、男性加入劇団の創設を実行せんとするのである。〔……〕この楽劇団は恐らく、私達が多年理想として叫び来った国民劇の序幕となり得るであろう。そして其将来は、海外進出の、唯一の劇団として発達し得るであろう。それは、宝塚映画の拡大と其進歩とに平行して、スクリーンに舞台にあらゆる機会に於て、全国を風靡するに至るべきことを信じて疑わないのである。(29)

この小林一三の発言は、掲載誌『歌劇』の読者の多くには、宝塚少女歌劇への男子生徒加入の計画を告げたものと受けとめられ、読者投稿欄で男性加入の是非をめぐる喧々囂々の論争を巻き起こすきっかけとなった。しかし、ここで小林が表明していたのは、実際には「東宝国民劇」の初期構想だったとみなすことができる。ここからは、当初からの「国民劇」構想の継続に加えて、「スクリーンに舞台に」という多媒体的な展開への志向と、「全国を風靡」し、「将来は、海外進出の、唯一の劇団として発達し得るであろう」という、都市と地方、さらには国と国との境界すら越えた消費者層の拡大への意欲を読みとることができるだろう。小林一三の「海外進出」への意欲は、宝塚少女歌劇団の一九三八年のドイツ―ポーランド―イタリア公演、三九年のアメリカ公演というかたちである程度実現されていたが、「東宝国民劇」にもまた、海外公演をも視野に入れた発展が期待されていたことは、その汎アジア的ともいえる内容からも明らかである。

では、このような小林一三の「国民劇」の構想をうけて、実際に「東宝国民劇」の企画立案をおこなった当時の東京宝塚劇場株式会社社長・秦豊吉と、「東宝国民劇」の舞台製作・公演の現場責任者をつとめた白井鐵造は、「国民劇」をどのような舞台公演として具体的に実現しようと試みたのか。

まず、秦豊吉は、「東宝国民劇」の企画の初期段階において、将来の日本において主流となるべき「国民娯楽」もしくは「民衆娯楽」とは、「音楽と芝居と舞踊との合一した形式[30]」であると主張している。一九三三（昭和八）年に小林一三の招きに応じて興行界に入った時点で、秦は、ヨーロッパのオペレッタやアメリカのミュージカルのような「国民劇」を、日本においても実現するという構想をすでに抱いていた。小林一三と秦豊吉のあいだに交わされた書簡、私文書などの資料の内容を紹介する大原由紀夫『小林一三の昭和演劇史』によれば、「昭和八年、秦豊吉は欧州旅行中の小林一三への手紙の中で〝レビューの時代は近い将来に終り、次に来るのはオペレッタ（ミュージカル・コメディー）である〟と言い、昭和十四年アメリカからの手紙の中で〝アメリカにミュージカルというアメリカの国民劇がある。何時か日本でもこのミュージカルを日本の国民劇にしてみたい……〟と書いている[31]」。

秦の「国民娯楽」「国民劇」構想は、まず、一九三五（昭和一〇）年から三九年まで支配人をつとめた日本劇場において、日劇ダンシングチーム（N・D・T。一九四〇年以後は「東宝舞踊隊」と改称）による、本格的なラインダンスとタップダンスを呼び物とする「ステージ・ショウ」をプロデュースしたことで、部分的に実現されることになる。日劇のステージでN・D・Tが披露したアメリカナイズされた歌とダンスのショーは、「東宝国民劇」にも引き継がれ、アメリカのミュージカルをモデルとする「音楽と芝居と舞踊との合一した形式」のさらに本格的な形態として展開されたものとみることができるだろう。秦は、後年「東宝国民劇」について以下のように回想している。

昔、小林一三先生が主張した、「国民劇」という言葉は全く誤解されたが、先生の言われる意味では、歌舞伎劇こそ昔の「国民劇」であり、今日でもこれに代るべき、芝居と音楽と舞踊の綜合された舞台、「現代の歌舞伎」こそ「国民劇」であり、これが今日のいわゆる歌舞伎劇とは全く別個な、新しい創作のショウであり、偶々これが「国民劇」という名前のために誤解されたので、外国名にすれば、「ミュージカル」という外に名はないのである。少くとも私はこんな風に解してきたが、どんなものか。

私は東宝経営時代に、すでにこの計画に着手し、敢て「東宝国民劇」と名をつけ小夜福子、灰田勝彦、岸井明出演による白井鉄造作『木蘭従軍』で、私の希望する形がほぼ出来上がった。(32)

また、『パリゼット』(一九三〇年)、『花詩集』(一九三五年)などのレビュー作家・演出家として、一九三〇年代の宝塚少女歌劇の黄金時代を築きあげたのちに、一九四〇年末に宝塚を離れて東京・東宝文芸部に移籍し、「東宝国民劇」の舞台公演の責任者となった白井鐵造は、自伝中で、「東宝国民劇」に関して次のように回想している。

東京では、東宝の社長であった秦豊吉氏の元で、私は氏と共に「東宝国民劇」の名で、いわゆる男性加入の本格的なミュージカル運動を始めた。

当時は外国名前のものがうるさくなり始めていたので、ミュージカルという名前ではなく「音楽劇」という肩書にした。〔……〕

私はかねがね、当時日本の劇界に欠けているのは、男女合同の本格的ミュージカルだと思っていた。〔……〕私ははじめ宝塚を退めなくてはならないと考えた時、東宝へ行って秦さんと一緒に仕事をする予定などしていたのではなかった。私のこの考えを聞いた秦さんが、自分のやっている東宝舞踊隊を主軸として、そういう仕事をやろうと私を誘った。そして私は宝塚から直接東宝へ移籍したのである。[33]

結局、秦豊吉と白井鐵造にとっての「国民劇」の理想的なモデルとは、欧米の商業演劇、とりわけアメリカの舞台および映画のミュージカルだった。両者はともに、普遍的な「国民劇」とは、西洋的、より正確にはアメリカ的な規範に近づくことによってのみ達成されうるという価値観を共有していた。「東宝国民劇」とは、そうした理想のひとつの到達点であったといえるだろう。

「東宝国民劇」の企画発表を伝える一九四〇年一二月二五日付の新聞記事では、「東宝国民劇」は「新体制向き新国民レヴュー」[34]と紹介されている。同年の六月以降、「新体制」の名のもとに、総力戦体制の強化に向けて、国内の政治・経済・社会・文化システムを全面的に組織化する動きが進行しつつあった。文化産業界でも、出版や映画、演劇などの各業界に対する官庁の管理・統制・指導体制を強化し、国家公認の「国民文化」を創出しようとする動きが進められつつあった。「東宝国民劇」の企画も、直接的にはこうした時局の要請に応じて立ち上げられたものとみなすことができるだろう。

しかし、ここまでみてきたように、「東宝国民劇」とは、総力戦に向けた「国民文化」の統合強化をめざす「新体制」運動の本流からは、いささか逸脱した試みであったことは明らかである。そして「東宝国民劇」の成立において重要な役割を演じた三人の人物は、いずれも同時代の時局の主流からはやや距離をおいた立場にあったことも指摘しておかなければならないだろう。第二次近衛内閣のもとで商工大臣を務めた小林一三は、自由主義経済を擁護する立場に立って、「経済新体制」の名のもとに統制経済化を推進しようとした岸信介ら「革新官僚」と激しく対立した結果、四一年四月には大臣職を辞している。また、「東宝国民劇」の企画立案において中心的な役割を果たした秦豊吉は、三菱商事のベルリン駐在社員として勤務のかたわら、ドイツ文学の翻訳者として活躍し、さらには「丸木砂土」のペンネームのもと、欧米の性風俗や官能文学を精力的に紹介してきたという多彩な前歴をもつコスモポリタンだった。実際の舞台製作の責任者となった白井鐵造は、宝塚少女歌劇での出世作『パリゼット』以来、ヨーロッパの都市文化への甘美な郷愁に満ちたレビューの作り手として名を馳せてきたものの、一九四〇年六月のパリ陥落以降、過日のヨーロッパ文明への憧憬が急速に失効しつつある時局においては、いささか場違いな存在となりつつあった[35]。

この三者によって共有されていた、自由主義経済体制への支持、大戦以前の欧米の都市の消費文化への憧れ、アメリカニズム、といった価値規範は、「新体制」運動から「大東亜戦争」開戦に至る時局の流れの中では否定され、「超克」されるべきものだった。これらの価値規範をある面では維持しつつ、一方では「新体制」下での生き残りをはかる試みの一環として、「東宝国民劇」は成立したといえるだろう。そこではかつての〈ヨーロッパ〉〈アメリカ〉に代わる欲望の対象として、〈アジア〉という〈異郷〉が選択され、舞台空間に取り込まれてゆくことになる。そして、「東宝国民劇」に示されていた脱国民国家的な普遍的文化への志向や〈アジア〉への関心は、一九四一年一二月八日の日米開戦以降に本格的に始動する「大東亜共栄圏」における文化の建設という国家的なプロジェクトへと直接的に結びつきうるものだった。ここで「東宝国民劇」が、引き裂かれた二つの時代をつなぎ合わせ、否定ないしは「超克」の対象となるべき価値規範を現状に応じて調整するにあたって、『木蘭従軍』の受容と翻案が決定的な役割を果たすことになった。

「東宝国民劇」における『木蘭従軍』

ここで一度、「東宝国民劇」の具体的な公演内容を確認してみよう。「東宝国民劇」の一公演は、基本的には三本立てもしくは四本立てのプログラムから構成されていたが、そのメインプログラムである「音楽劇」のタイトルを以下に挙げる。(36)

第一回『エノケン竜宮へ行く』(白井鐵造作、榎本健一主演)
於東宝劇場、一九四一年三月五―二七日

第二回『木蘭従軍』（白井鐵造作・演出、小夜福子主演）
於東宝劇場、四一年七月二—二八日

第三回『蘭花扇』（白井鉄造作・演出、李香蘭主演）
於東宝劇場、四二年五月二—二六日

第四回『輝く明治』（木村毅原作、東信一脚色・演出、東宝劇団出演）
於帝国劇場、四二年六月六—二八日

第五回『桃太郎』（鹿児島夏子作、東信一演出）
『少年野口英世』（小池信太郎作・演出）
（両作品共にかもしか座、杉狂児、杉村春子出演）
於帝国劇場、四二年八月二八—三〇日

第六回『荒城の月』（木村毅原作、東信一演出、桜井潔とその楽団出演）
於帝国劇場、四二年一〇月一八—二四日

第七回『印度の薔薇』（石井哲夫作、白井鐵造脚色・演出、水ノ江瀧子主演）

於帝国劇場、四二年一〇月三一日—一一月二五日

第八回『桃太郎』（白井鐵造作・演出、高峰秀子、榎本健一一座出演）

於東宝劇場、四三年三月六—三〇日

「東宝国民劇」の映像・録音記録は残っていないため、雑誌『東宝』等に掲載された舞台台本と、他の雑誌・新聞の関連記事、その他の文献資料に頼って、そのステージを想像・再現してみるほかない。しかし、それらの限定された資料からも、白井鐵造の作・演出による「音楽劇」に関して、「男装のヒロインの活躍」と「舞台としての〈アジア〉」という二つの重要な特徴を指摘できるだろう。エノケンが浦島太郎を演じた第一回公演の『エノケン龍宮へ行く』を除く四作品の主人公はすべて女性で、しかも二作品では〈男装の麗人〉であり、『木蘭従軍』では宝塚少女歌劇の小夜福子、『印度の薔薇』では松竹少女歌劇のターキーこと水ノ江瀧子、『桃太郎』では高峰秀子と、それぞれに中性的なイメージで人気を博してきたスターたちがりりしい男装を披露した。また、ヒロインたちの活躍の舞台となるのは、『木蘭従軍』と『蘭花扇』では古代の中国、『印度の薔薇』では一九世紀のインド、『桃太郎』では「鬼ヶ島」と、いずれも同時代の日本を遠く離れた異空間であ

図4　小夜福子の木蘭。（『演芸画報』第35巻8号，1941年8月より）

り、ほとんどの場合はアジアのいずれかの地域に設定されている。

しかも、これらの「音楽劇」の内容は、「国民劇」「新体制下の国民レビュー」といった題目が想起させるナショナリズムや欧米文化への対抗性といったイメージからは、大きくかけはなれたものだった。たとえば第一回公演『エノケン龍宮へ行く』は、エノケン演じる浦島太郎が、陸のおっかない女房のもとを逃げ出して、海の底の龍宮へと辿りつき、草笛美子演じる乙姫さまに歓待されて、東宝舞踊隊の演じる人魚のダンスを見物するという、荒唐無稽なミュージカル・コメディだった。白井の回想によれば「エノケンさんを当時アメリカ映画で人気のあったコメディアン、エディ・カンター風に演出して、エノケンさんも海底の場で面白い宙づりをやったり、竜宮で大勢の美女に囲まれてご機嫌だった[37]」というこの舞台は、さすがに同時代の批評家からも、「『エノケン龍宮へ行く』には「現在」が全く弊履の如く忘却されている。わが国民にひとしく膾炙されるところの浦島太郎物語を拉し来ても、そこに昭和十六年のモラルに立脚した新しい思想的裏付がないことにはとんと意義がないのではあるまいか[38]」といった厳しい批判を受けている。

日米開戦が迫りつつある時期に、緊迫した時局とはまったく関係ないうえに、白井の「エディ・カンター風」という説明からも明らかであるように、露骨にアメリカ的なスペクタクルが、なぜ「国民劇」の名のもとに公然と存在することができたのか。その疑問に答えるためには、「東宝国民劇」の全体像をさらに包括的にみてゆく必要があるだろう。

前述のように、「東宝国民劇」はメインプログラムの「音楽劇」のみから成り立っていたわけではなく、三本立てのプログラムが基本だった。たとえば『木蘭従軍』をメインプログラムとする第二回公演は、以下のような三部構成となっていた。

第一部　上田廣原作、高田保脚色・演出『建設戦記』（戦争劇）
第二部　白井鐵造振付、花柳寿美出演『七月花柳をどり』（創作舞踊）
第三部　白井鐵造作・演出、小夜福子、灰田勝彦出演『木蘭従軍』（音楽劇）

「東宝国民劇」の一公演は、基本的には、（一）現代劇、（二）舞踊、（三）音楽劇の三つの演目から編成されていた。（一）の現代劇は、『建設戦記』（第二回公演）、『ハイラルの曙』（第三回公演）、『輸送船団』（第四回公演）など、その大半が大陸戦線の兵士たちの戦いを描いた戦争劇だった。（二）の「舞踊」は、過去に日本劇場で上演された東宝舞踊隊の「郷土舞踊レビュー」の再演など、「郷土性」「民族性」を主題とするレビューが主だった。そして、（三）の音楽劇では、先述したように、同時代の日本を遠く離れたエキゾティックな異空間において、男装のヒロインが華麗な活躍をすることになる。つまり、一方では、現実の特定の地域・状況に取材したリアルな戦争劇が上演され、もう一方で、男装のヒロインが中心となり、日本の外部にある異空間を舞台とするミュージカルが上演され、その中間を東宝舞踊隊の演じる「郷土舞踊」が媒介することで、「東宝国民劇」の全体が構成されていたとみることができる。

「東宝国民劇」が、かつての〈アメリカ〉〈ヨーロッパ〉にかわる欲望の対象としての〈アジア〉を見いだし、舞台空間に取り込もうと試みたことは先に述べた。しかし、「東宝国民劇」の中核に位置し、〈アジア〉が取り込まれてゆく「音楽劇」というフレームは、かつて小林一三が「歌舞伎の現代化」として、すなわち〈日本〉的な伝統の延長として構想した形式からも最終的には遠く離れて、アメリカのミュージカルとほとんど交換可能であるような形式として想像／創造されたものだった。「東宝国民劇」の内部に働いているのは、固有の民族的伝統や風土への所属といった根拠から一度切り離されて、浮遊する交換可能な物象となった雑多な要素を、改めて〈アジア〉と名づけつつ、「音楽劇」という抽象的なフレームの内部に配置しようとする試みであったといえるだろう。

『木蘭従軍』とは、この「東宝国民劇」を名実ともに代表する舞台公演であったといえる。『木蘭従軍』をメインとする第二回公演は、「東宝国民劇」の全公演の中で最も興行的な成功をおさめており、東宝系以外の新聞・雑誌では概して厳しい評価を受けることが多かった「東宝国民劇」公演のうち、例外的に識者の高い評価を得た。たとえば厳しい劇評家でもあった古川ロッパは、日記の中で「白井鉄〔ママ〕造作『木蘭従軍』はすばらしき傑作、レヴィウ創《はじま》って以来の傑作と思う」[39]と絶賛している。また、先の引用にもみたように、秦豊吉、白井鐵造などの作り手側も、総じて『木蘭従軍』を「東宝国民劇」の代表作とみなしている。

さらに、「東宝国民劇」が中国大陸の抗日演劇運動との関連性をもつ可能性を示唆している点においても、『木蘭従軍』は重要な意味をもつ。中国の抗日演劇運動における主要なジャンルのひとつは、愛国的な女性が主人公として活躍する歴史劇であったことはすでに述べたが、「東宝国民劇」も、やはり「愛国的な女性が男装して活躍する歴史劇」の形式をたびたび採用している。現在、宝塚池田文庫に所蔵されている白井鐵造の蔵書には、花木蘭を主人公とする抗日的な歴史劇のもうひとつの代表作である周貽白『木蘭従軍』の日本語訳本が含まれており、白井が「東宝国民劇」版の『木蘭従軍』の台本を執筆する際、欧陽予倩の映画脚本および戯曲とともに、この戯曲も参考資料とした可能性がある。また、「東宝国民劇」第三回公演で上演された、同じく古代中国を舞台とする歴史劇である『蘭花扇』（李香蘭主演）は、欧陽予倩の抗日歴史劇の代表作のひとつ『桃花扇』と、タイトルからして類似している。また、この戯曲が主題を借りた万里の長城と孟姜女の伝説は、中国大陸の「抗日救亡」の文脈においては、日本軍の東北地方侵略による民衆の苦難を暗示するものとしてしばしば利用されていた[40]。

4　翻案されるジェンダー

「東宝国民劇」版『木蘭従軍』とは、敵対的な他者の「国民文化」を、自国の「国民文化」へと翻案することを通じて、〈日本〉と〈中国〉のあいだで現に戦われている戦争という状況を隠蔽しつつ、両国の「国民文化」を、来るべき「大東亜文化」に向けてゆるやかに統合してゆこうとする試みであったといえるだろう。そして、「抗日映画」のヒロインであった花木蘭が、「東宝国民劇」のヒロインへと〈翻案〉されてゆく際に、双方を媒介する要素として活用されたのが、映画版の『木蘭従軍』においても重要な要素だった〈アメリカニズム〉、とりわけその典型的な顕れとしての〈恋愛〉だった。

「東宝国民劇」版『木蘭従軍』が、欧陽予倩脚本による映画および戯曲版の『木蘭従軍』から最も忠実に受け継いだ要素は、木蘭と、彼女が女性であることに気づいている戦友（欧陽予倩版の「柳元度」から、「東宝国民劇」版では「柳長英」と名前が変更されている）とのあいだのロマンティックな恋愛描写だった。映画版『木蘭従軍』の主要な恋愛場面であるところの、木蘭と柳元度がともに変装して敵陣に潜入するくだりと、戦勝祝いの宴の晩の「月の歌」のやりとりは、いずれも「東宝国民劇」版にとり入れられ、後半部分のクライマックスを構成している。

古典的な「花木蘭」テキストには存在しなかったロマンティックな〈恋愛〉を、作品の中心的なモチーフとしてとり入れている点において、欧陽予倩版と「東宝国民劇」版の『木蘭従軍』は一致しているが、しかしながら、双方の〈恋愛〉の結末は著しく異なっている。映画版では、戦いを終えて故郷の両親の家に戻った木蘭は、鏡の前で男装を解いて元の女性の装いに戻り、柳元度の前に現れる。ラストショットでは、二人は婚礼衣装をまとって仲睦まじげに寄り添っている（図5）。ところが、「東宝国民劇」版では、小夜福子演じる木蘭と、灰田勝彦演じる柳長英とは、互いに想いを寄せあいつつも、最後まで結ばれることはない。終幕で故郷に帰った木蘭は、後を追ってきた柳長英の求愛を退け、結局母親の決めた許嫁と結婚するために去ってゆく柳長英を見送って、ただひとり舞台に取り残される。

図5　映画『木蘭従軍』より木蘭と柳元度。

映画版と、「東宝国民劇」版の冒頭近くにおける木蘭の〈男装〉

図6　映画『木蘭従軍』より木蘭の〈変身〉。

の扱いの差異も、結末の大きな差異に呼応するものであるといえるだろう。

映画版の木蘭は、機織りをしながら、老父に出征命令が下ったことを壁越しに聞き、「代父従軍」の決意を固める。彼女は娘の衣装を脱ぎ捨てて甲冑に身を包み、さらに男の声を出すために発声練習を始める。このシーンでは、真剣な表情で格子窓の外を見つめる木蘭の顔がクローズアップで捉えられ、彼女がいくたびか口をあけると、そこから発される声が、それまでの〈女性〉を表す高音の裏声から、〈男性〉を表す低音の地声へと変化してゆく。

冒頭近くのこの印象的な〈変身〉のシーンは、結末近く、鏡を覗きこむ木蘭の顔が、りりしい兵士の顔から、艶やかに化粧した乙女の笑顔へと変貌してゆく様子をオーバーラップで捉えたクローズショット（図6）によって、逆転したかたちで反復されることになる。映画版においては、木蘭が〈乙女〉から〈兵士〉へ、〈兵士〉から〈乙女〉へと、ジェンダーを越境する瞬間が、それぞれに印象的な画面・アクション・音声によって描写されており、こうした鮮やかな「ジェンダーの越境」の描写が、この作品の大きな魅力のひとつとなっている。

一方、「東宝国民劇」版『木蘭従軍』においては、主人公による「ジェンダーの越境」というモチーフの重要性は、映画版に比べるとやや縮小されているといえる。「東宝国民劇」版の木蘭の最初の登場場面は、次のように展開される。まず舞台に村娘たち（東宝舞踊隊）が登場し、花を手に歌い踊りながら、良縁を祈るための祭り「献花祭」に出かけようとしている。狩から帰ってきたばかりの男装の木蘭がそこに登場する（図7）。娘たちからの「献花祭」への誘いを断った木蘭が、歌いながら退場する娘たちを見送ってひとり舞台に残っていると、木蘭の母が登場し、次のような会話が交わされる。

図7　「東宝国民劇」版『木蘭従軍』より「献花祭」の場。中央に木蘭。（『東寶』第91号，1941年8月より）

母　（家より出る）まあ木蘭、叉そんな格好をして鳥を打ちになど行ったのね。もう年頃だというのに何時迄もそんな男の様な事許りして居てどうするのでしょう。

木蘭　（獲物を見せて）でもこれを御覧なさい、お母様、お父様の大好物ですわ。

母　でも、お前は女の子ですよ。

木蘭　女だって出来る事ですもの、行って不可《いけ》ないって事は無いと思いますわ。何時迄も昔の様に、男に許り頼って何もせずにいたら、女なんか、廃物同様になってしまいますわ(41)

映画版『木蘭従軍』の冒頭場面は、狩をしていた木蘭が、喧嘩を吹っかけてきた村の男たちを巧みにあしらい、騎馬で走り去ってゆくというものだった。しかし、映画版の木蘭が「男たち」に囲まれて登場したのとは対照的に、「東宝国民劇」版の木蘭は「娘たち」に囲まれて登場してくる。このとき、幸福な結婚を願ってお参りにゆこうとする他の娘たちを見送り、「女の子らしく」という母の叱責に対して快活に反論を試みる「東宝国民劇」版の木蘭は、〈娘たち〉というジェンダー集団からは孤立した、〈男装の麗人〉というべき独自のジェンダー・アイデンティティを最初からそなえている。つまり、ここでの木蘭は、当初から社会的なジェンダー規範の拘束からある程度自由であるような存在として登場し、この後、病弱な老父の身代わりに男装して出征するという彼女の行動も、映画版のように劇的なジェンダーの越境をともなうというよりは、むしろ本来の個人的性格に沿った自然な成り行きとして描写されているといえる。

冒頭場面において、去ってゆく村の娘たちを、ただひとり後に残って見送っていた男装の木蘭は、最終場面では、夫婦となって去ってゆく戦友とその許嫁とを、やはりひとり後に残って見送ることになる。つまり、従軍前には娘姿で機織りの作業に従事し、結末では男装を解いて、〈娘＝妻〉としての本来のジェンダー・ロールに復帰する映画版の木蘭に対して、『東宝国民劇』版の木蘭は、最初から最後まで、〈娘〉／〈妻〉／〈兵士〉のどの集団にも完全には帰属することのない、〈男装の麗人〉という孤立したジェンダー・アイデンティティを保ちつづける。

また、中国における木蘭のアイデンティティを決定する重要な要素として、〈家〉との強い絆があったのに対し、「東宝国民劇」版では「木蘭の家」の存在感はかなり弱められている。中国古代の『木蘭詩』では、帰宅した木蘭を暖かく出迎える両親や兄弟姉妹の姿が印象的に描写されており[42]、映画版『木蘭従軍』の結末でも、木蘭を出迎える父母姉弟の立ち居振る舞いは、古典的テキストのイメージに沿って表象されていた。一方、「東宝国民劇」版では、木蘭の家族は冒頭に登場するのみで、兵役を終えた木蘭が、朝廷から授けられようとした官職を辞して故郷の家に帰ったとき、それを出迎える家族の姿が舞台に登場することはない。「東宝国民劇」版『木蘭従軍』における木蘭の帰郷の描写を以下に引用する。

第二十一場　帰れる木蘭

元の木蘭の家。木蘭一人、桃の木の下に立ちて月の歌を歌う。

「いつの日か君は我が心を照らさん」

歌の間に柳長英が来て木蘭の歌に合せて歌う。

木蘭はハッとして心の迷いと思うが振り返り柳を見て驚き喜び傍へ行く。

〔……〕

木蘭　左様なら、どうぞ何時迄も仲好く仕合せにお暮らし下さい…。

木蘭は淋しく帰り桃の木の下に立ちて歌う。

「いつの日にか我が胸を語らん」

桃の花がヒラヒラと散る。

この時第一場の扇の枠が下りて、木蘭は扇の絵の如くなる。


古来より中国で生成されてきた「木蘭」テキスト群においては、「代父従軍」すなわち「孝女が病父に代わって従軍し、家を無事に存続させる」というテーマがきわめて重要であったことを考えれば、「東宝国民劇」版の結末における「木蘭の家」のイメージの希薄さは、このバージョンの際立った特徴のひとつといえる。勇敢な〈忠臣〉として国境を侵す異民族を征伐した後に、最後は男装を解き、〈娘＝妻〉として、父母姉弟の待つ家と、新婚のベッドへとゆきつく映画版『木蘭従軍』の主人公・木蘭は、いまだに中国の文化的な伝統にもとづくジェンダー規範に従う存在だった。それに対して、変わらぬ姿の父母の待つなつかしい家のイメージに代わって、恋を諦めてただひとり取り残される孤独な主人公のイメージを前景化する「東宝国民劇」版は、ヒロイン花木蘭を、中国の儒教的家族制度という民族的・伝統的な文脈から切り離してしまう。「東宝国民劇」版の主人公・木蘭は、家族に対する〈孝女〉や国家に対する〈忠臣〉といった属性が希薄となる一方で、終始〈男装の麗人〉という特異な個性を保ちつづけることになる。

「東宝国民劇」版は、主人公・木蘭の両義的なジェンダー・アイデンティティを、民族的・伝統的な表象コードから切り離し、そこから相対的に自立した個人的な属性へと置き換えて表象することによって、本来はなじみの薄い他者の物語である『木蘭従軍』に、日本の観客がよりたやすく感情移入することができるような普遍性をもたらしえたといえるだろう。一方で、近現代の中国において花木蘭が担っていた〈新女性〉および〈国民〉のロール・モデルとしての意味は、「東宝国民劇」版ではほとんど消去されているといえる。「東宝国民劇」版の木蘭は、「女の場所」としての家庭にも、「男の場所」としての戦争と政治の世界にも、最終的には帰属先を見いだすことのできない〈男装の麗人〉のまま、「扇の絵の如く」静止して終幕を迎える。つまり、映画版『木蘭従軍』が、「借古諷今〈故事を借りて現在を諷刺する〉」という戦時期中国文化の語りのコードにもとづいて、観客に対してひそかに発信していた現実の戦争と政治に関連するメッセージは、「東宝国民劇」版においては、木蘭が、脱イデオロギー的な虚構性・両義性を旨とする〈男装の麗人〉というキャラクターへと変換されることによって封じ込められる。

そして、ドラマ部分の結末につづいて、「兵士のラインダンス／兵隊のトウダンス／青龍刀の踊り／兵隊の合唱にて白き衣装の木蘭の踊りなど(43)」からなる「エピローグ」のレビューがくり広げられることで、当時の舞台評でいわれたような、「始めから終わりまで明るい気持ちで楽しめる楽しい夢(44)」が完成される。このとき、ドラマの設定上は古代中国の兵士であったはずの登場人物たちが、集合して「ラインダンス」に「トウダンス」を舞い踊りはじめる瞬間、〈国家〉や〈民族〉、〈伝統〉といったかつての帰属先から切り離されたキッチュな記号が、再統合されて新たな物語＝意味を構築することもなく、ただ楽しげに浮遊する空間が顕現することになる。

ここで、『木蘭従軍』と同時に上演された他の二つのプログラムにも言及しておこう。まず、高田保が脚本・演出を手がけた戦争劇『建設戦記』は、作家・上田廣が、自らの従軍経験をもとに、中国山西省で前線への輸送と補給の確保のために奮闘する鉄道設営隊の日々を描いた同名小説の舞台化だった。上田廣の原作は、同時代の戦争記録文学の代表作のひとつとして高い評価を受けていたが、「東宝国民劇」版の舞台に関しては大方の酷評を受け、実物大の機関車を登場させたリアルな舞台装置だけが話題になるという結果に終わっている。しかしながら、劇としての完成度はともかくとして、『建設戦記』が、『木蘭従軍』とは対照的に、現実の特定の地域を舞台とし、特定の戦闘の状況を具体的に再現して、観客に臨場感を与えようとする「リアルな」現代劇であったことは確かである。一方、日本舞踊家の花柳壽美と東宝舞踊隊が共演した『七月花柳をどり』とは、当時の雑誌記事・劇場プログラム等では、第一場「西洋」、第二場「朝鮮」、第三場「日本」からなる「日本バレー」として紹介されており、東宝舞踊隊の踊るクラシックバレエや、〈郷土舞踊〉としての朝鮮の伝統舞踊、花柳壽美の踊る伝統的な日本舞踊とを折衷したプログラムだった(45)(図8)。

『建設戦記』、『七月花柳をどり』、『木蘭従軍』の、一見飛躍した組み合わせが意味するものは何か。それは、「東宝国民劇」の〈戦争〉に対する姿勢の両義性と、〈国民〉の名を冠しつつも、実際は国民国家の内部と外部を往還しようとする越境性への志向であるといえるだろう。『建設戦記』は日本と中国とのあいだで現在進行中の〈戦争〉をリアルに再現し、総力戦に対する国民の自覚を呼びかける「国民演劇」としての機能を担っていたといえる。この『建設戦記』における〈中国〉とは、現実の戦争における交戦国であり、劇の主人公たる日本兵たちの〈敵〉でもあった。ところが、『木蘭従軍』

図８　東宝国民劇『木蘭従軍』宣伝チラシ。

においては、その〈中国〉は脱国民国家化され、〈日本〉との間に現実に存在するはずの差異や葛藤を消去されて、「アジア的」（もしくは無国籍的）な「楽しい夢」の内部に取り込まれてしまう。いわば、ここでは〈戦争〉そのものはリアルに表象しつつ、〈日本〉と〈中国〉との現実の関係を隠蔽し、両者をともに「音楽劇」の「楽しい夢」の空間のうちに取り込んでしまおうとする欲望がはたらいている。そして、〈西洋〉、〈朝鮮〉、〈日本〉を同一の舞台空間のうちにコラージュしてみせる『七月花柳をどり』は、『建設戦記』と『木蘭従軍』の中間にあって、いわば触媒としての機能を果たしていたとみることができる。

「東宝国民劇」公演における、「戦争劇」のリアルな戦場と、「音楽劇」のリアリティを欠いた「楽しい夢」の空間の共存を考察するにあたって、ハリウッドのミュージカル映画における「民族性」の処理に関するエラ・ショハットの次の指摘は示唆に富む。

民族に応じて物語の「空間」を振り分けているミュージカルは多い。歌や踊り、そしてエンターテイナーを通じて、隅に押しやられた集団の存在を実感させつつ、「リアルに」展開する物語の方は、もっぱら白人によるアクションのための空間となる〔……〕。

〔……〕ミュージカル・ナンバー自体リアルなものでないことを当然と考えれば、物語上「エキゾチズム」を露わにすることも許されるし、安全な「他者」という回路を通せば、気にならない程度にエロチシズムを発散させる余地もあるわけだ〔……〕。

〔……〕そもそも「リアリティ」が白人とヨーロッパ系アメリカ人のものと考えられているなかで、あえてサバルタンを「リアルな」空間に入り込ませる意味などないのである。(46)

ショハットの図式を、「東宝国民劇」の場合に当てはめてみると、次のように指摘することができるだろう。そこでは、〈中国〉をはじめとする〈アジア〉の他民族は、「音楽劇」の非リアルな空間に囲い込まれることで「安全な他者」となり、一方、「戦争劇」のリアルな空間を占有する日本軍は、〈日本〉と〈アジア〉を結ぶ権力関係の中心に位置することになる。つまり、未来の「大東亜共栄圏」へと通じる「楽しい夢」は、深刻かつリアルな「戦争」の空間を占有する日本軍の暴力によって支えられながら、その「戦争」の空間から厳密に切り離された非リアルなファンタジーの空間としてしか成立しえない。結局、戦時期日本の表象空間における「大東亜共栄圏」とは、結局はこのようにしか実現しえなかったのではなかったか。

戦時期中国において木蘭物語が語り直されたとき、ヒロイン・木蘭は、女性と男性、家庭と戦場、私的空間と公的空間を隔てるジェンダーの境界を越えることによって、ついに〈国民〉としての主体を獲得し、総力戦下の中国の観客によって有効なロール・モデルとして受容された。それに対し、「東宝国民劇」版の木蘭は、ジェンダーの境界を越えるというよりは、当初より既存の社会・文化的なジェンダー規範の外部においてアイデンティティを確立している〈男装の麗人〉である。劇の結末において、私的空間としての家庭にも、公的空間としての戦場と宮廷にも帰属しえない木蘭は、最終的に華やかでキッチュなファンタジーの空間へと囲い込まれてゆく。そして、木蘭が、この非リアルなファンタジーの空間としての「大東亜共栄圏」と、同時上演の『建設戦記』のリアルな「戦争」の空間を厳密に隔てる境界を越え、さらなる越境を果たすことは決して許されない。かりに木蘭が『建設戦記』の世界へと越境を果たしたとしたら、そこで彼女が戦うべき敵とは、日本軍の兵士たちであるからだ。

注

（1）近現代中国におけるロール・モデルとしての「木蘭」像の変転については、下記の文献を参照した。Dai Jinhua, "Gender and Narration : Women in Contemporary Chinese Film". Jing Wang and Tani E. Barlow, ed., *Cinema and Desire : Feminist Marxism and Cultural Politics in the Work of Dai Jinhua,*

London: Verso, 2002, pp. 99-150. および、Wang Zheng, *Women in the Chinese Enlightenment: Oral and Textual Histories*, Berkeley: University of California Press, 1999, pp. 20-22.

（2） Wang, op. cit., p. 20.

（3） Joan Wallach Scott, *Gender and the Politics of History: Revised Edition*, New York: Columbia University Press, 1999〔ジョーン・W・スコット『増補新版　ジェンダーと歴史学』荻野美穂訳、平凡社、二〇〇四年、一〇九頁〕.

（4） 戦前の日本と中国との間で、映画を介した交流がおこなわれた一例として、一九二六年（大正一五年）の日活映画『神州男児の意気』（村田実監督）の製作に際して、上海の新人影片公司の協力のもとに上海ロケが実施され、上海映画の女性スター・呉素馨が出演した事例をあげることができる。また、満洲事変の最中の一九三一年（昭和六年）、上海の光明影片公司と日本発声映画社の合作により、トーキー映画『雨過天晴』（夏赤鳳監督、ヘンリー小谷撮影）が、日本において、国産のトーキー技術「ミナトーキー・システム」で撮影されている。

（5） こうした状況下での例外的な出来事として、一九三五年、当時は左翼系映画評論家の代表的な存在だった岩崎昶が、自著論文が魯迅によって翻訳されたことをきっかけに上海を訪れて、主だった左派映画人たちと交流し、帰国後、同時代の中国の映画事情や、主要な作家・作品などを紹介する文章を複数の媒体に発表した事例をあげることができる。このとき書かれた一連の中国映画論は、岩崎昶『映画の芸術』（協和書院、一九三六年）に収録されている。

その他、戦前から戦中にかけての日本のジャーナリズムにおける中国映画への関心のあり方がいかに推移していったかに関しては、晏妮「戦前日本における中国映画に関する一考察」（『演劇学』第三五号、早稲田大学演劇学会、一九九四年三月、一一一一二五頁）にくわしい。

（6）十五年戦争期の中国における日本の映画工作に関しては、加藤厚子『総動員体制と映画』（新曜社、二〇〇三年）の第五章「大陸における映画工作」にくわしい。

（7）李道新『中国電影史　1937―1945』北京：首都師範大学出版社、二〇〇〇年、二八二―二八三頁。

（8）こうした見解は、山口淑子（李香蘭）や清水晶、辻久一など、実際に満洲や上海における映画工作に参加した日本側の関係者の回想によって共有されており、佐藤忠男『キネマと砲聲――日中映画前史』（リブロポート、一九八五年）も、これに沿った解釈を示している。

（9）Poshek Fu, *Passivity, Resistance, and Collaboration: Intellectual Choices in Occupied Shanghai, 1937-1945*, Stanford: Stanford University Press, 1993. および *Between Shanghai and Hong Kong: The Politics of Chinese Cinemas*, Stanford, Ca: Stanford University Press, 2003.

（10）三澤真美恵「暗殺された映画人、劉吶鴎の足跡　1932―1937年――「国民国家」の論理を超える価値創造を求めて」『演劇研究センター紀要』Ⅳ、早稲田大学21世紀ＣＯＥプログラム〈演劇の総合的研究と演劇学の確立〉、二〇〇五年一月、一一九頁。

（11）洪長泰は、戦時期の中国の「抗日救亡」文化運動において最も有効性を発揮したメディアは、話劇、漫画、新聞であったことを指摘している（Chang-Tai Hung, *War and Popular Culture: Resistance in Modern China, 1937-1945*, Berkeley: University of California Press, 1994）。「孤島」末期から「淪陥期」にかけての上海において、なおも日本の支配に抵抗を試みる文化人にとって最大の拠点となったのも、やはり話劇であった（Fu, *Passivity, Resistance, and Collaboration op. cit*, pp. 68-109 を参照）。邵迎健によれば、この時期の上海の中国人観客のあいだでは、「抵抗」のテーマを暗に表現する話劇が、映画をはるかに圧倒するポピュラリティを獲得していた（邵迎健「上海「孤島」末期及び淪陥時期の話劇」、高橋博文編『戦時上海　193

7～45年』研文出版、二〇〇五年、二三一―二七一頁)。

(12) Hung, *op. cit.*, p. 64.

(13) *Ibid.*, p. 72.

(14) この事件に関しては、Fu, *Between Shanghai and Hong Kong*, *op. cit.*, pp. 43-47. および、晏妮「伝説のヒロインから国民の表象へ――『木蘭従軍』の受容の多義性をめぐって」(『映像学』第七四号、日本映像学会、二〇〇五年五月、五―二九頁)で詳細に解説されている。

(15) 『木蘭従軍』プリント焼却事件に際して、『木蘭従軍』を擁護する立場に立った非占領区の知識人たちは、抗日演劇人として名高く、また、『木蘭従軍』のシナリオ執筆時は香港に、重慶での公開当時は桂林に滞在し、つねに上海の外部の非占領区に身を置いていた欧陽予倩の作者性を強調することで、この作品に対する「漢奸映画」との疑惑を払拭しようとした。しかし、この際にも、商業的な利害関心にもとづいて日本と妥協したと疑われる人物によって「孤島」上海で製作され、公開されたフィルムであることに起因する「疑わしさ」自体は、完全には払拭されることはなかった。

(16) 第二次上海事変勃発以前に撮影開始され、上海陥落後の三八年四月に完成公開されて、「新華」のみならず、「孤島」期の上海映画界が生んだ最初の大ヒット作となった『貂蟬』は、上海の共同租界のハリウッド映画専門館でまず公開され、のちにプロデューサー・張善琨の奔走により、アメリカ合衆国での公開も実現された(Fu, *Between Shanghai and Hong Kong*, *op. cit.*, pp. 7-8を参照)。また四〇年三月、張は「新華」とその子会社「華新」「華成」の三社を統合し、アメリカ国籍の「中国聯合影業公司」(United China Motion Pictures Inc. U. S. A)を設立している(矢野目直子「日中戦争下の上海に生きた映画人――張善琨(下)」『中国研究月報』第五一巻三号、一九九七年三月、一―九頁を参照)。

(17) Fu, *Between Shanghai and Hong Kong*, *op. cit.*, pp. 12-15.

(18) ローラ・マルヴィは、女性の映像／イメージを中心に据えた古典的ハリウッド映画に関して、次のように述べている。「性的対象として呈示された女性は性愛的見世物〔エロティック・スペクタクル〕のライトモチーフ的存在だ。〔……〕規範的な物語映画において女性の存在は見世物〔スペクタクル〕の不可欠な要素であるが、目に見える女性の存在そのものは、物語の筋〔ストーリー・ライン〕の発展にしばしば遡って作用してしまう。というのも、その性愛的な凝視（contemplation）の瞬間に動き〔アクション〕の流れが止まってしまうからだ。」（Laura Mulvey, "Visual Pleasure and Narrative Cinema", *Screen*, no. 3, autumn, 1975〔ローラ・マルヴィ「視覚的快楽と物語映画」斉藤綾子訳、岩本憲児他編『「新」映画理論集成（一）歴史／人種／ジェンダー』フィルムアート社、一九九八年、一三二頁〕）

(19) 王政は、ディズニーの『ムーラン』と、中国における「花木蘭」テキスト群の間の著しい差異のひとつは、「結婚」のテーマの有無であると指摘している。王によれば、ディズニー版のムーランは最後に結婚するのに対し、中国の五四運動世代の女性にとって、「木蘭のようになる」とは結婚以外のライフコースを選択することを意味し、中国人にとって「木蘭の結婚」という結末は不適切に感じられるという（Wang, *op. cit.*, pp. 21-22）。しかし、ここで王が木蘭物語のアメリカナイゼーションの典型的な要素とみなす、『ムーラン』の「ヒロインの恋愛と結婚」というハッピーエンドは、一九三九年版『木蘭従軍』においてすでに採用されていたことを指摘しておかなければならない。

(20) 傅葆石は、デビュー当時の陳雲裳に関する上海のメディア報道が、先述したような西洋的な生活スタイルの一方で、両親への孝養を怠らず、熱烈な愛国者でもある、すなわち伝統的な「孝」と「忠」の美徳を守る女性であるという側面についても言及を欠かさなかったことを指摘している（Fu, *Between Shanghai and Hong Kong*, *op. cit.*, pp. 14-15）。戦時期の上海映画界での陳雲裳の当たり役は、『木蘭従軍』の花木蘭や、日本軍占領下で製作された『萬世流芳』（製作：中華聯合製片公司―中華電影―満映、監督：卜萬蒼、朱石麟、馬徐維邦、張善琨、楊小仲、一九四二年）のヒロイン張静嫻など、古装片（時代劇）の世界において「孝」と「忠」の美徳を体現する英雄的女性だった。

（21）晏妮「伝説のヒロインから国民の表象へ――『木蘭従軍』の受容の多義性をめぐって」前掲書、二二三頁。

（22）清水晶「川喜多社長と中華電影」、『東和映画の歩み』東和映画商事、一九五五年、二八五頁。

（23）しかし、ここで極秘ながら川喜多と接触し、中華電影による『木蘭従軍』の配給を承諾したことは、張善琨が「漢奸」として疑われる一因ともなった。

（24）辻久一著・清水晶校注『中華電影史話』凱風社、一九八七年、八七頁。

（25）『東京朝日新聞』一九三九年五月一五日付朝刊。

（26）大日本映画協会『映画新体制展覧会録』日本映画雑誌社、一九四一年。

（27）筈見恒夫『映画と民族』映画日本社、一九四二年、一九八―一九九頁。

（28）『東宝三十年史』東宝株式会社、一九六三年、一五〇―一五一頁。

（29）小林一三「予言し得ざる予言」『歌劇』一九四〇年一月号、五七頁。

（30）秦豊吉「来るべき民衆芸術は？」『會館芸術』第一〇三号、一九四一年、三七頁。

（31）大原由起夫『小林一三の昭和演劇史』演劇出版社、一九八七年、一八六頁。

（32）秦豊吉「帝劇ミュージカルス」（一九五四年）、『日劇ショウより帝劇ミュージカルスまで』秦先生を偲ぶ会、一九五八年、一二二頁。

（33）白井鐵造『宝塚と私』中林出版、一九六七年、一五九頁。

（34）『東京朝日新聞』一九四〇年一一月二五日付、夕刊。

（35）白井鐵造は自伝『宝塚と私』において、宝塚から東宝文芸部への移籍の具体的な理由は明かさぬまま、「結果は、啄木の『石を持て追わるるごとく故郷を出し悲しみ消ゆる時なし』で、この気持ちは今でも拭うことは出来ない」とのみ述べ、この移籍が当人にとって不本意なものであったことを示唆している（白井、前掲書、一五七—一五八頁）。また、白井の東宝への移籍直後、東宝の宣伝誌『東宝』には、「白井鐵造はロマンチストだと一も二もなくレッテルを貼られている人だけに、彼自身がどこまでそのロマンチシズム？を反省して新しく立直るかが見物である。」（尾崎宏次「東宝舞踊隊の人々を語る」『東宝』一九四一年二月号、一〇三頁）という記事が掲載されており、当時、「ロマンティックな」レビューの作り手としての白井の立場が微妙であったことを伺わせる。

(36) ちなみに、第五回・第六回公演は、ごく速成の短期公演に終わっている。

(37) 白井、前掲書、一五九頁。

(38) 最上庄吉「東宝国民劇第一回公演を観る」『演芸画報』一九四一年四月号、一一八頁。

(39) 古川ロッパ『古川ロッパ昭和日記　戦中編』晶文社、一九八七年、九三—九四頁。

(40) たとえば、抗日戦争初期の上海映画の代表作の一つである『街角の天使／馬路天使』（袁牧之監督、明星影片公司、一九三七年）の主題歌「四季歌」（田漢作詞、賀緑汀作曲）には、「血肉築出長城長／儂願做當年小孟姜（血肉で築いた長城は果てしない／私は現代の孟姜女になりたい）」という一節がある。作中では、日本軍の侵略を受けた東北地方を逃れて上海にやってきた孤児の少女が歌うこの主題歌に合わせ、日本軍が「満洲」に侵攻し、民衆の生活を蹂躙するさまを暗示する断片的な映像がモンタージュされる。

(41) 白井鐵造「木蘭従軍」『東寶』一九四一年七月号、一二五—一二六頁。

(42) 「爺孃聞女来／出郭相扶将／阿姐聞妹来／当戸理紅妝／阿弟聞姐来／磨刀霍霍向猪羊（父母は娘が帰って来るのを聞いて、城郭を出て木蘭の後から手を引いたりして迎え、姉は妹が帰ると聞いて、戸口に向かって紅をつけ化粧をして待ち、弟は姉が来ると聞いて、馳走の料理のために、庖丁を磨いで、豚や羊に忙しく立ち向かうのであった）」（作者不詳『木蘭詩』、星川清孝編訳『古詩源下』集英社、一九六五年、三五六頁）

(43) 白井鐵造「木蘭従軍」前掲、一四四頁。

(44) 堀川寛一「小夜福子とロッパ」『演芸画報』一九四一年八月号、五四頁。

(45) ちなみに、東宝舞踊隊は一九四三年五月から六月にかけて中国各地で公演をおこない、上海では、中聯が製作した音楽映画『萬紫千紅』(方沛霖監督、一九四三年)へ出演したことで、『木蘭従軍』とは逆方向の〈越境〉を果たすことになる。

(46) Ella Shohat, "Ethnicities-in-Relation : Toward a Multicultural Reading of American Cinema". Leter D. Friedman, ed., *Unspeakable Images: Ethnicity and the American Cinema*, Urbana : University of Illinois Press, 1991〔エラ・ショハット「関係としての民族性――アメリカ映画のマルチカルチュラル的な読解に向けて」とちぎあきら訳、『「新」映画理論集成(一) 歴史/人種/ジェンダー』前掲、一二一頁〕.

稲も亦大和民族なり
——水稲品種の「共栄圏」

藤原辰史

1　帝国の膨張と品種改良——問題の設定

水稲品種の「科学的征服」

一九三四年の東北地方は大凶作だった。だが、育種学における世界最先端の技術を用いて開発された水稲品種〈陸羽一三二号〉は、その優れた耐冷性ゆえに、他品種とくらべて格段に成績が良かった。品種改良の技術が冷害を克服した事実を目の当たりにした農林大臣の山崎達之輔は、東北地方の視察旅行から帰った朝の閣議で「冷害対策委員会」の設置を決定、「優良品種の育成、適地適種、栽培技術の改善」を推進するよう指示した。山崎はまた、〈陸羽一三二号〉の開発者である寺尾博について、「これまでの功績だけで銅像の一つは建つても良い位だ」と発言したという。

以上を報じたのは、一九三四年一〇月二一日付の『東京朝日新聞』朝刊であった。「寺尾博士研究の功績」「東北米の優良種」という見出しと、顔写真を掲載することで、寺尾の功績（一〇年前のものであるが）を讃えた。また、山崎の迅速な対応も評価されている。「政府の頭が単なる救済から科学的征服へと転向したことは東北農村問題に甚大な転機を画したものといはねばならぬ。」[1]

じつは、この一新聞記者の短いコメントのなかに、品種改良という科学技術の本質的な特徴が記されている。

それは、第一に、品種改良の発展は、被災民の「救済」に置き換わるに足りうる存在だ、ということである。科学は自然の猛威を克服し人々に安寧と秩序をもたらす、という一般的な科学認識を、品種改良は、ここで忠実に体現している。

第二に、軍事技術とは異なり万人に幸福をもたらすはずの品種改良に、しかしなぜかつねにつきまとう「征服」というイメージを実際に言語化しているからだ。つまり、品種改良とは、それまでの労働関係や社会状況の文脈を抜きにして、現実の困難を一挙に解決し、苦しんでいた農民たちを救済する一方で、「征服」という表現をつい用いたくなるほど、すさまじい伝播力と、さらには現場の労働のあり方を一変させる力を有しているのである。科学者から与えられる品種改良の恩恵は、それが年々供給されるだけに、いっそう激しい摩擦も引き起こす。だが、その摩擦も、品種の絶えざる更新と普及によって、品種地図が塗り替えられ、解決されざるまま先送りされる。品種改良のダイナミズムは、「救済的な征服」というべきものにこそあるのだ。

この記事の場合、「征服」の対象は東北地方だけでしかない。けれども、実際は、それにとどまるものではなかった。岩波書店の自然科学雑誌『科学』の一九四二年一一月号に組まれた「稲に関する最近の研究」という特集のなかで、寺尾は、「稲は大東亜共栄圏を特色付け」「東亜諸民族のホームで

あるこの地域は稲のホームである」と述べたうえで、「我が国においては稲も亦大和民族なり」と豪語する。(2)

南方稲は概して日本稲と米質が異つて居るのみならず、生産力殊に肥料に依る増産能力に於て遙かに日本稲に劣つて居る。その藁も脆弱で日本稲の藁の如くに強靱な縄や叺《かます》を作り得ない。(3)日本稲は南方稲に比し、外観上一見して如何にも剛健多産の引締まつた相貌を呈し、正に優越せる種族の感じも否めない。それ故私は〝我が国に於ては稲も亦大和民族なり〟と云ひたいのである。(4)

ここでは、水稲育種の発展が帝国日本の拡大に重ねあわされている。日本の全農業技術者の頂点に君臨していたのが稲の育種の専門家であったことが象徴しているように、稲の育種こそは当時の農学の要であった。そもそも米とは、「稲作民族」である「大和民族」の「主食」とみなされており、また、天皇制の最も重要なシンボルであるがゆえに、日本国家の統一性と正当性を生活から基礎づける重要な作物であった。しかし、にもかかわらず、大日本帝国臣民がみな白米を日常的に食べられるほど生産されなかったので、必然的に、限られた土地で増産効果をもたらす稲の育種に大きな期待がかけられたのである。さらにいえば、大東亜共栄圏構想において稲の増産は最重要課題のひとつに据えられていたのだから、寺尾の自尊心が高ぶるのも当然であろう。読みすすめると、単に日本産品種の優越が誇らしげに語られるだけではなく、「南方稲」の長所も言及されている。

「南方稲に就て特に注目すべき事がある。我が国の稲作の大脅威たる稲の病害——稲熱病に対する特殊の高度耐病性を日本稲に取り入れた新品種を育成することは、当然育種研究家の熱烈なる願望となる。」「今や日本の農業技術は国内に於て充分にその機能を発揮すると共に、南方及び大陸農業の指導に当たらねばならない時だ」と寺尾は結んでいる。たしかに、良いものは取り入れていこうとする柔軟性は排除されていない。だが、寺尾の語り口のなかで、育種技術の、そして稲そのものの「自民族至上主義」はゆるぎない。一見、平和裡に普及したと思われがちな水稲品種には、しかし、科学者の目からすれば、軍事力を背景に共栄圏を築きあげた「大和民族」に匹敵するほど、征服志向が刻み込まれていたのである。

では、大日本帝国の勢力圏において品種改良の「科学的征服」とはどのようなものであったか？本稿では、寺尾の「稲の大東亜共栄圏」構想にいたるまでの水稲品種の改良と普及の過程について、断片的な資料からの再構成が試みられる。それは、稲の遺伝情報を組み替える育種技術が、「科学的征服」というおどろおどろしいイメージとは裏腹に、人の心性の領域とも細やかに交流しつつ、「共栄圏」の文化面での建設に小さくない影響を与えていたことを示すであろう。

とはいっても、大東亜共栄圏における品種改良は、戦争遂行のなかで結局充分な成果を残すことができず企画止まりであった。新品種を育てるには、交配から少なくとも八年以上はかかるゆえに、もし「品種改良」と大東亜共栄圏構想の関係を問うとすれば、むしろ、寺尾の発言にいたるまでの品種改良事業の歴史的経過にこそ着目せねばならない。いいかえれば、育種技術（それを要《かなめ》とし、灌漑整備事業と化学肥料施肥によって再構成される農村空間）が、農民たちの期待に支えられながら、日本帝国の膨張過程においてどのような役割を果たし、そして大東亜共栄圏というアジアの空間再編成プロジェクトのためにどのような土台を築きあげたかを問うことが重要である。それは、必然的に「戦争とは無関係」とされがちであった育種、ひいては農業技術全般を戦争の歴史の文脈に位置づけなおすことにほかならない。

戦争に転用されない技術？

では、品種改良の先行イメージは、どのように語られてきたか？

ここで強調しておきたいのは、品種改良が「戦争と無関係」であることを強調するのは、学術研究というよりはむしろ一般的な心性の問題である、ということだ。

たとえば、「大東亜戦争」が末期に近づいた一九四四年七月、〈農林二二号〉と〈農林一号〉の交配に成功した新潟県農業試験場の水稲育種試験地主任技師、高橋浩之も、技術の中立を信じている。「毎日何回となく、水田を自分ではい回りながら、時には、めまいがして畦《あぜ》にしゃがみこんだりしたこともありましたが、自分のやっている仕事が、人を殺すことにまったく関係がないという信念によって、迷うことなく仕事に専念することができました。(5)」ちなみに、高橋の交配した雑種第一代が、のちの〈農林一〇〇号〉、すなわち二〇〇四年産水稲の作付面積のうち三七・八％（二六年連続一位）を占める〈コシヒカリ〉を生み出すことになる。高橋は、既述の『科学』一九四二年一一月号で「最近の研究」として近藤頼己が紹介した「温湯浸穂法」を用いている。それゆえに、〈コシヒカリ〉は帝国日本が誇った最先端農業技術の申し子でもあるのだ。

しかしながら、戦後の高橋にとっても、あるいはこの言葉を紹介した『コシヒカリ物語』（一九九七年）の著者や、倒伏しやすい〈コシヒカリ〉をひたすら食べつづける私たちの認識にとってみても、やはり育種技術は「人を殺すこととまったく関係がない」。しかし、これは本当だろうか？　ここで、総力戦体制はあらゆるものを動員する以上、育種技術が戦争と関係あるのは当然だ、というような還元主義的な議論は無意味であるにしても、育種技術そのものの孕む魅力は、主体的に帝国支配にかかわってはいないのか？

ほかにも農業技術の中立を主張する例として、菅洋《すげひろし》も挙げられる。菅自身、育種にかかわってきた技術者だが、『稲　品種改良の系譜』（一九九八年）などを著し、水稲品種改良の歴史を民間育種を含め丹念に掘り起こしている。その菅もまた、「作物の品種改良にかけた多くの人びとの努力は、他の科学技術と違って、ほとんど戦争などの破壊に転用されることもなく、長年にわたって人類に生存の基盤を提供し続けたのである」と述べている。(6)本当に「戦争などの破壊に転用されることもなかった」のだろうか？

非常に豊富な事例を教えてくれた以上の書物に欠けている視点は、ただ一点である。つまり、当時、日本が圧倒的な軍事力で「征服」した国・地域へのまなざしである。そこに投入された帝国日本の最先端の農業科学技術とそれが普及した現地へのまなざしである。こうした過去への視点からしか、日本の科学技術の内省は生まれないであろう。

「戦争と無関係の日本の科学技術」という神話から、これまでの学術研究も決して自由ではない。先行研究書の多くも、淡々と品種改良の技術の変遷を記述することで、科学による近隣諸国の科学による「救済的征服」という特徴の描写は、意識的にか無意識的にか避けられている。

たとえば、山元皓二と高木俊江の「農業技術を動かしたもの　イネの品種改良を中心に」（一九七七年）という、科学と権力の問題に敏感に反応した研究もそうである。山元と高木は、農会の「農事巡回指導には警察官を伴っていた」という「サーベル農政」について言及し、また一九二〇年代に小作争議が活発化してからは「強権的な農事は、次第に影をひそめていく」にしても、農会を通じての品種選択に農民の自由があったのかと問うている。そのうえで日本の近代農業技術がこう総括される。「それは農民の創意工夫を否定し、画一化を図り、農民支配の補完物としかなりえてないのではないか。農民の下僕であるべき技術が、農民の意向の手のとどかない研究機関において『科学的』研究の対象となり、その成果が下達される。[8]」この視点は、国家の研究機関と科学技術の関係性を考えるにあたっては、欠かすことのできないものである。育種技術が「内地」の地主‐小作関係を何ら解決してないという批判も、この視点から生まれている。しかしながら、同時代に軍事力を背景に支配された台湾、朝鮮、満洲における農民への記述は皆無だ。

植民地の品種改良の歴史を膨大な史料をもとに整理した唯一の研究は、いまなお最高峰に位置づけられるべき盛永俊太郎（彼も育種技師であったのだが）の技術史研究であろう。『日本農業発達史』第九巻「第五篇　農学の発達」「第二章　育種の発展――稲における」がそれである。[9]この研究は、育種学、民俗学、経済学などさまざまな先行研究を渉猟したうえで、大正デモクラシーの時代から第二次世界大戦終結までの育種学の発展を詳細に記し、北海道、朝鮮、台湾における品種技術の普及も丁寧に描いている。本稿もこの研究に大きく依っている。ただ、盛永の技術史には、タイトルが象徴しているように、科学技術の発展とその伝播を淡々と綴るというような発展史観が貫かれており、育種の発展とともに農民の心性がどう変わったかについては、ほとんど描かれていない。

たしかに、育種という科学技術だけをみれば、発展を遂げていることにまちがいはない。しかしながら、その発展とともに、社会のあり方、人々の生活や心性も「発展」したのだろうか？　技術史とは、ただ、技術の進展のみを記述すべき閉じたものなのか？　これは技術史の可能性を狭めることにならないだろうか？　とはいえもちろん、以上の欠落は、盛永の研究の資料集としての価値を貶めるものではまったくない。「開いた技術史」の模索は、私たちの課題なのである。

そこで私は、品種改良が化学肥料資本の膨張を背景になされたという事実に着目したい。一九二〇年代からの交雑育種を主とする品種改良は、肥料、とりわけ硫安（硫酸アンモニウム）に反応しやすい品種をつくることに重点を移していく。農民からしてみれば、同じ労働力をかけるなら少しでも多収の品種を求めるのが当然の心情だ。そして、日本窒素肥料株式会社とそのコンツェルン（日窒コンツェルン）をはじめとする硫安工業の急速な成長のなかで遂行された品種改良と、それによる劇的な農業変革は、のちに触れるように、朝鮮と台湾を包摂した日本帝国のプロジェクトとして華々しい成果を収め、一九四〇年七月二六日に第二次近衛文麿内閣がうち立てた「大東亜新秩序」建設との関連においても、いっそうの活躍の場を与えられていた。日窒コンツェルンの朝鮮への進出が、電力の開発や化学肥料の生産ばかりでなく、軍事に欠かせぬ火薬の生産をも担っていたことは、まさに化学肥料資本の膨張が「征服」を担っていたことの証左である。東北地方で育種された品種は、肥料に反応しやすいうえに耐冷性に優れているものが多く、朝鮮や満洲の冷涼な地帯においてもその能力を充分発揮できた。

『日本農業発達史』では、肥料の記述と育種の記述は分けられている。もちろん、盛永も肥料の問題を重視しているし、別巻の「日本農業発達史年表」は、化学肥料の普及と品種改良の発展がパラレルな現象であることをはっきり示している。だが、各分野ごとの連関をみていくことは、まだまだ残された課題である。本稿も肥料と育種という二面のみを扱うにすぎない。しかし、この年表にも触発されながら、技術的関連のなかで人々がどこまで深く生を絡めとられていたかについてを、経済史的な記述ではなく、宮沢賢治の詩や当時の農民の声などを参考にして、人々の心性のレベルからとらえなおしたい。

本稿の基本的立場は、品種改良の政治的および社会的影響を、高橋や菅のように無害化することでもなく、山元や高木のように政治による科学技術の独占としてとらえることでもない。あるいは盛永のように発展史のなかに埋め込むのでもない。そうではなく、品種改良が編み出す技術的連関の網のなかで人々が生き、生かされるという状況を記述することである。

以下では、北海道における〈富国《ふこく》〉、東北、朝鮮、満洲における〈陸羽一三二号〉と〈農林一号〉、台湾における蓬莱米の順に論じる。技術の普及の順番としては、東北、北海道、台湾、朝鮮、満洲、植民地化という点からしても、同じく、東北、北海道、台湾、朝鮮、満洲という並びになるだろう。しかし、本稿では時系列にこだわらず、むしろ「共栄圏」内の同時展開性を描くことを重視した。〈富国〉にみられる品種と農民の関係性の典型、〈陸羽一三二号〉や〈農林一号〉の空間的展開力、蓬莱米の根づきの深さという順に追っていくことで、「共栄圏」にいたる心性のダイナミズムを三方向からとらえたい。

2　富国——天皇と品種改良

モダンタイプの御料米

〈富国〉。北海道上川農事試験場上川《かみかわ》支場(10)で育成された水稲系統〈上育《じょういく》四三号〉(11)の別名である。一九三五年春、〈富国〉は北海道の優良品種(12)に指定された。優良品種の種子は各町村農会の原種圃でいったん増やされ、各農家に無償配布される。〈富国〉もまた、各農家に配布される運命にあった。しかし、この水稲品種にはまた別の「大事な役目」(13)が待っていた。

一九三六年秋、昭和天皇裕仁は、陸軍大演習を統帥するため北海道に訪れた。〈富国〉は、天皇がその折に食べた米の品種であった。この御料米の「謹作」を命じられたのは、永山《ながやま》村（現旭川市）にあった上川支場であった。異品種間の人工交配という当時の最先端技術を用いて育成された「モダンタイプ」(14)の〈富国〉は、厳正な管理のもとで栽培される。当時の支場長で〈富国〉の育種者(15)である山口謙三は、栽培の様子をつぎのようにふり返っている。

例えば、肥料は堆肥など有機質は一切ダメ、土地には石灰を十分施して消毒せよ、灌漑水は途中汚水が流出せぬように、また水路の途中には水の濾過装置をつけよ、等々。耕作関係者はその家族全員健康診断し、無菌者のみ認められるという有様。御料米用の〔田の〕周囲は金網でおおい、不敬者の侵入を防ぐようにし、作業員は全員白衣、白帽、白足袋の白づくめ。生産した籾を琴似《ことに》の本場《ほんじょう》〔北海道農試本場〕まで運ぶトラックは、アルコール一缶を散布して消毒した(16)。

戦後になって山口が「衛生上非常に厳重で、警察医から栽培上非常識なことを言われ閉口した」と漏らしているように、「御料米謹作」はおよそ一般的な米作りとは異なる栽培方法でなされた。フェンスで囲われた無菌の食品工場のような栽培方式は、いうまでもなく、永山村の米作農家たちがやってきた農法とはまったく異なる。とはいえ、もちろん、御料米を栽培した支場に対し農民たちは怒りの声をあげることはしなかった。「試験場に新しい実験室を寄付しよう」という気運が農民たちのあいだで盛りあがり、〈富国〉を栽培する農家が少しずつ米を出しあい換金して、「富国館」という木造二階建ての実験棟を上川支場に寄付することになった。一階は実験室および調査室とし、二階は農民が宿泊できる講習場になる予定であった。一九四四年春に着工、外部工事は終了したものの、工事半ばで敗戦を迎え、完成したのは戦後であったという。山口は、こうした「農民の気持」に感激し、一生涯忘れることのできない印象を得た、と一九八六年に当時をふり返っている(17)。〈富国〉を栽培していざ収穫してみると、あまりに多収であらかじめ作っておいた俵では不足してしまいあわてて新藁で俵を作った、というエピソードさえ残されている。

〈富国〉に対する農家の「感謝」をあらわすものは、「富国館」だけではなかった。御料米の刈取鎌入式にさいして作られた《富国小唄》もまた、感謝のしるしであった。

1、躍進北海ピカ一の

名をもふさわしい富国の米は上川永山生まれ
今年数えで十才で取れ目多く品がよく
からだ丈夫で倒れやせぬ
2、ほんにお前は果報もの
学校目出度く卒業したらすぐにお上の大事な役目
この光栄を忘れずに国を富ませよ
栄えさせよ

唄で人格を与えられるほどまでに〈富国〉に期待がかけられたのは、それが御料米になったからだけではない。日本の稲作史上、画期的な品種だったからだ。〈富国〉は、道内の品種と道外の品種と掛け合わせてできたはじめての品種だった。秋田県の農商務省農試陸羽支場で成功したばかりの短日法(18)を用いて、生態系のまったく異なる東北地方で多く栽培されていた多肥多収性の〈中生《なか》愛《て》国〉を母本、北海道稲作の北限を支えていた〈坊主六号〉を父本とする人工交雑から生まれたのが〈上育四三号〉系統であり、〈富国〉であった。そしてなにより、〈上育四三号〉の育種目標(19)は多肥多収性であった。

育種目標のとおり、〈富国〉は、それまで北海道稲作を支えていた〈坊主〉系統よりも耐肥性に優れ、北海道の農民に多収をもたらした。その普及は急激であった。〈富国〉は、一九三七年に全道作付面積の一四・二％、一九三九年には三八・一％を占め、これまで一位を占めていた〈坊主五号〉を

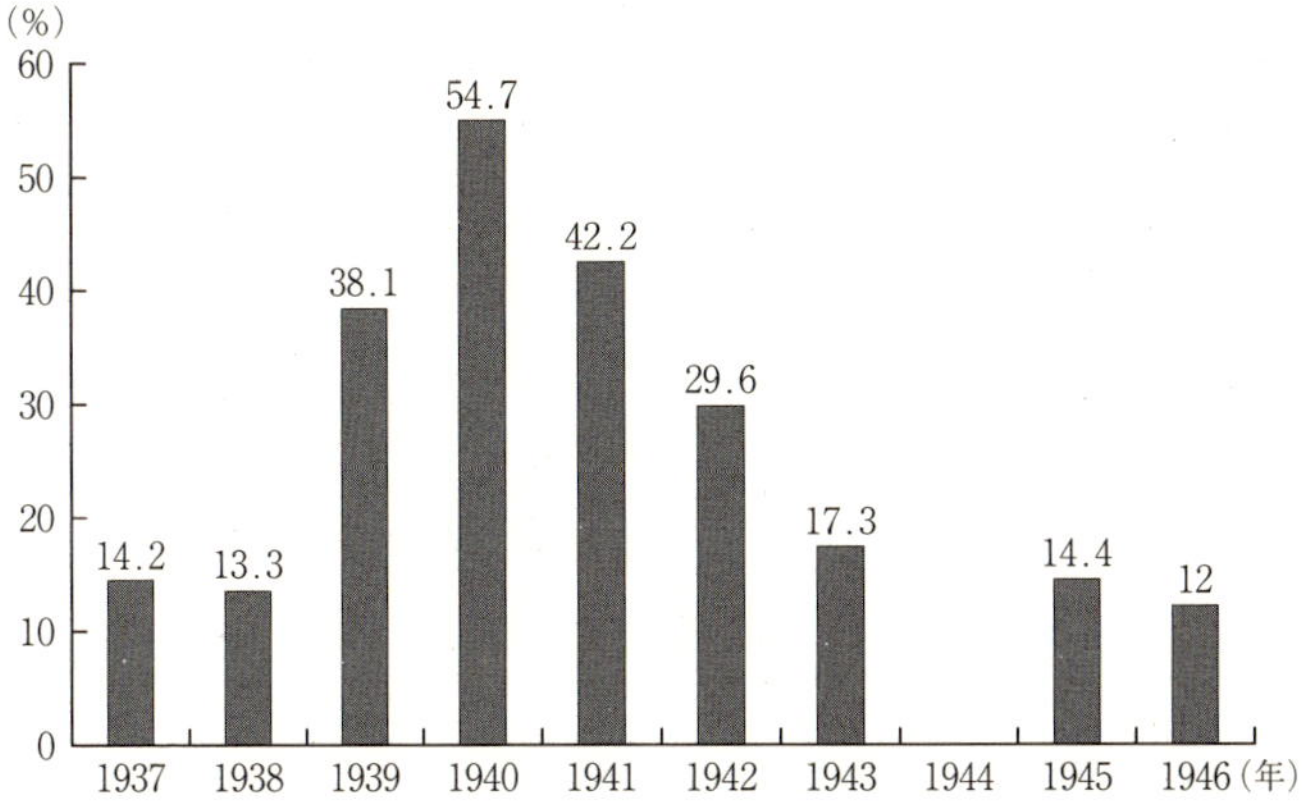

註1)　1944年はデータ欠
註2)　佐々木多喜雄『北のイネ　品種改良』北海道出版企画センター，2003年，25頁より作成。

グラフ1　〈富国〉の全道作付面積

抜いて、ついに道内作付面積のトップに躍り出た。一九四〇年のピーク時には、五四・七%に達し、〈富国〉は北海道の水稲の半分を超えるまでになった（グラフ1）。『北海道立上川農業試験場百年史』（一九八六年）には、〈富国〉が「北海道史上稀にみる普及を示した」「極多収」品種だったと記されている[20]。

ところが、一九四一年に、〈富国〉の作付は急減する。『百年史』は、その事情についてこう述べている。「「富国」が（一九四〇年に発生した）いもち病や冷害の被害を受けて減少していった経過は品種そのものの欠点も大きな要因である。しかし、農家がその多肥多収性を過信して年々多肥栽培化し、あるいはいもち病の常発地帯である泥炭地や気候的にも無理な北部地帯にまで作付を拡大したことが、この品種の寿命を縮めたと言うこともできるだろう。」暗色の病斑が葉や穂首などに現れる稲熱《いもち》病は、気象条件が高湿低温へと悪化したり、土壌中の窒素が過多になったりすると発生しやすい。『百年史』は、〈富国〉の人気がなくなっていった理由を農家の「過信」に求めているが、逆にいえば、〈富国〉の肥料に対する反応の良さが、米作農家にあまりも大きな期待を抱かせたのである。〈きらら三九七〉の育種に携わった佐々木多喜雄は「『富国』は稈が強く、肥料反応が高く、肥料を多くやればやる程多くとれ倒れないので、もっと肥料を増やしてもっと多くとろうという欲が出て、品種として耐えうる限界以上に多肥料のみによって収量を得ようとする欲ばりが出てくる」と述べているが、ここには〈富国〉という一品種が放つ強烈な魅力と、それとなりあわせの危うさが描かれている。

さらに、当時の交雑育種としては最短の八年で育成された〈富国〉の耐冷性にも問題があった。八年間のあいだに〈富国〉は三回の冷害に遭っているが、そのどれも不確定要素によって偶然乗り切ることができたため、冷害にも強いと評価されてしまったのである。〈富国〉が普及してから四年間冷害がなかったことも、農家を油断させた。「試験場がよいといったので作った」と、農民たちが上川支場に押し寄せ、「非難ゴーゴーの目」に合ったと山口は回想している。(21)

〈富国〉に刻まれる遺伝情報をめぐって技術者と農民、そして天皇までも巻き込みながらくりひろげたエピソードは、一九二〇年代から現在にいたるまで変わらず日本国家の重要なプロジェクトであった稲の品種改良、とりわけ人工交配による品種改良の「魅力」と「危うさ」の両面を示している。育種の効果は眼にみえるかたちで即座に現れるので、農学のなかでも生産者や消費者に支持されやすい花形の技術であるのだが、その分農民たちの欲望、さらには熱狂と強固に結びつく。この点、筑波常治《ひさはる》の指摘は重要だ。「あたらしい品種と化学肥料は、そのために特別な労仂を必要とせず、しかも収穫だけは多くなる。かれらがそれにとびつくのは、まことに当然な人間的欲求だった。(22)」このうえさらに、日本の稲作文化の中核にある天皇が、〈富国〉を食べることで、最先端の技術を駆使して開発された品種に歴史性と正当性を与えている。〈富国〉は、欧米由来の先端科学と「万世一系」という国家起源の「物語」を二つの車輪として疾走してきた近代日本の状況を象徴的に表しているのである。

また、ある意味で、〈富国〉は、生産者が目的のために技術を利用するのではなく、技術のために自分を利用せざるをえなくなる——という状況を生み出した。なぜなら、〈富国〉は、「肥料の多投」という抑えがたい「投資心理」をかきたてる品種であり、稲熱病や冷害に対する危険ばかりでなく、地力の回復のために肥料を用いるという基本的な事がらさえ忘れさせ、肥料のために米をつくるという本末転倒な事態をもたらしたからである。最終的には、自分が米を作るのではなく、技術が米を作るという状態になる。ただ重要なのは、たとえば〈富国〉に対して、農民たちが単なる作物の品種以上の何かを投影していたことである。品種改良は、単なる農業技術システムの一部門以上の意味をもっていた。直接家計に響く肥料と異なり、種子はほとんどの場合無料で配られる。しかも昨年と同じ労働力で増収可能だ。肥料代がさらに上昇することは確実であるのだが、新品種が放つ幻影をまえに、その問題はまずは棚上げされる。そこが品種改良という農業技術を考えるさいの前提である。

そして、〈富国〉のような肥料に高反応な品種は、一九二〇年代から全国各地で育成されるようになる。台湾、朝鮮、満洲でも、程度の差こそあれ「内地優良品種」が普及しはじめる。植民地では、米騒動がもたらした「内地」の米不足解消のため、一九一九年から植民地産米増殖計画がスタートする。それまでは、米不足は日本内地の問題であったのが、このときから、帝国日本全域の問題となった。日本に植民地産の米が移出されるようになり、それが安価であるゆえに、内地市場で評価が高まる。しかしながら、移出する側の植民地の農民は、良質な品種を食べることはまれであり、在来の食味の悪い（と内地の市場で評価される）米や、粟《あわ》や黍《きび》を食べる。帝国全域において、こうした米のサイクルができあがるのだ。

それゆえ、一連の植民地産米増殖計画のさきがけが、「北海道産米増殖計画」であったことは決して偶然ではない。朝鮮が良質米のフロンティアであり、台湾がジャポニカ米のフロンティアであったように、北海道はその冷涼な気候から、稲作一般の北のフロンティアであった。そこに日本の育種技術が存分にその腕を磨く実験場が用意されていたのである。そしてまた、稲作が未開の地であったという点でも、北海道は、他の植民地にもまして、大幅な収穫増が見込める領域であった。

一九四一年、〈富国〉は正式に満洲の奨励品種になり、実際に蚊河県の一部で育てられた。大東亜共栄圏の育種政策において、北海道という実験場が果たした役割は小さくない。

3 陸羽《りくう》一三二号の植民地

宮沢賢治の〈陸羽一三二号〉

君が自分でかんがへた

あの田もすつかり見て来たよ
陸羽一三二号のはうね
あれはずゐぶん上手に行つた

宮沢賢治の《稲作挿話》の一節である。少年（＝君）に稲作を指導するときにかける何気ない言葉を、賢治が淡々と綴った詩である。〈陸羽一三二号〉といえば、このフレーズがしばしば引用されるが、[23]〈陸羽一三二号〉という品種の特徴は、むしろそのつづきにはっきりと書かれてある。

肥えも少しもむらがないし
いかにも強く育つてゐる
硫安だつてきみが自分で播いたらう

この詩（未定稿）が雑誌『聖燈』に発表されたのは、一九二八年三月である。実はこの年は、満洲からの輸入肥料である大豆粕に、「硫安」が窒素分量換算で並んだちょうどその年でもあった。史上はじめて化学肥料が肥料の半分を占めたのである。これを機に、南満洲鉄道株式会社（満鉄）は、一九二七年に大豆粕の飼料転用を試みるため、愛知に飼料研究所を設置することを余儀なくされたほどである。以降、全国的に硫安消費は急速に伸び、化学肥料の多投に耐えうる品種が日本を席巻する。西日本では〈旭〉が、北陸では〈銀坊主〉が、そして東北では〈陸羽一三二号〉が、それぞれ普及しはじめるのがこの時代だ。これら三つの品種を一般に「水稲第二次統一品種」と呼ぶ。〈神力〉（中国・九州平坦部および山麓部）、〈大場〉、〈石白〉（以上、北陸）、〈愛国〉（関東平坦部および山間部）、〈坊主〉（北海道中央部）、〈亀の尾〉（東北平坦部）が支配的であった「水稲第一次統一品種」時代は、広域をカバーできる三大品種によって終わりを告げたのであった。

賢治は、「打続く冷害により主食にも事欠き疲弊した農村を救う」ために[24]、一九二六年から岩手県花巻やその近郊の農村に「肥料設計事務所」を開く。死の前日まで農民たちの肥料相談に無料で応じ、農村を巡回指導するなど、精力的に農業普及活動をおこなっていた。このころ、青森県、秋田県、岩手県南部、宮城県北部の各地方で（北陸地方は冷害の恐れがないためそれほど普及していない）、爆発的に普及しはじめていた〈陸羽一三二号〉を、賢治は相談に来る農民たちに奨励していた。硫安もセットで勧めた。「サムサノナツ」（《雨ニモマケズ》）に苦しめられてきた東北の農民は、冷害に非常に強く耐肥性も優れた早生《わせ》種の〈陸羽一三二号〉に大きな期待を寄せた。賢治は、肥料を軸とする農業技術普及を考えていたから、〈陸羽一三二号〉は彼の農民救済事業にぴったりの品種であった。しかしながら、賢治のきめ細かく優しい言葉によって少年に伝えられたのは、〈陸羽一三二号〉の育て方や、硫安の使用法ではない。冷害を克服するために必要不可欠な〈陸羽一三二号〉の硫安に対する依存性である。その意味で、《稲作挿話》は日本農業技術史の一コマを正確にとらえた作品といえる。

〈陸羽一三二号〉は、国家主導の人工交配によって生まれ大きな成功を収めた初めての品種である。秋田県花館村（現大仙市）にある農事試験場陸羽支場でその交配をおこなったのが、このころはまだ種芸部主任であった寺尾博とその助手の仁部富之助《にべとみのすけ》であった。一九一三年の夏の朝、寺尾と仁部は、風をシャットアウトした蒸し暑い温室に裸になってこもった。稲の開花はおおよそ午前九時頃から始まり一一時には完了する。花を閉じるのは午後一時である。その短いあいだに、あらかじめハサミで花の先端を切り雄しべを除いておいた母本〈亀の尾四号〉に、父本〈陸羽二〇号〉の花粉をふりかける。寺尾によれば、その交配によってできた籾はわずかに二粒であったという[25]。一年後に寺尾は育成からはずれるが、仁部を中心にこの二粒を七年にわたって育て淘汰していった末に、〈陸羽一三二号〉が生まれたのである。

〈陸羽一三二号〉誕生の背景には、一九〇〇年の「メンデルの法則」再発見という世界的な事件があった。これによって遺伝学の学知が世界同時展開で普及し、メンデルがエンドウ豆を実験に使っていたこともあって、植物育種にすぐに応用された。交雑によって生じた雑種第一代（F_1）では劣性形質は潜在して優性形質だけが現れ（優生の法則）、雑種第二代（F_2）では優性と劣性がそれぞれ分離し（分離の法則）、それぞれの遺伝形質は無関係に遺伝する（独立の法則）――この三つの法則をまとめてメンデルの法則という。稲は自家受精をする植物であるから、交雑するためには人の手が必要になる。これまでの品種改良が、突然変異か自然の交雑を待たなければならなかったのに対し、人工交配をすることで、いままで自然界に存在しなかった品種を、自然界ではありえなかった短い時間で作ることができる。〈陸羽一三二号〉とは、まさにこうした品種の先駆であった。寺尾自身が純系淘汰して育成した二つの品種の交雑によって生まれたのである。病気に弱いが多収で食味が良い〈亀の尾〉と、食味は悪いが冷害に強い〈陸羽二〇号〉のそれぞれの長所を、独立の法則にならって受け継がせようとするのが育種のねらいであった。

一九〇二年、札幌農学校の星野勇三によってメンデルの法則が紹介されると、一九〇四年、国立農事試験場畿内支場（現大阪府柏原市）の加藤茂苞《しげもと》が、全国ではじめて人工交配による交雑育種の事業を開始し、以後育種事業は地方分散的な「民間育種」から中央集権的な「官営育種」へと移る。民間育種家では、人工交配にかかる資金を集めるのが困難だからだ。一九〇五年頃には、ほとんどの各府県で純系淘汰された優良品種を指定し奨励するようになった。

それから十年あまり経った一九一六年三月三〇日、一連の整備の締めくくりとして、農商務省は、全九条の「米麦品種改良奨励規則」を公布し、品種改良をおこなう農事試験場と、各道府県に採種圃を設置し農民指導にあたる技術員配置をおこなう道府県農会に、国庫から奨励金を援助することを決める。[26] これによって、人工交配事業とその普及も国の援助のもと進められるようになった。また、地方への技術普及も活発化する。たとえば、同じ年の夏に、東京西ヶ原にある国立農事試験場で講習会が開かれ、全国から農業指導者や篤農家を集めて、講義、実験、技術指導がおこなわれた（加藤茂苞は「育種の実際について」というテーマで講義をおこなっている）。同年、農商務省農務局は育種の基本的な知識をわかりやすく解説した『米麦品種改良に関する参考資料』を作成し、全国の育種家たちの技術の向上と画一化をはかる。メンデルの論文の邦訳『植物ノ雑種ニ関スル試験』が永井威三郎（永井荷風の実弟）の訳で出版されたのもこの年だ。

〈陸羽一三二号〉は、西の〈旭〉、北陸の〈銀坊主〉とならんで、農民たちに根強い人気があった。山形県では、〈陸羽一三二号〉が育ちにくい環境でもあえて育成する農家が絶えなかったという。[27] 食味が良いため、市場の評価が非常に高かった。

朝鮮で普及した〈陸羽一三二号〉

宮沢賢治は、故郷の花巻周辺からほとんど出ることなく、一九三三年九月二一日に没する。だが、賢治が奨励した〈陸羽一三二号〉は、日本の東北地方にとどまらず朝鮮半島と大陸の「科学的征服」を進める。一九三五年頃からは「早期栽培用として鹿児島県の種子島に導入された[28]」し、すでに一九二三年には、植民地朝鮮の咸鏡南道農事試験場が〈陸羽一三二号〉を取り寄せ比較実験をしている[29]。では、〈陸羽一三二号〉はどのように朝鮮半島に普及したのであろうか。〈陸羽一三二号〉に限らず日本産優良品種の普及全般に最も重要な役割を果たしたのが、朝鮮の勧業模範場、のちの農事試験場であり、第四代場長の加藤茂苞であった。

加藤は、一八六八年五月一七日、山形県庄内地方の鶴岡で士族の長男として生まれた。この地方は、一八九三年に第一次統一品種のひとつ〈亀の尾〉(〈陸羽一三二号〉の母本)を育成した阿部亀治をはじめ、全国的に著名な民間育種家を多く輩出している(阿部は水田一〇アール、畑七〇から八〇アールしか持たない小作農であった[30])。一九二七年の秋には、庄内の民間育種家工藤吉郎兵衛にイタリアの稲の品種と〈高野坊主〉という品種を送り工藤が〈日の丸〉を育種するきっかけを与えるなど、地元との交流は加藤が農事試験場に勤めてからも続いていた。「加藤茂苞に技術革新の教えを受けた庄内の多くの在村指導者は茂苞を音読みにして「茂苞《もほう》はん」と呼んで敬愛した[31]」という。当時、朝鮮農事試験場の種芸部主任であった永井威三郎は、加藤について、「温厚謹直容姿端正で士風を具え」ていたが「多少蒲柳《ほりゅう》の質であった」と後年ふり返っている[32]。にもかかわらず、加藤の活動は日本と朝鮮にまたがるほどに精力的なものであった。一九〇九年農事試験場畿内支場で全国初の人工交配による育種を成功させたあと、一九一三年に農事試験場陸羽支場長、一九二一年には、九州大学農学部教授となり教鞭をふるう。加藤が朝鮮総督府勧業模範場（のちの朝鮮農事試験場）場長に就任したのは、一九二六年三月であった。

統監伊藤博文の命によって水原に勧業模範場が設置されたのは一九〇六年四月二六日のことである。当時、東京帝国大学の教授だった本田幸介が場長に任命された。このころ、ほとんどの農村ではまだ無肥料にちかい状態で水稲栽培がおこなわれており、灌漑もほとんど整備されていなかった。一九一〇年八月の「日韓併合」後、支場は、大邱、平壌、木浦、纛島、龍山の五ヵ所に設置され、各地の農業技術の向上をはかっていた。その後、幾度かの編成替えをへて、水原の本場、沙里院の西鮮支場、裡里の南鮮支場、普天堡の北鮮支場を中心として各勧業模範場（一九二九年以降、朝鮮総督府農事試験場に改称）は、日本品種の蒐集と選出に努めた。種籾を農民に配布し、また民間で生産した優良品種の種籾への交換を奨励して、優良品種の普及を試みる。その結果、中部から南部にかけては、〈早神力《はやじんりき》〉、〈多摩錦〉、〈穀良都《こくりょうみやこ》〉といった内地種が一九一五年頃から急速に普及し、北部では一九二三年頃から〈亀の尾〉が普及した。しかし、盛永俊太郎によれば、「当初は農民の多くは或いは成績に疑念を持ち、または事もなくそれらを嫌忌した」という。[33]「事もなく」という表現が正しいかどうかは別としても、やはり慣れ親しんだ在来米を模範場の指導で日本品種に変えることには、農民たちはかなりの抵抗を示した。また、日本産品種は、「相当に灌漑の便宜の備わった所にだけ適当するものだった」[34]。それゆえ、日本産品種を普及させるためには、朝鮮半島の灌漑設備を整備することが必要であった。

一九二六年、朝鮮総督府はさらに八一六万石[35]の増産をめざす産米増殖計画の更新を実施する。更新というのは、一九二〇年、すでに第一期朝鮮米増殖計画が、前年の北海道につづいてスタートしていたからだ。土地改良と肥料増施のために、一〇カ年計画で約三億五〇〇〇万円（一九二四〜二六年平均の朝鮮総督府歳出総計の約一・五倍[36]）の資金が割り当てられ、奨励品種も少肥向きから多肥向きへと変更された。〈多摩錦〉と〈穀良都〉は、一九二七年におこなわれた模範場の試験で、通常より肥料を倍にした場合、それぞれ二・七％、二〇・六二％減収することが判明、その一方で、北陸地方を席巻しつつあった多収・強稈の〈銀坊主〉は二・三八八％も増収した（〈陸羽一三二号〉のデータはなし[37]）。

ちなみに、〈銀坊主〉は、一九〇七年富山県婦負郡の石黒岩次郎の選出によるものである。石黒が〈愛国〉を栽培する田んぼにあまりにも多くの肥料を施して全部倒伏してしまったなかで、一株だけ茎が強く倒伏しない稲を見つけ、それを増殖したことから始まる、という。朝鮮では、一九二二年頃から、日本人によって栽培されはじめたが、総督府農試が一九二八年より「新潟、福井、富山、石川、愛知等の各試験場より早晩各系統の〈銀坊主〉種を蒐集し系統分離を施行し」、一九三二年に〈中生銀坊主水原一号〉〜〈同五号〉までを選出したことを皮切りに、遺伝的にも純系化した優良の〈銀坊主〉系統が組織的に普及していく。

さて、〈陸羽一三二号〉は、とりわけ北部において普及し、これまで優位にあった〈亀の尾〉を駆逐していく。〈亀の尾〉の「子」である〈陸羽一三二号〉が「親」の勢力範囲を受け継いだといってもよいだろう。一九三一年三月に黄海道、同年一二月に平安北道、一九三二年一月に平安南道、同年三月に江原道、同年四月に咸鏡北道で、〈陸羽一三二号〉は次々と優良品種に指定される。一九三二

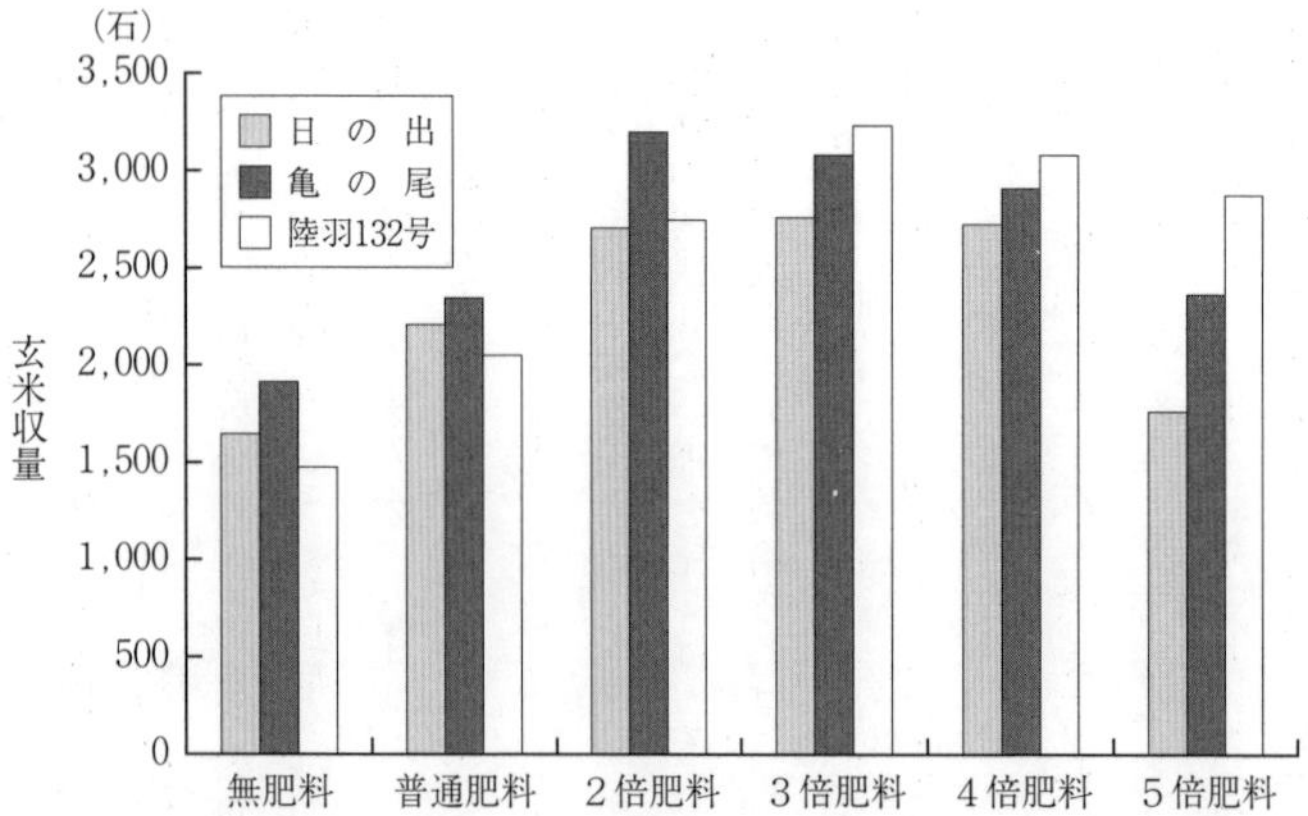

註1) 普通肥料区の肥料は，堆肥200貫，硫安3貫，過リン酸石灰4貫，草木灰10貫，大豆粕5貫（1貫=3.75 kg）。

註2) 「朝鮮に於ける水稲陸羽一三二号栽培状況」『朝鮮総督府農事試験場彙報』第6巻第3号，1932年，240頁より作成。

グラフ2　農事試験場西鮮支場における肥料用量試験（1931）

年九月の『朝鮮総督府農事試験場彙報』に掲載された「朝鮮に於ける水稲陸羽一三二号栽培状況」という記事は、この品種を普及すべき理由として、〈銀坊主〉についても言及しながらこう記している。

既銀坊主種系品種が従来の主要品種たる早神力或は穀良都を駆逐しつゝあると同様に本種〔〈陸羽一三二号〉〕が北部地方に於ける代表品種亀の尾にある程度まで代るものと思われる。蓋し早神力は今後の積極的増収栽培に不適当であり穀良都は粒形に於て内地市場の嗜好の変遷により従来程の声価なく両者共早晩減少を免れざる状態である。亀の尾は品質収量共に優良であるが欠点とするところは耐病耐肥性弱く、倒伏《とうふく》しやすきことで増肥により収量を挙げ《ママ》んとする場合には安全ではない。〔……〕／本種の特徴とするところを列記す

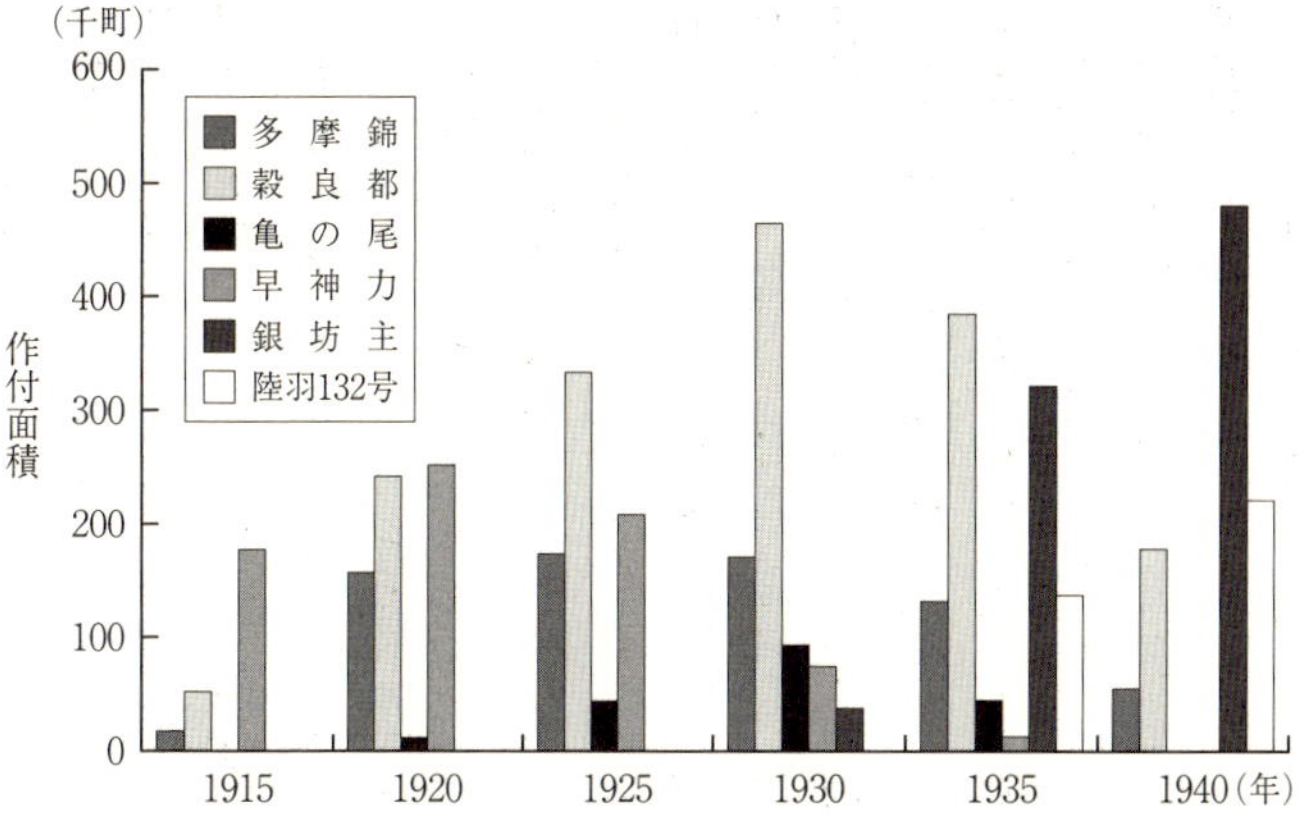

註 1） 出典は，菱本長次『朝鮮米の研究』千倉書房，1938年，140-141頁，朝鮮総督府農林局『朝鮮の農業』1940年，79頁，『同左』1942年，85頁。

註 2） 1940年の〈亀の尾〉と〈早神力〉はデータ欠。

グラフ 3　朝鮮における主要優良品種の変遷

れば（1）品質良なること。（2）慣行栽培でも相当収量あること。（3）稲熱病に抵抗性強きこと。（4）増肥により収量を増加し得ること等を挙げ得るのであつて増肥栽培には好適した品種である。[38]

「積極的増収栽培」のためには、増肥に耐えうる倒伏しにくい品種が必要だ、という趣旨である。実際、この記事には、一九三〇年西鮮支場でなされた試験結果を掲載されている（グラフ2）。このように増肥すればするほど〈陸羽一三二号〉の成果がよくなり、逆に肥料が少なければ少ないほど他の品種にくらべ成績が劣ることは、北部のほかの支場でも確認された。[39] 要するに、〈陸羽一三二号〉は、従来の品種と比べれば「肥料依存症」的な品種といってよい。

以上の理由から、〈銀坊主〉と〈陸羽一三二号〉の栽培面積はこれまでの耐肥性の低い内地種にかわって急速に拡がる（グラフ3）。

朝鮮において〈銀坊主〉と〈陸羽一三二号〉が普及しはじめる時期は、内地において〈陸羽一三二号〉、〈銀坊主〉、〈旭〉という第二次統一品種が普及しはじめるのと七年から八年の差がある。だが、朝鮮の場合は「内地」に比べその普及は迅速であった。一九四〇年代に入ると、朝鮮半島も優良交配品種による画一化がほぼ達成される。

もちろん、灌漑事業の組織化や、硫安をはじめとする窒素肥料の大量生産（グラフ4）という基盤の整備があったことは見逃せない。それを担ったのが、日窒コンツェルンの朝鮮進出であった。一九二七年、興南（咸興の南）に化学工業地帯がそれに必要な水力発電および送電網とともに建設され、化学肥料や火薬の生産を担った。それらがお互いに刺激を与えあって、朝鮮半島の稲作構造を生態学的に改造していったのであり、品種改良だけが増産を担ったわけでは決してない。それでも、品種改良が重要なのは、現地の警察権力の投入を背景とする灌漑事業にせよ、巨額の資本を必要とする窒素肥料にせよ、とりわけ多くの現地労働力と資本を必要とする事業と異なり、現地の農民たちのあずかり知らぬところで比較的安価な資本を投入して種籾に遺伝情報をプログラミングすることによって、間接的に稲作生産の現場を支配できるからだ。これによって米の質は向上し、日本内地の市場に浸透しやすくなる一方で、朝鮮の農民たちは、高価な硫安を購入しつづけることを強いられる。たとえどんなに地方の生態系に適した品種でも、少量肥料では成長力の弱い従来の品種に後戻りすることは不可能だからだ。

一九三四年、産米過剰がもたらす米価下落対策として、朝鮮の第二次産米増殖計画は中止となる。

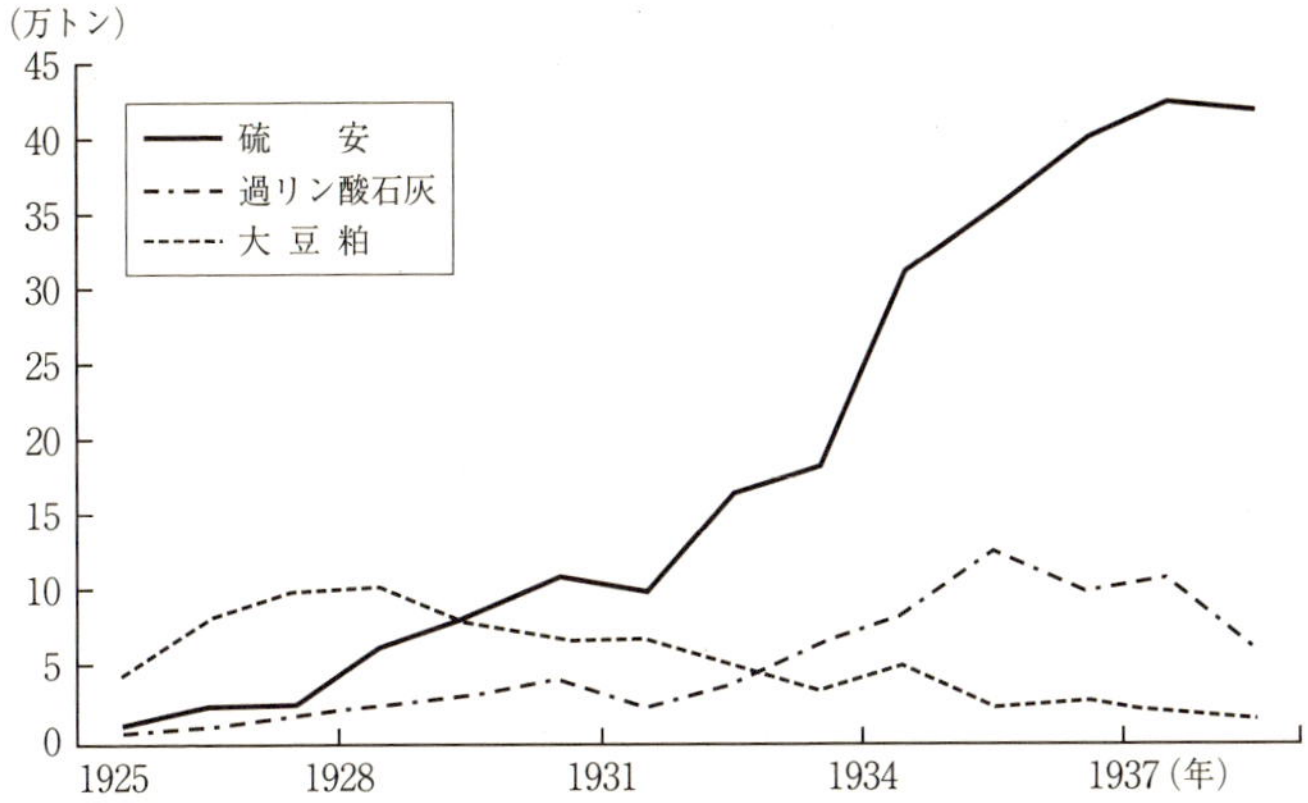

註）　出典は，『朝鮮の農業』，1933年，136-139頁，『同左』1940年，196-200頁。

グラフ4　朝鮮における硫安の消費量

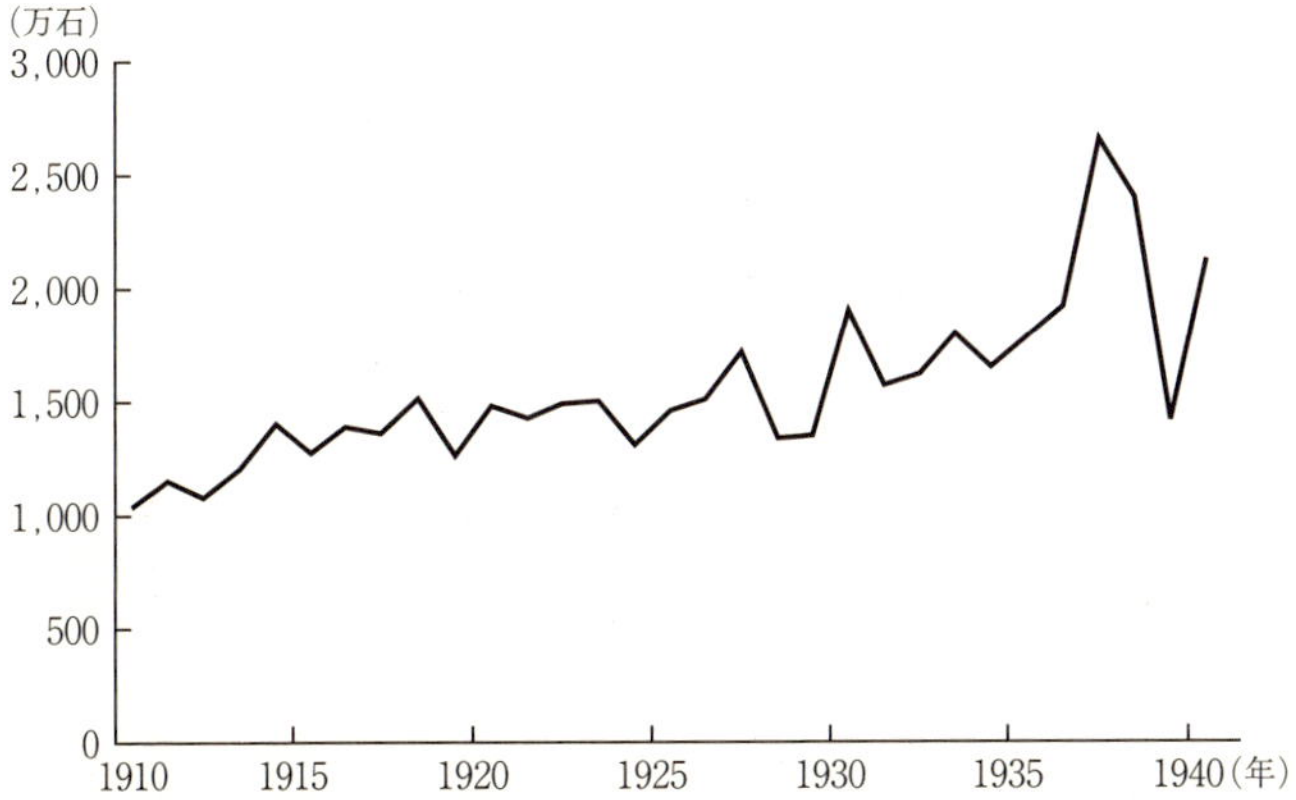

註1）　出典は，『朝鮮の農業』1937年，48-50頁，『同左』1942年，82-83頁。

註2）　1919年，1939年において収穫高が減少しているのは，干ばつによる。

註3）　1926年以降は，新調査方法により作付反別は畦畔面積を除き，実際作付されている面積を意味する。

グラフ5　朝鮮における米の収穫高

だが、〈陸羽一三二号〉も〈銀坊主〉もその作付面積を加速度的に拡大し、米の生産量は上昇を止めなかった（グラフ5）。技術の発展には、ブレーキがかかりづらい。目的のために技術を生かすのではなく、技術のために目的を変える技術主義社会到来の萌芽がここにかいまみえるのである。

満洲の品種改良──〈陸羽一三二号〉と〈農林一号〉

満洲の稲作は、朝鮮半島から満洲の南部を中心に移民してきた朝鮮人農民によって担われていた。移民は、一九世紀の中頃から断続的におこなわれていたが、とりわけ一九一〇年の「韓国併合」後困窮化し、満洲に逃げ道を求めた朝鮮人によって担われた。最も広く用いられていた品種は、朝鮮の在来種〈京祖〉であった。〈京祖〉は食味が良く栽培もしやすいが、成熟期になると脱粒しやすいという欠点をもつ。また、肥料に対する反応もよくなかった。

朝鮮人農民が慣れ親しんでいた在来種から内地優良品種への移行を試みたのが、満鉄農事試験場であった。一九〇六年一一月に設立された満鉄は、一九一三年、公主嶺に産業試験場を設置、熊岳城にも分場を置き、一九一八年一月には、産業試験場を農事試験場と改称した。『南満洲鉄道株式会社農事試験場要覧』（一九一九年）によればその目的は「専ら満洲重要農作物の改良増殖に関する試験と畜産改良に関する試験研究を行ふこと」であった(40)。当初の研究は、大豆、高粱、粟、トウモロコシ、亜麻、綿花、綿羊などが主であったが、満鉄附属地近辺の日本人の増加による米の消費量の増大や、米騒動を契機とする産米増殖計画の刺激などにより水稲面積は急激に増え、農事試験場も内地から優良品種を取り寄せて、さらに交配育種に努めた。

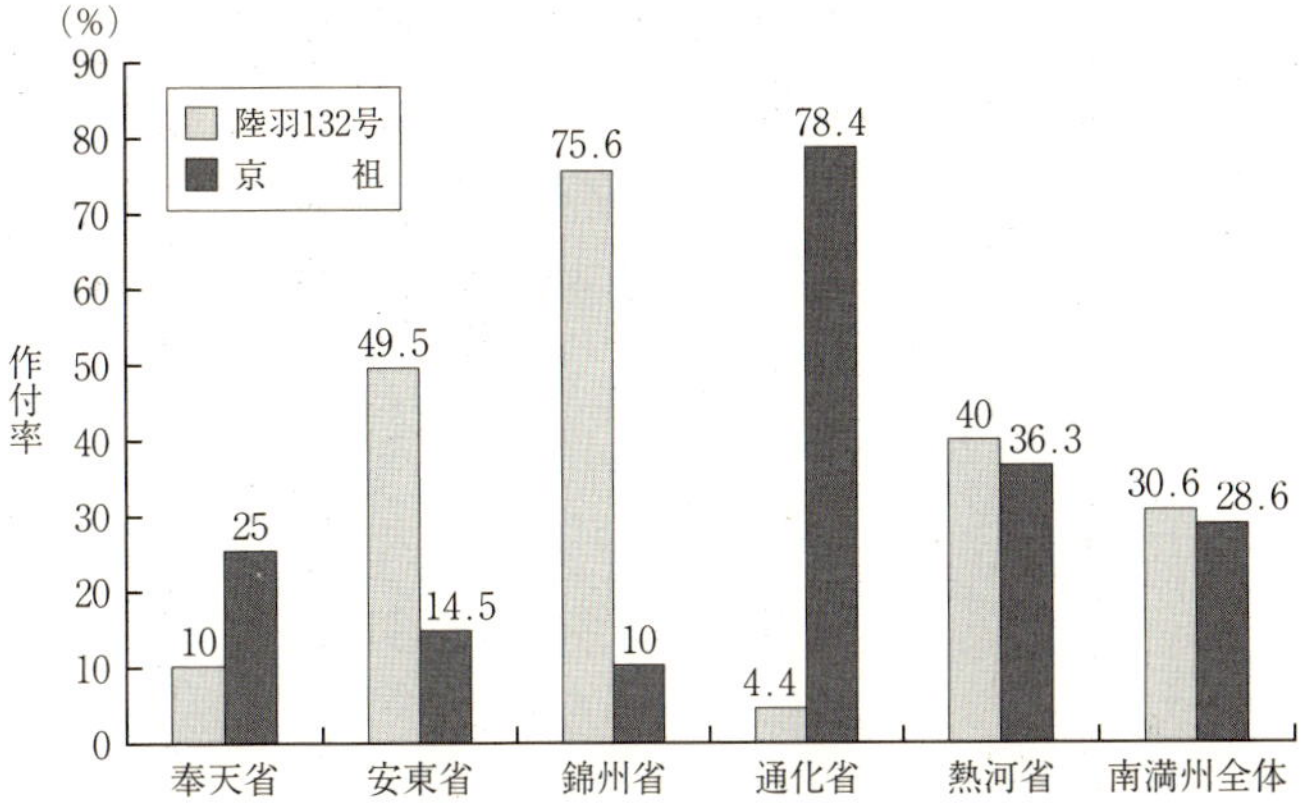

註）出典は，満洲農学会（編）『満洲水稲作の研究』1943年，21頁。

グラフ6　南満洲における水稲作付面積率

一九二九年、満鉄農試熊岳城支場は、〈陸羽一三二号〉を奥羽試験場から取り寄せ、品種比較試験を開始する。〈陸羽一三二号〉は、一九三四年頃から南満洲を中心に普及し、一九四一年の満洲農産物の奨励品種査定委員会で、〈富国〉とともに奨励品種粳《うるち》一六種のうちのひとつに選ばれた（ほかには、熊岳城農試で育成された〈興国〉〈興亜〉〈弥栄〉といった時代色の強い名称の内地種交配品種も選ばれている）。一九四〇年産の南満洲における〈陸羽一三二号〉と〈京祖〉の作付比率は、グラフ6のとおりである。地域によって差があるが、全体としては、在来種の〈京祖〉を二％ほど上回っている。

そして、〈陸羽一三二号〉につぐ将来の主要品種として期待をかけられていたのが〈農林一号〉である。実は、この〈農林一号〉の父は〈陸羽一三二号〉であった。庄内の農民が発見した北陸の気候に合う短稈早生の〈森田早生〉[41]を母本とし、その雌しべに東北型の〈陸羽一三二号〉の花粉をふりかけて交配したのが、

〈農林一号〉なのである。

では、〈農林一号〉とは、どのように生まれた品種なのだろうか？

一九二六年、寺尾博は「水稲育種試験地事業」の整備に着手、これによって、全国は九つの生態系に分けられ、兵庫県、新潟県、熊本県、宮城県、埼玉県、岐阜県、島根県、高知県、北海道のそれぞれに指定試験地が置かれた。雑種第三代（F_3）頃までの人工交配の初期世代の選抜は、鴻巣試験地と奥羽試験地が担当するが、その後、九つの指定試験地は、配布された育種材料について検査試験を実施し、有望な系統を選抜し、形質を固定することができれば、系統名をつけ、各道府県の試験場に配布することができる。各道府県農試は、適応性試験の結果、地域に適した有望な株が見つかれば、奨励品種に採用し、県内に普及させる。そして、農林省が新品種候補審査会を開き、その審査を経て新品種を認定する。これらは、水稲農林番号品種として登録されるのである。[42]まさに「国の農事試験場を頂点とした、中央集権的なピラミッド的組織」であった。[43]こうして、品種による遺伝情報は、各地域の民間育種家の手から離れ、世代をこえて伝承される国民の「文化遺産」となったのである。

このシステムで育成された最初の品種が〈農林一号〉であった。育種に携わった主な人物は、並河《なみかわ》成資《しげすけ》、そして助手の鉢蠟清香《はちろうせいか》と村山幸栄である。一九二四年に東京帝国大学農学科を卒業後、一年の兵役を終えた並河は、新潟県長岡市の農事試験場北陸水稲試験地主任として赴任する。〈森田早生〉と〈陸羽一三二号〉の交配をした雑種第五代の種子が、農林試験場奥羽試験地（旧陸羽支場）から並河のもとに送られてきたのは一九二七年、早速選抜を開始し、雑種九代目、つまり一九三一年に〈農林一号〉を育成した。その選抜の過程を、丸山義二はドキュメンタリータッチで次のように描いている。

まず、イネを刈り取るまえ、系統別によい穂をえらんで、イの何番とか、ロの何番とか、一株一株に番号をかいたこよりをむすびつけておく。そうして、ながい冬のあいだ、毎日、毎日、作業小屋にこもって、綿密な室内実験をつづける。稈長、穂長をはかり、穂数、穂重、粒のつきぐあいを調べ、それがすむと、いよいよ本番にはいって、村山助手が例のこよりの番号をよんでは一株一株と並河技師へ手渡していく。

それを並河がうけとって、きらりと一瞥《べつ》、「イの三番、上の下」とか「ロの十番、中の上」とか、ひらめくような早さで、等級をつけていく。それをうけて、一つ一つ、オウムのようにくりかえしながら、鉢蠟技手が記録にとっていく。(44)

横山敏男『満洲水稲作の研究』

〈農林一号〉は、早生、多収、良質で、かつ北陸待望の早場米として急速に普及する。一九三四年には、熊岳城農試が取り寄せ、試験を開始している。一九四〇年に奨励優良品種として選ばれた〈農林一号〉は、最南部地域で二〇%、南部地域で一五%の割合で奨励されている。(45)管見の及ぶかぎり最も新しい調査は、一九四二年七月下旬頃に横山敏男がおこなった調査である。海城県では、上から〈農林一号〉六〇%、〈陸羽一三二号〉二〇%となっており、〈農林一号〉が〈陸羽一三二号〉を抜いている。(46)また、瀋陽県でも〈農林一号〉、〈陸羽一三二号〉、〈亀の尾〉、〈衣笠〉(高知県由来の品種)が主な作付品種であるという記述もある。(47)「満洲国」全体としてみれば〈農林一号〉の占める割合はまだまだ少ないが、横山敏男の一九四五年六月に出版された『満洲水稲作の研究』の言葉を借りるならば「大東亜戦争の勃発とその長期化に伴い、食糧の増産と之が配給の適性化は戦力増強の重要なる一環として最大且つ喫緊の問題」であり「満洲に於ける米作の歴史は極めて浅く、その技術的経営的生産力の段階は未だ幼稚の域」を脱していない以上、戦時の満洲南部地方における〈農林一号〉の普及は必要不可欠の技術的課題であったにちがいない。ちなみに、北海道農事試験場上川支場で交配された農林系統である〈農林一一号〉と〈農林二二号〉は、その卓越した耐冷性のゆえ満洲北部にも伝播したという。しかし「満洲国」は、農林系統品種による稲作の展開をほとんどみぬまま、崩壊を迎えた。

横山敏男は、『満洲水稲作の研究』の「結論　満洲水稲生産力の隘路と之が打開」で、「北方寒地農業としてこの水稲作のもつ自然的技術的限界が反省せられて、むしろ米に関する限り南方資源に依存すべきであり、米に代はるべき」という「声」を批判して、こう述べている。「東亜圏内全体の米穀需給よりすれば、日本内地は仏印・タイに依存すべきでなく、むしろ仏印・タイの米穀は支那に振り向けられるべきであり、内地の不足分は朝鮮、台湾等外地竝に満洲をも含めてのブロックに依存すべきであり、第七六議会に於ける井野農相の言明もまさにその通りであつた。」[48]

しかし、大東亜共栄圏のいわば稲作劣等生である「満洲国」には、総力戦体制のなかで、井野や横山が主張するような稲作拡大の余力は残されていなかった。ハルピンにある開拓研究所分所は水稲作の研究を馬鈴薯の研究に改めざるをえなかった。このような物資不足・食糧不足の戦争末期においてさえ、横山が最も期待をかけたのはやはり、稲の品種改良であり、奨励品種の普及であった。その理由を横山は日本内地の品種改良の歴史にみる。「明治以後に於ける日本内地に於ける稲作生産力発展は、勿論化学肥料の導入に依ることも多いが、その最大なものは在来品種を淘汰して、優良品種を経営内にとり入れていつたことに依る。」そしてそのためには——

台湾に於て蓬萊種を普及するために、警官立会の下に強制的に農家手持の在来品種を交換せしむる方策がとられたことがあるが、恐らく新品種の普及のためには、そのやうな荒治療も当然考へていい〔……〕(49)

横山敏男は、かつてプロレタリア文学の理論家「池田寿夫」として名を馳せた転向者であった。横山は、『満洲水稲作の研究』の特徴として、「足まめに全満主要米作地帯を歩き回り、白衣の鮮農をオンドルの上で具体的に調べた生きた報告の蒐集である」と自負し、「鮮農の実態を明かにすることはそのまま満洲水稲作の実態を明かにすること」であると断言していた。また、満洲を日本の文化一色で塗りつぶしてはならない、日本の開拓民は「鮮農」が時間をかけて築いた既存の水田を奪ってはならず開墾すべきだ、と帝国日本農政を戒めてさえいた。「鮮農」の多くが優良品種の米を食べられず、雑穀を食べていたことも当然知っていた。『満洲水稲作の研究』は、猪俣津南雄《つなお》『窮乏の農村』(一九三四年)、板谷英生《いたやえいせい》『東北農村記』(一九四三年)に匹敵するかそれ以上の濃密さで農民の生活実態に寄り添った稀有の著作であるだけにいっそう、新品種を「荒治療」を用いてでも普及させるべしという横山の提言は一見乱暴にみえる。しかし、「荒治療」と「鮮農」への愛着は、横山のなかで矛盾してはいない。優良品種の普及は、横山にとって、おそらく「鮮農」を貧困から救いだす最も容易な速効性のある手段であったからだ。横山はいう。「肥料が肥料としての効果をあげるためには、改良された品種の普及が先行しなければならぬ。」これは、はじめに硫安ありき、という従来の風潮へのアンチテーゼでもあった。化学肥料の重要性は否定できないにせよ、横山の品種改良至上主義には、硫安資本に依拠する農業から逸脱する可能性が残されていた。しかし、それは、満洲国の崩壊とともに消えた。

それゆえ、横山が大東亜共栄圏のなかで最も品種改良政策のうまくいった台湾の例をもちだすのは必然である。

4　台湾の蓬莱米

農民導師

満鉄農試は、朝鮮総督府農試と同様、自ら新品種を創出しそれを普及させるよりはむしろ、内地品種の選抜によって得た種子を優良品種として普及させることが多かった。しかし、台湾の場合は異なる。日本帝国の膨張過程において最も早くに吸収された台湾は、朝鮮や満洲よりも農事試験場の設置がはやく（一八九六年）、第四代台湾総督・児玉源太郎の「米穀を増産し、島民をして三食に飽かしめ、余剰を移出し、以つて農民の利益増進を期するよう全力を尽くせ」という一八九八年の就任時の言葉に明示されるように、米の増産、改良、そして「内地」への移出は、糖業の振興とともに早期から重

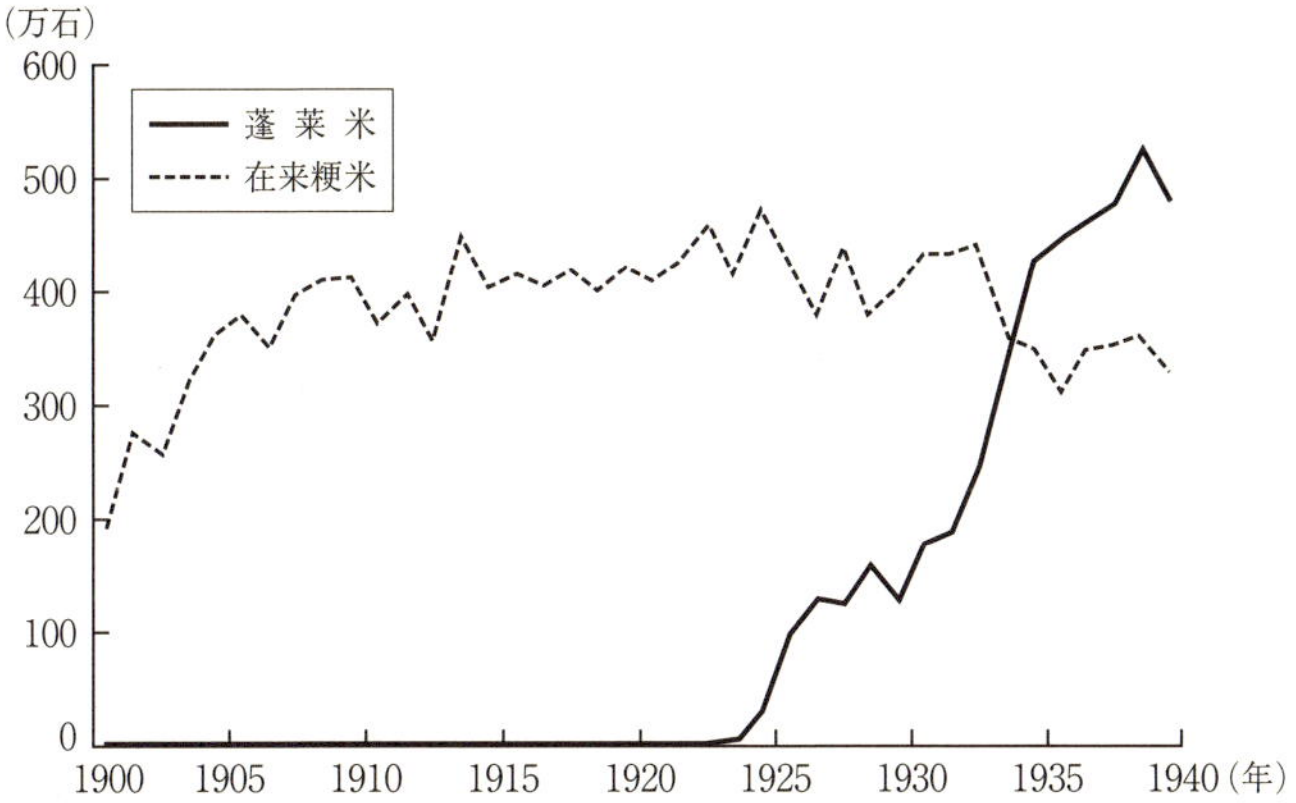

註）出典は，台湾総督府米穀局『台湾米穀要覧』1940年，9-12頁。

グラフ7　台湾における蓬莱米と在来米の収穫高の変遷

要な課題として認知されていた。一九〇七年には総督府が米種改良事業に本格的に乗り出し、一九一五年からは各庁農会に補助金を交付して育種場を設置させたことで、一九二〇年代には、ほぼ日本内地と同じ水準の技術力と普及システムによって、在来種および内地種の優良品種の選別と交配をおこなっていた。

もちろん、一九三〇年三月の烏山頭ダム完成に象徴される水利事業も、八田與一と中島力男によって急ピッチで進められた。そして、島根県由来の民間品種〈亀治〉と一八九〇年代に西日本を席巻した〈神力〉を交配育成した〈台中六五号〉（台中農試で一九二七年に育成）等の優良品種を、グラフ7のように普及させたのである。〈台中六五号〉は、稲熱病に強く、肥料への反応性も高く、〈陸羽一三二号〉や〈農林一号〉ほどではなかったにせよ、当時としては品質も良かったため、一九三五年頃には、全蓬莱米作付面積の約七六%、一九三九年には、八二・八%を占めた[50]。「蓬莱米」はまた、米騒動以来慢性的な米不足に悩む内地に移出し、二期作の利点とその安価さを生かして、内地の市場に進出した（早場米で外地米よりは食味の良い〈農林一号〉はやはり早場米の台湾米への対抗馬でもあった）。

「蓬萊米」の命名者は、第一〇代台湾総督伊澤多喜男である。すでに台湾における在来種一〇〇〇余りを調査整理していた育種技師磯永吉は、「蓬萊米・新高米・新台米」の三つの名前を伊澤に候補として提出していたが、台湾が古来より「蓬萊島」と呼ばれていたことから「蓬萊米」と命名された。一九二六年五月五日、台北鉄道ホテルで開催された日本米穀会第一九回大会の場で命名式がおこなわれ、列席者は「声高らかに蓬萊米と三唱し」「急霰の如き拍手を以ってこれを迎えた」という。[51] なお、植民地台湾の品種改良技術の優秀さを示すのは、「蓬萊米」ばかりではない。数量的には少ないが、従来不可能といわれていた台湾在来種（インディカ米）と日本内地種（ジャポニカ米）を世界ではじめて交配させることにも成功した。

まさに「稲も亦大和民族なり」は台湾でこそ最も華々しく実現されたといってよい。磯永吉とは、こうした台湾における一連の品種改良事業を担った人物であった。第二次大戦後も磯は現地の人々に請われ中華民国の顧問となり、一九五七年に帰国したという。磯が日本へ帰るとき、台湾関係者から送られた式辞のなかに下記のようなものがあった。

農民導師　神農遺風

恵徳裕民　蓬萊宝島

（台北市長　黄啓瑞）[52]

〔……〕先生は暑いときも寒いときも全省各地を歩き回り、農村実地でわれわれ農民を親身になって指導してくださった〔……〕。田舎の人間にこれほどまで愛顧指導をしてくださった御恩と御徳をいつになったらお返しできるのか分かりません。

（農民代表　張深渕）

黄昭堂は『台湾総督府』（一九八一年）のなかで、のちに台北帝国大学の教授になる「磯永吉」の名前を挙げ、「戦後、台湾人が親日的傾向に転じたのは、かつて自分たちが教えを受けた国民学校をはじめとする各級学校の教師への敬愛の念がそうさせた」[53]といっている。また、台湾政府は、磯の帰国にさいし「毎年二〇俵（一二〇〇キロ）の蓬莱米を彼に贈ることを約束し、深謝の意を表明した」という。[54]「食糧管理法の関係で、直接受けとることができず、米は換金されて磯に贈与されたらしい」が、以上のことからも、上記の献辞が単なるお世辞ではないことがわかるだろう。農民を導く技師として、たしかに磯永吉は台湾農業の発展をもたらした。

とはいえ、寺尾博が「稲と大東亜共栄圏」で言及していた南方稲の調査をおこなったのも、同じく磯永吉であったことを無視することはできない。「自分は総督〔後藤文夫〕の命により旧仏印・タイ・ビルマ・マレー・印度・ジャワ・フィリピンの稲作事情並びに米取引関係調査のため、台湾を出発した。」[55]筆者は調査報告を未入手なので、この調査がどういうものだったかはわからない。ただ、農相の井野碩哉《ひろや》の「南方地方米作の蓬莱米転換を採らず」「内外地自給自足を堅持」するという衆議院予算総会での発言にみるように、(56) 蓬莱米の「南方」への進出は結局果たされることはなかった。

蓬莱米が向かったのは、南ではなく東であった。沖縄県農事試験場（一八八一年設立）の八重山支場技手、仲本賢貴《けんき》が、一九一五年に台湾にわたり、内地品種を持って帰って試作し、一九二九年には〈台中六五号〉等の普及にいたった。〈台中六五号〉は、一九三〇年には、西表島、小浜島、波照間《はてるま》島などにも波及し、台湾東端までおよそ七四キロメートルの与那国島にも伝播し、在来種を一掃した。(57) こうした広がり方から、〈台中六五号〉は、〈陸羽一三二号〉と並び、「稲の大東亜共栄圏」を北限と南限をそれぞれ象徴するモダンタイプの二大品種といってよいだろう。

蓬莱米の生産者たち

では、蓬莱米普及に対する台湾農民の反応はどんなものであったのだろうか。ここでは、ひとつのエピソードを分析しよう。

これは、反対する妻を押し切って蓬莱米を導入した夫が、一年後予想以上の報酬を得て、その札束で妻の頬を叩くというものだが、同じ話を紹介する磯の『増補版蓬莱米談話』（一九六五年、初版＝一九六四年）と磯の助手であった末永仁の『台湾米作譚』（一九三八年）では、強調する点が異なり興味深い。このわずかな違いが、当時の台湾農民の微妙な立場をあらわしているように思える。まず、磯の『増補版蓬莱米談話』からみてみよう。

話は中部沙鹿の一農家のことである。米商の勧誘に応じて、蓬莱種を作ろうとしたが細君が仲々承知しない。果ては夫婦喧嘩にまで展開したが、夫君は暴断で押し勝った。やがて収穫期になってみると、穰々たる黄金の実のり、妻君もまんざらわるい気持もしない。
くだんの米商がやって来て、収穫全部を買取った。夫君は、その代金がかねての胸勘定より遥かに多いので喜びのあまり、札束を握って屋内に走り込み、大声で愛妻の名をきせわしそうに呼びつづけた。「何事ならん」と出て来た妻君の頬辺を、札束でいとも可愛げに「此奴め、此奴め」と幾度もはたいた。その時ばかりは、はたかれながらも、うっとり、にっこりと夫君を見上げた《〔ママ〕》いたと云う[58]。

つづいて、末永の記述――

当時〔大正一二年前後〕台湾産内地米には内地種と云ふ銘柄が附けられ、内地に歓迎せられたため、米商側でも非常に宣伝して農家の栽培を勧めたものです。台中州下の内地種米栽培の元祖は大甲郡梧棲街鴨母寮の王文進と云ふ人でありますが、此は沙鹿の米商陳情秀氏が種子を台北から取寄せて作らせたのでした。之を栽培することについて同人の妻はそんな作つたこともない判らない稲はおよしなさいと云つて拒んだのでしたが、耕作の結果は相当なもので、殊に米商の方で御祝儀相場で買つて呉れたので、在来米よりも非常な利益となり、大喜びで帰宅して札束で妻君の頬を叩いて勝利を誇つたと云ふ喜劇もあります[59]。

磯永吉が、札束で妻君の頬を叩くシーンに蓬莱米の勝利をみていることは明らかだ。しかし、末永がこの話で示しているのはそれだけではない。

第一に、総督府の技師が推奨する新来種へのぬぐいがたい拒絶感である。「そんな作つたこともない判らない稲はおよしなさい」という「妻君」の頑なな抵抗は、新品種導入の第一歩がどれほど台湾の農民にとって勇気のいることであったかを示している。この点、『台湾米穀経済論』（一九四一年）を著した川野重任の、この話に対するコメントが示唆的である。「総て『未知』のものは循環の途を歩く農民達にとつては禁忌である／農業に於ける新生産方式の導入の過程、その冒険的性格、及び農民の対応の仕方は極めて暗示的である。」川野は、新品種拒否の構造を農民一般の心情の問題として片づけているのだが、夫婦喧嘩をし一年間導入を拒みつづけた「妻君」には、おそらく三重の違和感があったのではないか。すなわち、新来の人間が、新来の技術によって、新来のジャポニカ米を奨励することへの違和感である。

それとの関連で、第二に磯の話から抜け落ちているのは、その違和感を払拭する方法に対する視線である。米商人が「御祝儀相場」で買ってくれたとあるが、違和感は、換金されることで消えたのではないはずだ。たとえば、一九二六年の第一期作蓬莱米が未曾有の稲熱病の被害にあい、磯永吉が「胸に五寸釘をうたれるおもいを以って被害地を見廻」っていたとき、「たとえ蓬莱米が、あひるの卵程の大きさの粒になることがあっても、一生涯決して蓬莱種は作らない」という農民の怨念まで耳にしている。この言葉に、農民一般の「禁忌」だけをみるのは、無理があるだろう。ここには明らかに違和感のみならず憤怒の情が含まれている。なるほど、磯は、翌年また同じ農家を訪れてみると、その農家はやはり蓬莱米を作っていた、と述べ、蓬莱米が信頼を得た証左としてこの話を語っている。ただ注目すべきことに、その主な理由は「売って見たら在来米より儲かったから」というものであった。

以上のエピソードから考えると、たしかに蓬莱米の品種は、それに対する人間的信頼関係によって生産農家の拒絶感を和らげた面もあったかもしれない。だが同時に、蓬莱米の圧倒的な換金性によって新しい品種に対する拒絶感から目を背けさせたということも否定できないだろう。

〈陸羽一三二号〉は、在来種と拮抗しながら朝鮮や満洲で普及したが、〈台中六五号〉をはじめとする蓬莱米は、台湾や八重山列島の稲の品種地図を完全に塗りかえた。しかも、この品種改良技術は、従来インディカ米が主流だった台湾や八重山列島をいわば「ジャポニカ米の大東亜共栄圏」のなかに編成しなおすことに成功した。こうした面から、蓬莱米の普及は、いま現在でさえ、技術者の美談として語られやすい。たとえば西尾敏彦はこう述べる。「戦争によって近隣諸国にはかりしれない多大の迷惑をかけた。だがそのかげで、かの地の農業の振興に身命を賭した日本人研究者がいたことも事実である。〔……〕磯永吉らの活躍は、その一例であった。[60]」しかし、台湾の水稲品種を変えてしまったことで生まれた「妻君」の「拒絶感」は、じつは何ら解決されていない。磯永吉は、「農学栄えて農業滅ぶではない」をモットーとし、日本農学の先駆である横井時敬《ときよし》の有名な言葉「農学栄えて農業滅ぶ」という農学批判を完全に否定する科学者であり技術者であった。磯にとって、農学とはそれ自体で独立に存立するものだからだ。けれども、磯が開発した蓬莱米は、それが放つ強烈な魅力によって、単に農業構造のみならず、台湾の社会構造と心理構造をその両面からダイナミックに改変したのである。

5　日本植民地育種の遺産——結論

山口謙三の〈富国〉、寺尾博の〈陸羽一三二号〉、石黒岩次郎の〈銀坊主〉、並河成資の〈農林一号〉、磯永吉の〈台中六五号〉。これら耐肥性の卓越したモダンタイプの品種は、北海道、朝鮮、満洲南部、台湾で文化の日本化に多大なる貢献をなした。それを支えるのは、寺尾の「稲と大東亜共栄圏」にみるように、技術の劣る地域に、日本の優秀な育種技術を転用するという科学技術主義的な考えかたであった。タイやフィリピンなど「南方」の稲作地帯には、日本産の品種を移転することはなかったが、寺尾たちは、「南方種」を「日本種」と混交し、新しい品種を作るプロジェクトを進めていた。

一九四二年一〇月一六日付夕刊の『東京朝日新聞』には、「南方種と結ぶ強い米　寺尾博士の新品種研究実る」という記事が掲載されている。「農事試験場では場長寺尾博が二〇年前から続けた南方種の強い耐病性を日本種の多収穫性と結合させる研究が実を結んで大東亜民族の主食たる米を通した大東亜建設の構想が今や成りつ、あり〔……〕ジャワの品種が我が亀ノ尾〔……〕等と高度の和合性を示す事も判つた。〔……〕これと平行して愛知県安城農試で外国系〔＝中国系〕陸稲戦捷と日本系畿内晩種の交配から一八年の研究を通じて略《ほぼ》目的にかなふ〝双葉〟を得た。〔……〕日本は勿論、満洲国、北支をはじめ大東亜各地に黄金の穂波を打たす大本は掴めたと、寺尾博士以下研究関係者は確信している。」ここには、科学者が夢想する大東亜共栄圏の「科学的征服」が語られている。しかし、結局、「稲の大東亜共栄圏」は、南満洲地方を北端、台湾を南端とするきわめて限定的なものでしかなかった。寺尾の夢は、ついに実現しなかった。

〈富国〉の山口は一九九一年、〈陸羽一三二号〉の寺尾は一九六一年、そして、〈台中六五号〉の磯は一九七二年に死んだ。〈農林一号〉の並河は、一九三七年一〇月一七日の神嘗祭の日に山科で首をくくって死んだ。天皇による収穫の儀式の日をあえて選んだのか、単なる偶然だったのかは知るよしもない。自殺の原因も諸説紛々である。〈農林一号〉の成功によって姫路の小麦試験地に栄転したのに芳しい成績を残せなかったために責任を感じていたという説や、神経衰弱だったという説、さらには、農事試験場のトップにいた寺尾博とのいさかいが原因だったという説まである。[61] いずれにせよ、当時すでに戦争遂行国家のプロジェクトでもあった品種改良が、それだけ極度の緊張度と重圧を並河に与えたことが、想像できる。[62]

こうして丹精を込めて育種家が育てた品種はたしかにもはやほとんど栽培されていない。しかしながら、寺尾の育種技術は残り、支配システムとしての官営育種体制もますます発達したことで、彼らの夢は受け継がれる。とりわけ重要なのは、彼らの育成した品種は、その肥料に高反応であることから、化学工業資本と密接不可分の農業システムの萌芽を生み出し、アメリカなどの先進資本主義国の地球規模の食支配（＝「緑の革命」）のひな形を作りあげたことである。磯がその純系分離にかかわった在来種インディカ米の〈低烏尖頭〉は、一九六六年フィリピンの国際稲研究所（ＩＲＲＩ）で交配育成され、「ミラクル・ライス」と呼ばれた〈ＩＲ－８〉の母本となった。これに関しては、台湾における磯の活躍を手放しで賞賛する西尾敏明が、皮肉なことにはっきりと述べている。「有名な『緑の革命』は、国際稲研究所などで育成した稲・小麦などの品種が、東南アジアや中南米の発展途上国農業に〈軌跡の増収〉をもたらしたというものである。だが、それに先立つこと四〇年、磯らの蓬莱米は、まさに台湾に『緑の革命』をもたらしたものといってよいだろう。[63]」

蓬莱米だけではない。朝鮮と満洲に増収をもたらした〈陸羽一三二号〉も〈銀坊主〉も、いわば日本帝国版「緑の革命」を担っていた。ロックフェラー財団やフォード財団の莫大な援助を受け一九六〇年代から本格的に始まる「緑の革命」は、日本帝国の大東亜共栄圏のなかにも萌芽があったのだ。ちなみに、水稲品種〈農林一号〉を奥羽試験地で交配し並河に送った稲塚権次郎という育種技師は、のちに小麦育種に移って〈小麦農林一〇号〉を育成したが、まさにこの〈小麦農林一〇号〉こそ、一九五六年にメキシコの国際農業研究機関トウモロコシ・小麦改良センターで開発され、小麦の「緑の革命」を担った〈ソノラ〉の材料とされた品種であった。〈ソノラ〉の育種者でありそれゆえノーベル平和賞を受賞したノーマン・ボーローグは、一九八一年、日本育種学会に招かれて稲塚と会い、演説では稲塚をはじめとする日本育種学の水準の高さを褒め称えている。帝国日本の品種改良から「緑の革命」へという系譜は、種子としても、そして構造としても確実につながっている。ここに育種技師の寺尾が大東亜共栄圏にみた夢は、かたちを変えて実現したのだ。

品種改良と統治の問題を考えてみると、品種改良が人工交配という技術を発明し、その基盤が固まったのは、ちょうど大正デモクラシーの時期と重なることに着目せねばならないだろう。ここではくわしく触れなかったが、朝鮮と台湾では、育種事業の活性化は、武断政治から文化政治という支配構造の変化にも対応していた。日本における品種改良技術は、小作争議の激化のなかで着々と成果を積み重ねていた。〈富国〉や〈陸羽一三二号〉は、社会的な緊張関係をいったん棚上げして、地主と小作を市場と肥料工場に結びつけ、当面の困難を乗りこえる。朝鮮と台湾においても、地主－小作関係を温存したまま、植民地の圧政に直接加担することなく米の生産者全体を技術によって絡めとった。ここにも「科学的征服」のダイナミズムの一端がかいまみえるのである。

横山敏男は、品種改良こそ満洲国農業の最も重視すべきことだ、と述べた。もちろん、横山は、満洲水稲作の問題は民族問題に帰すると信じていた。それだけにいっそう、「鮮農」を困窮から脱出させるために、優良種子だけは暴力を使ってもよいから普及すべきだと主張せざるをえなかったのである。この時期、技術に、とりわけ育種技術に頼るのはある意味ではしかたがなかったともいえるだろう。物資も労働力も極度に欠乏しているなかで、ただ育種だけは――ちょうど〈コシヒカリ〉の交配が一九四四年七月におこなわれたように――施設と技術と作物さえあれば進めることができた。ただ、育種技術が社会の矛盾を温存して人間と空間を人間の生活実感をとおして支配するこのシステムは、警察権力や軍事力で人間を支配するよりもいっそう持続的で摩擦が少なく、それだけに、かえってとてつもなく厄介な統治システムでもある。(64)

一九四一年六月六日、『読売新聞』の「好日随想」というコーナーに、寺尾博の短いエッセイが掲載された。肩書きは、「農事試験場長・農博」、タイトルは「感銘する言葉」である。ここで挙げられたのは、イギリスの法律家バークンヘッドの次の言葉である。「科学研究の結果は国の富を支配するのみならず、人々の信念を支配する。」寺尾はこう解釈している。「百年後の民族は〔……〕科学研究の結果によつて断乎たる信念を持つに至る。」しかしながら、寺尾の時代にはすでに、人々の心の領域は、「科学研究の結果」によってゆっくりと征服されつつあったのである。

注

（1）「最善の凶作対策　適性適地調査　寺尾博士研究の功績」（『東京朝日新聞』朝刊一九三四年十月二一日付）。なお、傍点は引用者。

（2）寺尾博「稲と大東亜共栄圏」『科学』第一二巻第一一号、岩波書店、一九四二年、一頁。なお、この号には、近藤頼己《よりみ》「稲の交配に関する温湯浸穂法」、湯浅啓温《ひろはる》「稲品種の稲稈蠅に対する抵抗性の差異」、松尾孝嶺《たかね》「水稲の育種試験における生態的特性の検定」、寺尾博・水島宇三郎「東亜各地域及び米州における栽培稲の類縁関係について」、和田栄太郎「南方稲の二、三の特性について」等、最新の水稲育種研究がそれぞれの分野の第一人者によって紹介されている。

（3）叺とは木炭や肥料を入れる藁細工の袋のことである。

（4）寺尾「稲と大東亜共栄圏」前掲、一頁。

（5）東京大学で育種学を教える松尾高嶺への手紙。酒井義昭『コシヒカリ物語　日本一うまい米の誕生』中央公論社、一九九七年、五－六頁。

（6）菅洋『育種の原点――バイテク時代に問う』農山漁村文化協会、一九八七年、一頁。なお、同著『ものと人間の文化史八六　稲　品種改良の系譜』（法政大学出版局、一九九八年）もまた、育種技術の中立性に言及している。

（7）一八九九年の農会法、一九〇〇年の農会令にもとづき、農業技術・経営の指導・浸透を目的として設立された公法上の社団法人。市町村、郡、都道府県にそれぞれ設置されたほか、帝国農会という中央組織があった。

（8）山元皓二・高木俊江「農業技術を動かしたもの　イネの品種改良を中心に」、『技術と人間』技術と人間社、一九七七年、一一二頁および一一七頁。

（9）盛永俊太郎「第二章　育種の発展——稲における」、農業発達史調査会（代表：東畑精一）編『日本農業発達史』第九巻、中央公論社、一九五六年、八六—二四〇頁。一九七八年に出版された改訂版でも、盛永の記述には変更はない。

（10）北海道農事試験場上川支場は、一八八六年に忠別太（現旭川市神居町）に北海道庁の命令で建設された忠別農作試験場をその発端とする。その後、場所と名所を変えながら、一九一〇年に、第一期北海道拓殖計画の実施にあたり、北海道農事試験場上川支場に改名。一九〇一年札幌市に設置された北海道農事試験場を本場とし、上川、北見、十勝、渡島の各試験機関を国費に移して支場としたが、開拓上必要な地域に、地方費によって北海道庁立農事試作場を設置した。一九六四年に、北海道立上川農業試験場となり、現在にいたる。

（11）〈上育四三号〉の「上育」とは、北海道立上川農事試験場で道費試験によって育成された開発中の有望系統に冠せられる名前である（水稲に限らず、果樹や小麦などほかのすべての作物も同様）。その食味の良さから、まずい道産米のイメージを一新した〈きらら三九七号〉も、上育番号でいえば〈上育三九七号〉にあたる。なお、道南農業試験場なら〈渡育《といく》〉、北見農業試験場なら〈北育《ほくいく》〉、十勝農業試験場なら〈十育《といく》〉、中央農業試験場は〈空育《くういく》〉となる。

（12）優良品種とは、各地方の農試支場長・農事試作場主任会議において普及を決定された品種のことをいう。

（13）佐々木多喜雄『北のイネ　品種改良——昭和前半抄記』北海道出版企画センター、二〇〇三年、三一一頁。

（14）同書、九頁。
（15）育種とは「生物を遺伝的に改良して新しい品種を作成すること」である（鵜飼保雄『植物遺伝学　交雑から遺伝子組替えまで』東京大学出版会、二〇〇三年、二頁）。
（16）佐々木『北のイネ　品種改良』前掲、三〇頁。
（17）同書、三一―三二頁。
（18）稲は、日が短くなると花を咲かせる短日《たんじつ》植物である。雌しべに花粉をふりかける人工交配をおこなうためには、両品種の開花時期が一致しなければならない。ところが、北海道の品種と東北の品種とでは開花の時期が異なる。そこで、トタンをかぶせるなどして人工的に日照時間を短縮し、開花時期を合わせる方法が「短日法」である。
（19）育種目標とは、育種を行う前にたてる目標で、植物育種の基本である。冷害に強い耐冷性、肥料多投に耐える耐肥性、稲熱《いもち》病などの病気に強い耐病性など、さまざまな性質を目標とする。
（20）『北海道立上川農業試験場百年史』北海道上川農業試験場編集・発行、一九八六年、五六頁。
（21）佐々木『北のイネ　品種改良』前掲、二六―二七頁。
（22）筑波常治『日本農業技術史』地人書館、一九五九年、一六三頁。
（23）たとえば、西尾敏彦『農業技術を創った人たちⅡ』家の光協会、二〇〇三年、七七頁。
（24）以下、宮沢賢治の肥料相談については、田口昭典「肥料設計事務所について――宮沢賢治の農業指導」（『北東北郷村教育』第六巻、二〇〇一年、五七―七五頁）を参考にした。
（25）西尾『農業技術を創った人たちⅡ』前掲、七六頁。足立紀尚『牛丼を変えたコメ　北海道「きらら三九七」の挑戦』新潮新書、二〇〇四年、八六―八七頁。
（26）農商務省農務局『米麦品種改良ニ関スル参考資料』一九一六年、一頁。

(27) 庄内の民間育種家、佐藤弥太右ェ門はこう述べている。「庄内でも食味本位として陸羽百三十二号を特に奨励しておりますが、山間或は山麓地域には適していますが、平野部には不適当な土地も相当あるから斯様な所では陸羽百三十二号より食味は稍劣っても耐病性に強いもので米質も良い品種を選び出して声価挽回に努める事にしたのであります。」（佐藤弥太右ェ門「水稲の品種改良に就て」『山形県農会報』第二三巻、一九三九年、二一—七頁）
(28) 菅『育種の原点』前掲、一五六頁。
(29) 泉有平「朝鮮に於ける内地系水稲品種の来歴及び栽培経路（三）」『朝鮮農会報』第一〇巻第八号、一九三五年、二三頁。
(30) 西尾『農業技術を創った人たちⅡ』前掲、六七頁。
(31) 菅『稲　品種改良の系譜』前掲、一六四頁。
(32) 永井威三郎「先覚をかたる＝加藤茂苞先生と稲」『農業および園芸』第四一巻第六号、一九六六年、一六頁。
(33) 盛永「第二章　育種の発展」、前掲書、一七三頁。
(34) 同書、一七三頁。
(35) 一石は一〇斗。一八〇・三九リットル。ちなみに、同じ年（一九二五年）の内地における米の消費量は約六四〇二万石であり、朝鮮からの内地への移出高は四五四万石である。
(36) ちなみに、この年（一九二五年）の日本の歳出は、三四億七三〇〇万円。
(37) 朝鮮総督府農事試験場『朝鮮総督府農事試験場二拾五周年記念誌』上巻、一九三一年、三八頁。
(38) 「朝鮮に於ける水稲陸羽一三二号栽培状況」『朝鮮総督府農事試験場彙報』第六巻第三号、一九三二年、二三八頁。

(39) 同右、二四〇—二四四頁。
(40) 南満洲鉄道株式会社『南満洲鉄道株式会社農事試験場要覧』一九一九年、一頁。
(41) 〈森田早生〉は、一九一七年、〈亀の尾〉の阿部亀治と同じ庄内地方東田川郡の森屋正助（当時二三歳）によって発見された品種。本当は〈森多早生〉なのだが、国の農事試験場が在来品種を集めたとき、誤記されたまま、誤って伝えられた。
(42) 酒井義昭『コシヒカリ物語』中公新書、一九九七年、一二一—一二三頁。
(43) 同書、一二三頁。
(44) 丸山義二「並河成資」、高橋和巳編『ドキュメント日本人2　悲劇の先駆者』學藝書林、一九六九年、六四頁。なお、丸山は、一九〇三年、兵庫県の農家の長男として生まれた作家。プロレタリア文学からの転向ののち代表的な翼賛農民文学作家となった経歴をもつ。
(45) 横山敏男『満洲水稲作の研究』河出書房、一九四五年、四八二頁。
(46) 同書、九六頁。
(47) 同書、九八頁。
(48) 同書、四九五頁。
(49) 同書、四八三頁。
(50) 盛永「第二章　育種の発展」前掲、二一二頁、および台湾総督府米穀局『台湾米穀要覧』一九四〇年、四五頁。
(51) 磯永吉『増補蓬萊米談話』雨読会、一九六五年、九〇頁。
(52) 神農とは、中国の伝説上の帝王で農業神。体は人間だが、首は牛の格好をしている。民に農業を教えたと伝えられる。医薬や商業の神としてもあがめられる。なお、大阪道修町《どしょうまち》の少彦《すくなひこな》神社は、この神農を祭っており、毎年一一月二二日から二三日にかけて、神農祭がおこなわれる。
(53)黄昭堂『台湾総督府』教育社（歴史新書＝一四七）、一九八一年、一九六頁。
(54)西尾『農業技術を創った人たちⅡ』前掲、三五八頁。
(55)磯『増補版蓬莱米談話』前掲、八九頁。
(56)『東京朝日新聞』一九四二年一月二九日付。
(57)渡部忠世「八重山の稲の系譜――蓬莱米と在来稲」『南島の稲作文化　与那国島を中心に』渡部忠世、生田滋編、法政大学出版局、一九八四年、六九頁。
(58)磯『増補版蓬莱米談話』前掲、九七頁。
(59)川野重任『台湾米穀経済論』有斐閣、一九四一年、六九頁。
(60)西尾『農業技術を創った人たちⅡ』前掲、三五二頁。
(61)丸山「並河成資」前掲、七六―七八頁。
(62)育種家だった菅は、育種技術についてこう述べる。「育種はまず経験を積み重ねることにより『勘』を身につけることだと教わった。つまり、育成途中の作物の個体を見たときに、視覚より入るその作物の形態情報を瞬時にして、自分の脳に収納されているデータベースと照合して、その個体が選抜して後に残す価値があるか、それともここで破棄するかを決める『勘』を養うことが大切だというわけである。」菅『稲　品種改良の系譜』前掲、二九八頁。
(63)西尾『農業技術を創った人たちⅡ』前掲、三五七頁。
(64)一九四一年一月二六日付夕刊の『東京朝日新聞』に、「生活科学問答　遺伝と優生の巻④　生かせ『優生手術』結婚にも科学的判断が肝要」という記事が掲載された。質問者は、自由学園教授の羽仁説子、答えるのは、一九四〇年五月一日施行の「国民優生法」成立に尽力した厚生科学研究所教授の川上理一である。奇妙なことに、ここに、寺尾博の名前が挙がっている。

問　メンデルにしても植物によって大法則を発見し、それがまた人間の遺伝の法則であったわけですね。

答　植物の育種学はほとんど遺伝学の原理を応用したものです〔。〕稲は元来寒い所を嫌う植物なんですが、寺尾博士の研究によって東北地方の冷害に耐へうる品種を作りだすことに成功しました。／人間も生物である以上こんな風に遺伝法則を応用して優秀な人物をつくり出すことも不可能ではないと思ひます

ここで明らかなように、遺伝学の枠組みのなかでは、「人種改良」も品種改良のひとつにすぎない。だとすれば、〈富国〉に多収の夢をみて肥料を投じた永山の農民にせよ、札束で妻の頬を叩いた台湾の農民にせよ、自分たちのあずかり知らぬところでもっと大きな科学技術のシステムに絡めとられていたことになる。この意味においても「稲も亦大和民族なり」という寺尾の発言は、決して妄言ではない。

葬法の文明論
――植民地朝鮮における土葬と火葬

髙村竜平

1　日本帝国にとっての朝鮮の伝統

日本列島から同心円上にその領域を拡大した日本帝国にとって、儒教や仏教といった中華世界における指導理念は無視できない存在であった。帝国による指導を正当化するためには、日本がそれ以外のアジアよりも進んだものでなければならない反面、日本と朝鮮・中国などに共通するとされるそれらの理念体系を動員することもまた必要であった。たとえば満州国建国の理念としての大同思想の創出や、台湾支配での儒教や民間信仰と文明化とのすり合わせなど、日本の統治は中華民族の伝統的な思想を利用しつつ進められたが、その一方で、つねに易姓革命思想が日本の支配の正統性を揺るがす危険性があり、そこでは帝国の統治にとって必要な要素と障害になる要素がつねに同居していた(1)。朝鮮においても、併合直後から儒教思想や儒林（儒教規範を奉じる在野の人々）の利用がはかられており、各地の儒林の組織化による一九三九年一〇月一六日の「全鮮儒林大会」が東亜新秩序建設に寄与することを目的として開催される一方で[2]、同年の朝鮮民事令改正による「創氏改名」では、朝鮮の家族制度を、それとは大きく異なる日本の「家」制度に統合しようともしている。

朝鮮の墓地制度もまた、日本のものと大きな違いをもっていた。朝鮮王朝は、葬送儀礼や祖先祭祀を「朱子家礼」にもとづくものにすることにより社会全体に支配理念としての朱子学を浸透させようと試みた。葬送や祖先祭祀を「孝」概念に沿ったものとして再編することで儒教教化をはかろうとしたのである。そのため火葬を禁止するなど墳墓の形式についても介入し、土葬の状態で寝棺を埋葬した上に「封墳」とよばれる土饅頭を設ける形式が一般化した[3]。これにくらべて、日本の幕藩体制下における葬送・墓制は、寺院に住民を登録する寺請制のもとで展開したとはいえ、それは仏教の教義によって社会秩序の維持をはかったものではなく、葬法や墳墓の形式が為政者によって統一させられたわけではなかった[4]。

本稿では、朝鮮を植民地として統治しようとした日本帝国が、このような朝鮮人の墓と葬送に直面したときどのように対処しようとしたのか、植民地化以前の朝鮮における葬法や墓制のうちでどのような部分が植民地秩序に適合的とされ、どのような面が不適切なものとされたのか、について検討したい。その際とくに、墳墓や遺体あるいはそれらを納めた墳墓といった、人の死によって生まれるフィジカルな存在に対する対処法を対象としたい。死にかかわる文化は本来まず死体の処理から始まるものであり、その処理方法の正当性をめぐる主張や、そこで起こる諸事件を検討することが、葬送や墓制を宗教意識や心性と関連づけて論ずる以前に必要であると考えるからである。

2　植民地統治下での墓地の問題化

一九一二年、墓地規則の制定

朝鮮においては、墳墓は先祖が安置される場所であり、設置の際に良いとされる場所を選ぶことは「孝」の倫理からもまた風水思想によっても重要なこととされた。そのため、経済力や政治力をもつ集団は、構成員が独占的に利用できる一族の墓地である「先山」（墳山などともよばれる）を設置したり、あるいは風水上良いとされる場所に墓を設置するために努力を惜しまなかった。[5] 墓地選択の基準は一般的に風水とよばれる地形の認識枠組みによっていた。それは地形から地下の「気脈」の流れを推定し、「気」の集中する場所を墓地設置に適したところとするもので、そこに埋葬された遺骨に気が影響し、また親と子は共通した骨を持つとされているので、先祖の埋葬地が風水上の良い場所であれば子孫の骨にも良い影響が伝わり、子孫の繁栄につながるとされる。[6] これが墓地選択に適用されるとき、遺骨が重要な意味をもつことになる。

このため、墓地が散在したり他人の墳墓の墓域内にひそかに埋葬するなどの行為が多く、墳墓の立地をめぐる訴訟である「山訟」をひき起こすことになった。また山訟にはより現実的な背景もあった。この時代山林は基本的に私的所有が許されていなかった一方で、墳墓を設け周囲の森林を維持すること（「禁養」）により周囲の山林について排他的な権利をもつことができるようになった。つまり、山訟は山林の私占をめぐる争いという側面もあったのである（図1）。いずれにせよ、墳墓同士が隣接

図1　朝鮮の墳墓。
（朝鮮林野調査事業における紛争地として紹介されている。（朝鮮総督府農林局編纂『朝鮮林野調査事業報告』，一九三八年，第七章第二節「紛争地處理」より）

し墓域が重複しているとき、先に設置された墳墓にその権利が認められたのだが、現実にはどちらが先に立地していたのか判断が難しく、山訟を効率的に処理することは難しかったと考えられている(7)。

さて、一九世紀後半から朝鮮半島への関心を深めた日本政府と日本人は、早くから朝鮮の墓地について特筆していた。それは、上記のように墳墓の存在が土地所有とくに林野への権利に影響するためだった。たとえば、一九〇九年九月の「第二回各道警察部長会議」での諮問事項をもとに編集された『韓國警察一班』では、墓地による弊害として「相地術の信仰」という「迷信」、「山林の原始取得」、「祖先崇拝の盛なりしこと」を挙げている。そしてそれらを原因として墓地の侵犯や紛争が続出し、その結果墳墓が土地を「不生産的」に占領し分布が「不規律」であるため、「生産力を約《つづ》むること甚し(8)」く、鉄道敷設の際の墓地移転、鉱山開発や土砂採掘の際墓地をさけなければならないこと、などが問題であるとしている(9)。

ここで『韓國警察一班』は、台湾での経験をとりあげる。以前に台南県において墓地を制限しようとして「大紛擾」を招いたため、総督府は結局その命令を取り消さざるをえなかったということがあったので、これを鑑として墳墓の取締りには慎重を期し、徐々にすすめなければならないというのである(10)。

胎中千鶴によると、一八九六年に台湾総督府は五カ条からなる「訓令第三十二条」を出し、従来の墓地は区域を定めて許可すること（第一条）、墓地や火葬場の新設は地方庁の許可を必要とすること（第二条）、死体の埋葬・火葬はその許可された墓地・火葬場においてのみ許されること（第五条）を定めた。このような取締りの理由は、従来墓地と埋葬に対してなんらの制限がなく、これを放任するのは衛生上の欠点が少なくないためである、とされた。しかし一九二〇年代にいたるまで、届出せずに埋葬する「密葬」は数多く起こっていた。胎中はその理由を、手続きの煩雑さと共同墓地への埋葬にあるとしている(11)。台湾においても風水にしたがった埋葬地の選択はおこなわれており、わざわざ届出をしたうえで共同墓地へのみ埋葬が許可されるのであるから、当時の人々にとっては不都合きわまりないことであったという。

結局朝鮮でも、併合後の一九一二年に「墓地火葬場埋葬及火葬取締規則」（以下「墓地規則」）を発布して、地方行政庁の設置した共同墓地の区域内にのみ墳墓を設けるという制度を導入することになる。『朝鮮総督府施政年報』（以下『施政年報』）「明治四十五年・大正元年版」に発表された墓地規則の発布理由は、以下のとおりである。

朝鮮人は古来墓地尊重の念極めて深く諸種の迷信之に伴ひ方位を選ひて墓地を定め以て死者の冥福を安慰するに非されは子孫の繁栄を得さるものと做し風水師の指示する方位に従ひて墓地を撰定し他人の土地と雖も干犯して顧みす甚しきは他人の墳墓を発掘して自家の用に供したる事例少からす為に犯罪者続出し紛争常に絶えす墓地に関する民事上の訴訟に至りては家産を蕩尽して尚且之を争ふの風あり故に墳墓は随処に散在して風教及衛生に害あるのみならす良好なる耕地を荒廃せしめ生産力を消耗すること亦少しとせす仍《よっ》て本年六月府令第百二十三号を以て墓地火葬場埋葬及火葬取締規則を発布し墓地は特別の場合を除き総て公共団体をして設置せしめ共同墓地以外に埋葬することを禁止することと為し準備の整ふに随ひて施行地域を指定し逐次之を全道に拡充するの方針を採れり尚朝鮮人は古来火葬を忌み伝染病死体と雖悉く埋葬に附するの風習あるを以て一面火葬料を制限して火葬を奨励し漸次其の弊習の一掃を期せむとす〔……〕(12)

以上のように、「迷信」である風水によって墓地を選択した結果、墓地をめぐる犯罪が頻発し、またそれによる紛争によって家産を失う例さえあること、および墳墓が散在することにより風教上また衛生上害があることと、耕地を荒廃させ生産力を低下させること、を問題であるとし、その対策として共同墓地にのみ埋葬させること、および火葬を奨励することとした。このとき台湾での経験から、京城府の一九一三年九月一日から忠清南道の一九一五年三月一日まで、三年間かけて地域ごとに時期をずらして施行された。

共同墓地には、台湾と同様に既存の墓地が利用されたが、朝鮮の場合は「北邙」とよばれた場所がおおく指定された（図2）。北邙とは朝鮮時代から所有者のいない林野に人々が墳墓を設けた結果、墳墓が集中した地域を指し、これらの地域は植民地化過程での土地所有権確定の際、国有地に編入されていた。北邙に死者を埋葬したのは、父系出自集団の墓地を設けることができなかった人々であった[13]。また墓地規則は、「墓籍」すなわち被埋葬者名・管理者名・埋葬年月日などを記した書類を提出

図2　朝鮮総督府による英文の施政報告書に掲載された新旧の墓地の写真。

朝鮮時代からつづくソウル城外の「北邙」（上段）は "indiscriminately" であり、総督府が設置した「大邱府鮮人〔ママ〕共同墓地」（写真下の枠内写真に見える門柱の記述より）は "systematically" であると強調している。（*Annual Report on Reforms and Progress in Chosen (KOREA) (1913-14)*, Government-General of Chosen, Keijo (Seoul), July, 1915 より）

することも義務づけた。とくに、共同墓地に指定された区域外に存在した墳墓は、墓籍の提出によってはじめて、「墓地以外の墳墓」という法にのっとった存在として認められることになった。[14]

墓地をめぐる混乱と墓地規則の改定

共同墓地への埋葬と墓籍の提出の義務化は、いずれも総督府による朝鮮人の墓の把握・管理をめざしたものであった。それは、総督府にとっては（そしてすぐ後にみるように在朝日本人実業家にとっても）朝鮮人の墓が開発の障害となっていたからであったが、規則の発布理由としては、墓地をめぐる犯罪の続出と訴訟による「家産」の「蕩尽」を防ぎ、秩序維持と経済状態の向上を実現するとされている。墓地規則は朝鮮人にとっても利益をもたらすはずものとして提示されたのである。

しかし、このような急激な制度導入は、朝鮮人のあいだに大きな混乱を招いた。その代表的なものは、共同墓地以外へ埋葬した結果摘発されたものである。もともと多くの共同墓地の起源となった北邙はかならずしも歓迎される墓地ではなかったという理由もあるが、この時期にはとくに幼児が死んだ際に共同墓地以外に埋葬する例が多く報道されている。そこではこのような行動は、「共同墓地法施行以後も愚迷なる人民等は此を遵行せず」と表現されている。[15] 同様の事例について、まだ規則が十分に知られていないという理由で特別に容赦したこともあったが、その記事もまた「愚迷なるゆえに法律の如何を知らずまた故意に行ったのではないので、特別に容貸する」[16] として、その「愚迷」さを強調しつつ恩恵を与えるという態度を示している。

一方、墳墓管理のための墓籍の提出も進まなかった。朝鮮人のあいだには墓籍は墳墓に対する課税のために作るものであるという噂がながれていたのである。これに対し警察は新聞に談話を発表し、「かくの如き誤解がなぜ生まれるのか。墓地のためには、多くの国有地を無償交付した上、墓地には地税を徴収せずにいるのに、まして墳墓に対して課税する等の事は絶対に無い」と説明した。[17]

次の史料もまた墳墓をめぐる問題の例を示したものだが、すでにみた例とは異なる点がある。

墳墓改葬に関する件（大正三年四月十二日衛収第六四三四号衛生課長より各道警務部長宛）

今般訓令乙第四号を以て首題の件に関し訓令相成候処墳墓に関し紛議の起り易きは朝鮮古来の通弊にして最近に於ては京城光熙門外豆毛面大峴洞に於ける死体の集葬地たる北邙は其の地域内に二千有余の墳墓存在せる官有地なりしか子爵李完鎔に於て該地の払下を受け同子爵は更に之を京城居住池田仁吉なる者に売却したるを以て池田は開墾の目的に依り各墓主に対し日を期して其の墳墓の改葬方を通告し若し之に応せさるときは改葬すへき旨を迫りたるを以て茲に関係民の紛争を惹起するに至れり。又慶尚南道釜山府に於ても迫間房太郎なる者従来の集葬地を買収し客年一月新聞其の他に広告して墳墓の改葬を為すに当り之又関係者の紛議を招きたる等の事例あり〔……〕[18]

この通牒では、ソウルと釜山における墓地をめぐる二つの紛争を紹介している。いずれも都市の郊外に存在した「北邙」のうち共同墓地に指定されなかった地域を、ソウルの例では「池田仁吉」、釜山の例では「迫間房太郎」という日本人が買収し、開墾することを理由として墳墓管理者との紛争を惹起したというものである。そのような場所では墓籍を提出して墳墓管理者の確認をおこなう必要があったが、すでにみたように墓籍の提出をおこなわない朝鮮人も多かった。引用部につづく箇所でこの通牒は、そのような墳墓に対しては、墓地規則上たしかに他所に移すことも可能であるが、実際の取り扱いの際は紛争を招くことのないよう「墳墓地の状況及民心の如何」を考えて「拒否」するよう、各警察署に指示している。

このうち池田仁吉については詳細は不明であるが[19]、迫間房太郎は、一九世紀後半に貿易会社釜山支店で勤務しはじめ、のち不動産業へ転身した実業家であり、一九一八年から本格的に地主経営を開始している。迫間は朝鮮には「遺利の開発」の余地があること、つまり荒蕪地の開発を提案しており、上記の事例もそのひとつであろうと考えられる[20]。ただし迫間が放置された土地と考えた場所は朝鮮人にとっては墳墓の存在する北邙であり、そのため紛争が起こったのである。

ここで注目したいのは、史料冒頭にみえる「墳墓に関し紛議の起り易きは朝鮮古来の通弊」という表現である。たしかに朝鮮時代から墳墓をめぐる争いは頻発していたが、ここで紹介されている事例はいずれも日本人実業家が墳墓の集中した土地を買収したことから始まっており、じつは朝鮮時代には紛争などなかったと考えられる。にもかかわらずここでは、「朝鮮古来の通弊」と関連づけて言及されているわけである。

不毛な訴訟を防ぎ財産の蕩尽を防ぐはずの共同墓地への埋葬、また墳墓管理者としての権利を確認するための墓籍届出は、しかし一般的な朝鮮人にとっては忌避の対象にほかならなかった。総督府による行政文書や、その機関紙の役割を果たしていた『毎日申報』の記事には、そのような朝鮮人の行動は「愚迷」な朝鮮人の「誤解」にもとづいたものとして描かれる。さらにそのような行動の基礎として、墓地風水という「迷信」が位置づけられている。こうして、風水にもとづいた墳墓設置に対して、その問題点を解決する新たな葬送・墓制として共同墓地が位置づけられるようになる。それは、逆に墓地規則発布によって引き起こされた紛争を理解する枠組みとして参照されるほど強い認識枠組であった。

以上のような問題が頻発したため、一九一八年一月および三・一運動をへた一九一九年九月の二回にわたって墓地規則は改定され、ある程度の私設墓地が認められるようになった。一九一八年の改定（「朝鮮総督府令第八号」）では、墓地設置の主体を規定した第二条が改定され、警務部長の許可を得て一族あるいは合族（父系出自をともにする「同姓同本」の関係にある、二戸以上の集団）の墳墓を集め私設墓地を作ることが可能になった[21]。また一九一九年の改定では、全二四カ条のうち二〇カ条が改定された。その変更の内容は二点に整理することができる。まず共同墓地以外の土地に祖先や配偶者の墓がある場合、その範囲あるいは隣接する自己の所有地内に三〇〇〇坪以内の私設墓地を設けることが可能になったということである[22]。祖先や配偶者の墓がない場合でも、届け出て道知事の許可をうければ私設墓地を設置することができるようになった（第二条）。また改定前は埋葬・改葬・火葬には警察又は憲兵の認許をうけなければならなかったが、改定後は府尹または面長という地方行政団体長の認許をうければよくなり（第二一条「埋葬、改葬又は火葬せむとする者は府尹、面長の認許證を受くへし」）、私設墓地を設ける場合にも道知事に対して届出のみすればよいよう緩和された。

この結果、行政的には次の三種類の墓地が設定された。つまり、（一）地方行政団体の設置した「共同墓地」、（二）一家に一ヶ所で三千坪以内の「届出墓地」（墓地規則第一条による私設墓地）、（三）

届出墓地以外に道知事の許可をうけて設置する「許可墓地」（第二條による私設墓地）である。さらに、墓地と認定されなかった土地に存在するが墓籍を提出した「墓地以外の墳墓」、最後に墓籍を提出せず総督府はその存在を認めない墳墓があったということになる。

じつは、一九一二年の墓地規則施行時においても、共同墓地内の一区画を占有するかたちで家族墓地の設置が許されることがあった[23]。それは、親や家族関係を重視し年長者を敬うことは、朝鮮における「美風良俗」であって、墳墓の重視もここからきていると日本人官僚の側でも考えていたからである。たとえば一九一二年に京畿道長官は、「朝鮮の美風良俗」と題した談話で、朝鮮人に忠君愛国の道を教えるのは「歴史の根底が異なる」ため難しいが、彼らは親・祖先を敬い墳墓を重視し、一方では学校の先生を尊敬するから、父母教師の恩よりもさらに深大なのが天皇陛下の恩なのである、と教えれば、君国の重大さが理解されるであろう、と述べている[24]。また全羅南道の警察官である青野義雄と金性烈も、僧侶・親・年長者を敬うこと、血族結婚をしないこと、未婚女性の貞操に厳しいことを朝鮮の「美風」であるとし、墓地や墳墓を大事にすることもこれらの「美風」からきていたものであるが、「風水師、其の他の山師、巫女」などが流布する「迷信的言動」が今日ではむしろ影響を強めている、としている[25]。親や年長者への従順さ、また祖先祭祀そのものはよいものであって維持すべきであり、ただ墳墓の散在は迷信にもとづくよくないものであるからこれを矯正することが必要であるとされ、これが共同墓地内の家族墓地というかたちであらわれていたわけである。一定の私設墓地を認める一九一九年の墓地規則改定もまた、同様の区別にのっとったものであるといえよう。

3　葬法をとおしてみた朝鮮人と日本人

ソウル在住日本人の墓と葬法

一方、朝鮮に在住する日本人の葬法はどのようなものであっただろうか。

前近代の日本ではむしろ土葬が中心であり、一九三〇年代になって火葬が土葬を上まわるようになる。[26]それに対して、ソウル（京城）[27]の日本人居留民は、一九世紀後半の朝鮮の開港以来火葬をおこなっていた。全羅南道に居住するソンビ[28]黄玹が、当時の出来事や風俗を記した『梅泉野録』の一九〇一年の記録には、日本人がソウルで死亡すると「水口門外」（城外東側を指す。水口門は一九〇一年まで城内で死者が出た場合搬出する門であったという）で火葬していたが、その「穢毒」が甚だしいため日本公使が火葬場の移転を申し出、許可された、とある。[29]なにをもって「穢毒」すなわち穢れた毒と表現していたのか、くわしいことは不明であるが、ともかく、ソウルに居留する日本人は一九世紀の段階から火葬をおこなってきたことと、それを朝鮮人（すくなくとも黄玹のようなソンビ）は汚らわしいものとしてみていたことがうかがわれる。[30]

一方、当時ソウル南西部の日本人街には三〇六七坪の日本人墓地が存在した。しかし利用者は少なく、火葬した遺骨を日本に持ち帰るのが多かったという。[31]また表1によって植民地時代の日本人死亡者数・火葬者数・墓地利用者数（それぞれ人口一〇〇〇人あたり）をみても、若干の年度を除いて死亡者数に対する墓地利用者数の割合は一割に満たない。それに対して火葬場利用者数はほぼ死亡者数に

表1　人口1000人あたり死亡者数・火葬場利用者数および墓地利用者数

(単位：人)

	朝鮮人			日本人		
年度	死亡者数	火葬場利用者数	墓地利用者数	死亡者数	火葬場利用者数	墓地利用者数
1915	31.0	1.4	21.1	24.0	23.7	2.3
1916	28.0	0.9	22.0	23.0	23.9	3.2
1917	29.0	1.0	25.4	22.0	24.1	1.2
1918	31.0	0.8	30.7	23.0	20.7	3.4
1919	43.0	0.9	32.3	25.0	28.7	1.2
1920	49.0	5.8	36.8	29.0	30.1	1.0
1921	35.0	1.2	29.4	25.0	26.5	1.0
1922	34.0	2.3	29.3	24.0	26.9	0.8
1923	31.0	1.8	32.0	21.0	25.6	0.9
1924	28.0	3.9	22.8	19.4	20.8	0.9
1925	29.0	4.4	22.8	19.0	18.8	1.2
1926	30.0	5.1	23.1	19.0	19.6	1.0
1927	35.0	8.7	27.2	20.0	21.4	0.8
1928	33.0	7.8	26.2	22.0	23.3	0.5
1929	32.0	5.9	24.4	19.0	20.6	0.6
1930	27.0	6.8	18.5	16.0	14.5	3.9
1931	28.0	9.6	18.7	17.0	19.5	0.7

京城府『昭和7年　京城府都市計劃資料調査書』1932年，213-214頁および221-222頁より筆者作成。「火葬場利用者数」と「墓地利用者数」の合計が「死亡者数」を越える場合があるが、これは京城府外での死亡者が府内の火葬場や墓地を利用した場合があることによる。この点は、次の表2にも共通する。

近いかそれ以上である。つまり併合後も多くの日本人は、火葬をしたものの墓地を京城府内に設けてはいないわけである。開港後の日本人による朝鮮移住以降、基本的に彼らは遺体を火葬したうえで、寺などに安置したり故郷に持ち帰り納骨するなどの方法で葬送をおこなっていたと考えられる。

一九二〇年代以降には、ソウルの都市拡大によって、墓地や墳墓の移転が相次いだ。筆者の関心から特筆すべきことは、移転の過程で朝鮮人と日本人の墓地がそれぞれ分離されていったという点である。まず一九一五年に、さきに挙げたソウル南西部の日本人墓地が廃止されるにあたり、今後墳墓移葬の際には日本人は「阿峴里墓地」へ、また朝鮮人は「梨泰院墓地」に集めるという方針が定められた[32]。さらに一九二九年にはその阿峴里の日本人墓地および火葬場、および「新堂洞墓地」が廃止され、日本人の管理する墓は弘済洞にもうけられた「京城葬斎場」の墓地に、朝鮮人の管理する墓は「水鉄里」に移転された[33]。阿峴里と新堂洞の墓地はもともと日本人居留民団の使用していたものであったのが、墓地規則の施行による共同墓地制度の導入にともない京城府に委譲され、制度上は朝鮮人も利用可能になったものであった[34]。しかし実際には朝鮮人と日本人の墓地の分離はすすみ、京城府の発行物においては「内鮮人共同墓地[35]」と表現されていても、日本人に向けた京城案内書の表現では阿峴里墓地と新堂洞墓地は「内地人共同墓地[36]」と記されていた。

公園墓地の導入と火葬場の改良

ところで、表1のうち一九三〇年の「墓地利用者数」が突出していることがわかるが、これはその前年にもうけられた「京城祭斎場」の弘済洞墓地が影響していると思われる。

当時日本人にソウルを紹介する冊子では、弘済洞墓地は「秩序的である事、風致的である事、平静なる事、衛生的なる事、塋地《えいち》は何れも道路に面する事等の条件を具備し、所謂公園墓地を設置し人間の最後の永遠に憩ふ安全完備なる墓所」であると紹介されている。[37]「公園墓地」は、日本における最初の具体例としては一九二三年開設の多磨墓地があげられる。欧米では一九世紀後半から自然様式

図３－１

図３－２

『朝鮮と建築』（朝鮮建築会）第８輯第７号（昭和４年７月）の「設計」欄に紹介された、弘済院火葬場（京城府葬斎場）の外観（３－１）・葬祭場（３－２）・納骨堂（３－３）の写真。

の庭園設計を墓地に応用しはじめていたが、のちに東京市公園課長となる井下清がこれを参考に公園墓地の研究に着手し、一九一九年に後藤新平東京市長のもとで始まる都市計画のなかで実現したものであった(38)。

また弘済洞墓地に隣接する火葬場と納骨堂（墓地・火葬場・納骨堂をあわせて京城葬斎場とよぶ）については、設計図及び写真が『朝鮮と建築』に紹介されている（図3）。この施設は、「近代自由式に則った総坪数二百八坪の堂々たる建物」であり、「東京博善社特許式火葬爐十五基」を備え、工費は四二〇〇〇円であったという(39)。東京博善社は一八八七年に創業した火葬業者で、設立当初から火葬場の構造を改良し、臭気の除去と消毒に努めることをうたっていた(40)。この火葬炉は石炭を利用したもので、死体一体を焼却するのにかかる時間は約二時間とされ、待合室で三時間すごせば遺骨を持ち帰ることができると府当局は強調している(41)。さらに一九三二年には、重油火葬の設備が導入されている。「焼却が一時間半に短縮され火葬の能率を挙げるので一般府民は非常な利便を受けること丶なるであろう」と京城府がいうように、重油を利用した火葬は所要時間の短縮あるいは煙や臭いの削減という点で画期的なものであった(42)。この時期は、日

図3－3

本の火葬炉で利用される燃料が薪から石炭・重油へと変更されていく転換期にあたっており、京城府はこのような当時の最新の設備を導入したわけである。

明治維新以降の日本社会、あるいは日本政府の施策のなかでは、火葬がつねに肯定的にとらえられていたわけではない。一八七三年には人家の近くで火葬をおこなうことは不潔であるとして、火葬禁止が太政官によって布告されるが、わずか二年後に墓地の不足を主な理由として撤回された[43]。このころからたとえば東京では火葬が盛んにおこなわれるようになり、行政的にも市内での土葬は禁じられるが火葬は禁じられないなどの施策がとられる。しかしそれは必ずしも日本全土で共通の現象ではなかったし、また東京においても一八九九年に市議会で、市内で土葬を禁ずることは結果的に法律によって火葬を強制することになる、また父母の遺骸に火を加えることは忍びない、などの理由によって土葬の許可を求める建議が提出されている[44]。この建議は多数の支持を得ることができなかったが、すくなくともこの時期の東京でも火葬が土葬に比べて全面的に優れたものと認識されていたわけではないことはたしかである。また、日露戦争に際して陸軍が制定した「戦場掃除及戦死者埋葬規則」（一九〇四年五月三〇日）では、「帝国」すなわち日本軍所属者の死体は火葬するのに対し「敵国」すなわちロシア軍所属者の死体は土葬することとされており、原田敬一はこれをキリスト教に配慮したものであろうと推定している[45]。明治国家がそのモデルとしたヨーロッパの社会で、かならずしも火葬が一般的ではなかったことも認識されていたのであり、火葬を西洋の葬法であるとして正当化することもできなかったわけである。

このような状況のなかで、大正期に導入された新たな火葬技術は、時間の短縮と臭気や煙の減少という効果をもち、火葬が衛生的なものであると認識させたことは想像に難くない。さらに、弘済洞は当時の市街地から若干距離があるため、専用のバス路線が一九三二年九月から運行されるようになった。[46]短時間で火葬可能な火葬場、緑地化した公園としての墓地、郊外に設置されることによる新たな交通手段といった京城葬斎場の特徴は、機械やエネルギーの利用、あるいは都市計画といった、テクノロジーをさまざまな形で利用したものであり、そのことが土葬と比較しての火葬、従来の墓地（ここには共同墓地も含められる）と比較しての公園墓地の先進性を浮き彫りにする。そしてこのような技術革新による火葬の優越性確立は、西洋の火葬場と墓地を視察した経験をもつ建築家島田藤が、最新の火葬設備として東京の諸施設とともに台北市火葬場と京城火葬場の写真を紹介しているように、内地と朝鮮や台湾とのあいだで並行してすすめられた政策によるものであった。[47]

朝鮮人による共同墓地と火葬の受容？

このように最新設備を備えた京城葬斎場であったが、火葬場は朝鮮人も利用していたものの、公園墓地は日本人専用のものであった。ここでも日本人と朝鮮人の墓地は隔離されていたのである。そしてこのころから、朝鮮人の中からも火葬の推進や墓地の「美化」を総督府に要求する動きが現れる。それは京城府内にとどまるものではなく、たとえば一九三七年に咸鏡北道において、私設墓地の拡大が問題視され、「共同墓地の選定、植樹、美化を図り、漸次共同墓地に統一することを決定」している。[48]

また一九三九年二月二六日に開かれた全羅南道会では、代議員池正宣が「従来朝鮮では虚無孟浪

表2　朝鮮人死亡・火葬・埋葬者数　(単位：人)

	1935年度			1936年度		
地　域	死亡者数	火 葬 数	埋 葬 数	死亡者数	火 葬 数	埋 葬 数
京 城 府	7,220	5,498	3,685	12,684	5,984	8,498
仁 川 府	1,780	328	1,452	1,946	382	1,564
開 城 府	1,108	145	963	1,033	175	858
郡部合計	38,827	1,407	38,443	35,822	869	35,650
計	48,935	7,398	44,543	51,485	7,410	46,570

京畿道衛生課『衛生概要』1937年，60-61頁より筆者作成。

〔うつろで実体がない〕な風水説によって各種各色の被害が少なからずあるが、時代の進展にあわせて一般民衆も次第に覚醒する様子であるので、火葬場を各地方ごとに設置し火葬させるようにするのはどうか」と発言している。これに対し磯崎警察部長は、一般民衆がそう考えているなら火葬することがよいだろうから、みなさんもこの問題に対しては積極的に援助していただきたい、と答弁したという[49]。この池正宣という人物は、全羅南道において「鮮光商事」という不動産業兼金融会社や「鵬南農場（株）」という農業兼不動産業者の理事を務めた人物であり、一九三七年に全羅南道会議員に当選している[50]。火葬に積極的であった原因に不動産業に関係していたことがあるとすれば、この時期に朝鮮人のなかにも、総督府の政策や日本人実業家と同様に、土地に対する開発の障害物となる墓地問題の解決法として火葬に関心をもつ人物が現れていることは興味深い。

すでにあげた表1の朝鮮人に関する数値をみると、一九二〇年代後半以降には京城府内で朝鮮人火葬者数が激増することがわかる。朝鮮人一〇〇〇人あたり火葬場利用者数は、一九二〇年の五・八名という高い数値を除けば、一九一五―一三年のあいだは〇・八―二・三名の間にあり、この時期の朝鮮人は火葬せず土葬したケースが多いことを示している。しかし、一九二四年に三・九名と増えはじめ、一九三一年には九・六名に達する。これを百分比で表すと三四・二％である。

また当時の新聞報道によれば、一九三三年には京城府内での朝鮮人死亡者は七六八〇名、火葬者数は五一三三名であり、火葬率は六六・八％になる。(51) さらに一九三五年には、火葬者数の死亡者数に対する割合は七六・一％（死亡者数七二三〇人に対して火葬者数五四九八人）と急上昇する（表2）。一九三六年には四七・一％（死亡者数一二六八四人に対して火葬者数五九八四人）に下がるが、これはこの年に京城府域を拡大し、周囲のいまだ都市化していない地域を編入したためであると考えられる。したがって、当時のソウルでは火葬がかなり普及していたことがうかがわれるが、しかし同時に、同じ表2から、周囲に存在する京畿道郡部はもちろん仁川府や開城府のような都市部にもみられず、ソウルだけの特異な現象であることもわかる。

一九三七年、京畿道衛生課は朝鮮人の火葬増加について、「文化の向上と教育の普及に依り漸次火葬を為す者の増加しつゝあるは望ましき現象なり(52)」と述べている。また一九三〇年の京城府衛生課によるこの現象への説明は、「なによりも朝鮮人の思想が進歩して以前のように風水観念や名山崇拝熱がなくなったことが唯一の理由であり、その次に簡便で経済的であるということであるが、京城府ではこの趨勢にこたえて、火葬料金を五円から三円に引き下げ、貧困者には無料で行わせる。このような火葬の普及は、時代に適応したものであり、将来もさらに多くなることだろう」というものである。(53)

ここでは火葬の実践が、風水という迷信を脱却した結果とされ、前節で述べたような、風水に影響された個別の墳墓設置から共同墓地での埋葬へという葬法の進歩の図式に、火葬がつけくわわっていることを示している。

ただ、京城府衛生課が「その次に」とつけくわえて、火葬が「経済的である」と認めていることは見逃すべきではない。すこし時期をさかのぼるが、一九二八年の『東亜日報』は火葬の増加を取りあげて、「朝鮮人がこのように死者の骨を扱うのは、従来の習慣を改革したということもできるが、大体は経済的な関係からで、埋葬したばあい死装束を準備するほかに共同墓地の使用料だけで三―四円かかるのに対して、火葬する場合はすべてを合わせても三円一〇銭程度で済むからだという」と報じている。[54]また、独立運動家を監視していた警察は、一九三三年にある「要監視者」について次のような記録を書き残している。


〔……〕葬斎費皆無のため保釈保証金二十円の還付を受け之れに充つる事とし〔……〕弘済里火葬場に至り火葬を執り行したるが其間何等之〔一文字不明〕騒を認めす尚本名の遺骨を郷里に持参する時は再ひ葬儀執行の要あり手数を省くため京城に於て遺骨は粉末とし飛散せしむる予定なりと云ふ〔……〕[55]

これは一九三二年に朝鮮共産党再建にかかわり逮捕された人物に関する報告で、彼は持病の胃がんのため保釈されたが翌一月に故郷である忠清南道康津郡で死亡した。その際葬儀代がないため火葬したという報告である（そしてそこまでを警察に監視されている）。

ところで、この史料では直接目撃したと記してはいないが、遺灰は散布する予定であること、またそれが「手数を省くため」とされている点は重要である。朝鮮においては、火葬は死者と生者のつながりを完全に断絶させる方法として用いられていた。本稿冒頭に述べたように朝鮮の墓制においては骨を通じた先祖と子孫のつながりが重視されていたのであるが、逆に先祖とのつながりが子孫に災いを及ぼすと判断された場合は、それを絶つためにこそ火葬し散灰をおこなったという[56]。しかし一九三〇年代には、継続して墓を管理する必要のない葬法として火葬が選択されることが始まっていたのである。

以上から、朝鮮人の火葬はじつはおもに経済的な理由からおこなわれていたであろうことが推測できる。一九三〇年代以降朝鮮の農村部では貧窮化がすすみ、それにつれて向都離村の動きが起こったため、ソウルでは「土幕」とよばれる掘立て小屋に住み着く人々が増加した[57]。この時期以降のソウルにおいて火葬が急増するのは、このような貧窮した都市流入民が、継続して墳墓を管理する必要のない火葬・散灰を選択したためではないかと考えられる。

共同墓地への埋葬についても同様の事情があったと思われる。じつは、墓地規則が改定されてからの一九二〇年代以降には、共同墓地への埋葬が増加している。たとえば、一九一四年に京城府が設置した梨泰院墓地は一九一六年四月一四日から使用開始したが、一九三一年には埋葬の余地がなくなったため三月三一日に閉鎖された[58]。すなわち、共同墓地への埋葬がそれだけ増加したということはできる。ソウルのみならず、一九二五年には約五万坪の大邱府共同墓地（一九一七年設置）に埋葬する余地がなくなり、墓地を一万坪拡張すると同時に火葬を奨励するという旨を『東亜日報』が報じている[59]。また非都市部でも、一九三八年の慶尚南道南海郡昌善面堂底里では、共同墓地が手狭になったため里民が周囲の山地を購入しようと努力していたところ、ある人物が林野二〇〇〇坪（時価約二〇〇円）を寄付したという例もある。[60] ただ、筆者が集中的に調査している済州道西帰浦市猊来洞（植民地時代は全羅南道済州島中文面に属した）では、植民地時代に設置されたという共同墓地に現在も埋葬する余地があるほどであり、[61] 単純に共同墓地が定着したとはいいがたい。

これを考えるのに参考になるのが、先に述べた梨泰院墓地の例である。この墓地は一九三五年に都市計画により廃止され、新たに設けられた墓地にすべて移転されたが、このとき三万八〇〇〇基もの無縁墳墓があり、管理者（いいかえれば埋葬者の子孫）がみずから移葬したものはわずか五〇〇〇基にすぎなかった。[62] つまりこの墓地に存在した墳墓の九割近くが無縁墳墓となっていたわけで、これは、埋葬はしたものの管理を継続することができず放置された墓が大多数であったことを示している。したがって共同墓地への埋葬も、やはり継続的な墳墓の管理をおこなうことのない、管理コストの節約の意味があったと考えられるのである。

4　一九四〇年、朝鮮人による朝鮮人の火葬提言

墓地取締りの再強化方針

以上のように、共同墓地への埋葬が増加したとはいえ、それが朝鮮人の墳墓地選択の中心になったわけではなかった。

一九三〇年の『東亜日報』は、総督府の見解にしたがって「許可墓地」の設置可能な場合を次のよ

うに示している。

一、従来の私設墓地が土地の状況変更によって改葬しなければならない場合
二、墓地が公共の利益となる事業など（標準は土地収容《ママ》令第二条による）のために買収され、またはこれらの事業のために寄付されるとき
三、墓地規則施行時過失によって法規の届出を怠り、無縁墳墓となった祖先あるいは配偶者の墳墓に接触して、またはその境域によって墓地を設置する場合[63]

つまり許可墓地は、該当地域の状況変更によってやむをえない場合、あるいは墓地規則施行時に届出を怠っていた場合にかぎり許可するものであり、一種の例外として認められる墓地であったというのである。この記事は、許可墓地を設けようと道知事に求める「運動」に便乗した詐欺が当時頻発したことに対する警告であった。ここで『東亜日報』は、許可墓地の新設は基本的に不可能であるのに、それを知らず「蒙昧なる人々」が「運動」によって貴重な財産を蕩尽してしまう、と説明している。またこれに加えて斉藤総督の「そのような運動はなさらぬほうがよい」というコメントや、西亀警務局衛生課長の、新たに墓地新設を許可することはないであろうから、それにもかかわらず「運動する人々があれば、それは自分自身の過ち」であるという談話も掲載されている。一九三七年末現在でも、「共同墓地」が二万五九八九カ所で四九二〇万七九一五坪、「届出墓地」が九万四〇二〇カ所で一億四六六八万三七九八坪、「許可墓地」八八五〇カ所で一五五四万九一〇六坪であった[64]。つまり、三〇

〇〇坪以内で設置された私設墓地である届出墓地が圧倒的に多く、さらにそれに加えて許可墓地を求める動きがさかんであったことをこれらの記事は示している。火葬や共同墓地への埋葬が管理コストの節約になるのは、さまざまな技術や施設を導入しながらも使用料を当局が安価に抑えていたためであった。総督府や京城府などはそれだけ葬法の変革に躍起になっていたのであるが、それが朝鮮人に十分浸透していたとはいえなかった。

一九三九年、総督府衛生課長であった西亀三圭はこの状況に対して、墓地を大切にしなければならないのは祖先や父母の恩を感じ自己を反省するためであって、朝鮮の墓地選択にかかわる「風水」は誤った観念であり是正が必要であるとする。また一九一二年の墓地規則の理想は良かったが時期尚早で非現実的であったため改定が必要であったのであり、「近年大衆の間に於ても墓地に対する旧来の観念が誤つて居たことや、之に因つて起る諸種の弊害や、墓地面積の予想も及ばぬ広さに達したことや、其の他種々の社会的事情から」制度の改正の声が上がっていると述べる[65]。西亀が挙げている朝鮮人の墓への視線は植民地化過程で為政者の間に形成されたものをほぼそのまままくり返しており、朝鮮人「大衆」が「旧来の観念が誤つて居た」ことを認めはじめているとする認識もこれまでのものと同様である。

これをうけて総督府は一九四〇年に、以下の三項目をあげて「墓地規則の根本的な改正」をおこなうと発表している。それは、「一、共同墓地は適当な場所を選択して植樹境内の区域とその他美化工作を行い、これを利用させること／二、届出墓地は規則を廃止し許可制とし／三、許可墓地の面積を統一し制限する」というものであった[66]。これはいわば、一九一〇年代におこなわれていた新設墓地の許可制と、一九二〇年代に導入された公園墓地をあわせたものである。しかし『朝鮮総督府官報』には一九四〇年当時墓地規則を改定したという内容はみられず、実際には墓地規則の改定はおこなわれなかったようである。その原因は今のところ不明であるが、すくなくとも地方レベルでは墓地に対する行政上の動きがあった。

たとえば全羅南道警察部は、一九三九年三月に道令を発布し、ひとつの「里」にひとつの共同墓地を指定し、その中に「一戸に約二十坪を標準に家族墓地を設置する」こととし、また私設墓地についても「自発的」に三〇〇坪以下にするよう求めた[67]。仁川府でも、一九三八年以来の住民運動の結果、一九四一年から府内「朱安町」に家族共同墓地を建設している[68]。一九一〇年代と同様に共同墓地としての家族墓地を設けることで、総督府の目的である墓地面積縮小と、朝鮮人のあいだで強く要求された家族墓地設置の妥協点を見いだしているわけである。

ただここで注意するべきなのは、この時期はまさに「創氏改名」とよばれる政策が立案・実行される時期であったという点である。一九三九年に民法にあたる「朝鮮民事令」が改定され、一九四〇年二月から八月までが創氏改名の届出受付期間であった。創氏改名は、それまでの朝鮮戸籍にかえて、日本式の「氏」制度にもとづく戸籍を作成するものであった。すなわち、ひとつの戸籍にはひとつの「氏」をつけ、氏を法律上の「家」の称号としたものである。「家族」の制度的な基礎となる戸籍制度が日本式の「家」制度となった以上、家族墓地もまた将来は「家」単位のものとなるはずであった[69]。ただ、その変化が表面化するほどの世代が経過する前に、日本による植民地支配は終わったのである。

朝鮮人による墓地制度改正の主張

一方、すでに前節でみたような朝鮮人による火葬振興の主張はあらわれていたが、一九四〇年の総督府による墓地取締強化の方針にも朝鮮人のあいだから呼応するメッセージが発せられる。まず『東亜日報』が社説でこの規則改定方針を肯定的に取りあげている。この社説は、改定の必要性を「非生産的な墓地面積の激増」と、墓地をめぐる「朝鮮的」で「風水的迷信」という「特殊な犯罪性格に律定された」犯罪の除去に求め、「墓地規則改正に着眼したのは、時宜を得たもの」としている(70)。

もちろんわれわれは祖先崇拝と墳墓の尊待という美風良俗を絶対に無視するものではなく、墓地制度を根本的に否定するものでもない。むしろこのような美風良習を永く遺承継持する必要性を高調するものである。しかし非生産的墓地面積の逐年激増により、林野開発に一大障碍となるのはもちろんのこと、風致上から見ても放置することはできないという事実と、「風水」説的迷信論に支配され具現された墓地犯罪の激増に対する二大事実を照らしてみるとき、みな猛省しなければいけないであろう。林野資源開発と社会犯罪防止が強烈に要請されている昨今にあっては、一層その意義が重大であることを自認せざるを得ない。

並木真人は、一九二〇—三〇年代の『東亜日報』に代表される、社会進化論の受容と政治より文化を優先する傾向をもつ民族運動を近代至上主義とよび、このような立場からは総督府への批判は工業化の効率性など限定されたものになってゆくと指摘している。[71] 総督府の墓地政策に関しても、『東亜日報』は一九二〇年の創刊当初から、「元来墓地規則の制度そのものが、根本的に不当なものなのでは」なく、墓地が問題化するのは取締りが「たいへん急激にすぎたこと」と「「サーベル」式威圧」によるものである、としている。[72] このように、土地利用の効率性からみる墓地面積縮小、その対策としての風水という「迷信」脱却という主張は、近代至上主義とよびうるような朝鮮人による主張にもみられるものだった。また、「祖先崇拝と墳墓の尊待」を「美風良俗」としている点も、日本人官僚側の見かたと共通するものである。

一方、一九四〇年三月二六―二七日の『満鮮日報』は、慶尚南道会における質問および建議案であるとして、道会代議員・鄭寅斗の「朝鮮の墓地問題と火葬問題について」というコラムを二日にわたり掲載している。[73] ここで彼は、まず墓地風水批判を展開する。いわく、朝鮮における風水は「何等の組織的体系をもった学説」をたてられず、根拠のない正体不明のものとなったため風水師たちの主張も「各人異説」で「虚無」なるものになってしまったとする。またそれによって、一般民衆には祖先の墓の位置によって子孫の禍福が決まるという「非科学的な迷信観念」が脳裏に深く刻まれ、朝鮮の山野はいたるところに墳墓が散在し、「広範な地域を占領され土地に対する経済思想の発達を阻害」するのみならず、「紛争」を起こし「家産」を崩壊させたという。鄭はこれにつづき、一九一九年の私設墓地認定を、「朝鮮旧来の習慣を尊重」したものだが、それによって共同墓地が「下層階級」の利用するところであるという通念が生まれてしまい、墓地に関する以前からの「弊害」が再発しているとし、私設墓地の撤廃と共同墓地の「美化」が当面の課題であるとする。

ここまでは、これまでみてきたような総督府側の墓地問題認識にそっており、また朝鮮人の側からの要求としても典型的なものであるが、鄭はそれに終わるのではなく、根本的な解決策として「内地式」の葬法である火葬・納骨墓を主張する。

現在の墓地改善の根本問題は、まず墳墓の形態から縮小させなければならないということであり、それならば死体をそのまま埋葬せず、これを火葬してその遺骨のみを納めることである。そうして墓の外形を美化する方法として、墓標を石造あるいはセメントまたは木造などにすることである。〔一文字不明瞭〕内地人間の墓地の外観が、どれほど崇敬的存在で、時には清らかで情趣的でもあることは、吾人が言うまでもなくみな感じていることではないだろうか。(74)

このように述べたあと、火葬が遺体の処理方法として最も衛生的であること、新羅・高麗時代には王や大臣も火葬していたように朝鮮にも火葬の歴史があったことを述べ、火は人間以外の動物が使用することのできないものであって、死者に対して火を用いるのは敬意の表現であると主張する。最後に、火葬をおこない「墳墓の外形を可及的に内地式石造を模倣し、墓地の美化改善を図ることが妥当な方途であり、したがって民風改善上寄与するところも多大であると確信するところである」と、再度「内地式」への転換を強調して稿を閉じている。(75)

鄭は最末端の行政単位の長である面長を務めたあと池正宣と同様一九三七年の選挙で道会議員に当選しており、(76)該当地域における「農村エリート」（松本武祝）の一員であったと考えられる。(77)したがって、墓地を縮小し土地利用を効率化する火葬を理想化することも、それほど意外ではないが、この文章は朝鮮人の側から火葬・納骨が「内地人」の、「内地式」の葬法として記述されている点が特徴的である。

この内容は、同年四月三日の『毎日申報』に「小山寅一（旧名鄭寅斗）」という署名入りのコラムとして再掲される[78]。ところが「墓地の美化」と題した、『満鮮日報』のものとくらべれば若干短縮されたこのコラムでは、右に引用した部分のうち「内地人間の墓地の外観が〔……〕みな感じていることではないだろうか」にあたる文が、「文明人の墓地のように、外観から崇敬され、聖潔《ママ》な場所にならなければならない」となっている（その前文はまったく同じである）。さらに『満鮮日報』の記事で「内地式石造」に言及していた、末尾の「墳墓の外形を〔……〕確信するところである」という一文は、『毎日申報』にはみられない。ここでは「内地」「内地人」という語はまったく使用されておらず、「文明人」に置きかえられているのである。火葬・納骨という方式を、しかも「内地式」の葬法として理想視した鄭は、しかし一方で「内地＝日本」とは無関係に「文明人」の葬法として同じ内容を主張できたのであった。ここにはいわば「日本人となることで文明人となる」ことではなく、「文明人となることで日本人と無関係になる」可能性もあった。そしてだからこそ、総督府は「内鮮一体」を強調し、二つの可能性のうちの前者だけを提示しつづける必要があったのである。

5　墓と葬法からみた内鮮一体

朝鮮人と日本人の葬法の乖離

この時期、一九四〇年における朝鮮総督府警務局保安課による「民情調査」では、「火葬をおこなうもの」と「内地式墓標を用ふる者」が、「内鮮一体の形式方面に現れたる状況」の調査項目として選ばれている[79]。このように、火葬は朝鮮人が内地化したこと、すなわち内鮮一体を示すひとつの指標でありえた（表3）。たしかに、朝鮮に居住していた日本人は、一九世紀から火葬をおこなっていた。ただ、表1にみる日本人の火葬者数と墓地利用者数の差が示すように、火葬した遺骨は朝鮮で納骨するのではなく、日本に持ち帰ることを考慮したものであった。つまり、在朝日本人の火葬実行は、移動の便宜によるものと考えられるのである。

土地調査事業を担当した総督府官僚のうちでも中心的な位置にいた和田一郎は、随筆のなかで次のように述べている。

殖民地に定着する心を起させるには色々の方法もあるが、墓地や火葬場を壮麗にして人に安心を与へることも極めて大切である。〔……〕死んでアンナ火葬場で焼かれアンナ墓地に葬られるのかと思ふと誰でも心細くなる。故郷の先祖代々の墓場ならばイクラ悪くとも我慢できるが、異郷天涯の地では悲観せずには居られない。朝鮮で官吏や会社員などが職を止めると必らず内地に帰る。人も

表３－２「内地式墓標を用ふる者」

	総戸数	人　数	対比(%)
京畿道	440,738	6,181	1.4024
忠清北道	165,685	43	0.0260
忠清南道	279,620	5,363	1.9180
全羅北道	293,330	6,927	2.3615
全羅南道	468,103	3,989	0.8522
慶尚北道	454,807	9,585	2.1075
慶尚南道	408,998	28,505	6.9695
黄海道	317,419	347	0.1093
平安南道	293,438	22,709	7.7389
平安北道	288,796	1,318	0.4564
江原道	308,503	273	0.0885
咸鏡南道	278,209	5,351	1.9234
咸鏡北道	155,501	1,141	0.7338
合　計	4,153,147	91,732	2.2087

表３－１「火葬を行う者」

	総戸数	人　数	対比(%)
京畿道	440,738	31,064	7.0482
忠清北道	165,685	260	0.1569
忠清南道	279,620	164	0.0587
全羅北道	293,330	494	0.1684
全羅南道	468,103	369	0.0788
慶尚北道	454,807	8,230	1.8096
慶尚南道	408,998	6,682	1.6337
黄海道	317,419	300	0.0945
平安南道	293,438	496	0.1690
平安北道	288,796	9	0.0031
江原道	308,503	654	0.2120
咸鏡南道	278,209	71	0.0255
咸鏡北道	155,501	830	0.5338
合　計	4,153,147	49,623	1.1948

出典は注(79)におなじ。このほかの調査項目は以下のとおり。

一，内地式氏名を使用する者
二，内鮮結婚調
三，婿養子調
四，内地式服装を為す者
五，国語を解得せる者
六，陽暦過歳及門松〆縄をなせる者の戸数
七，大麻奉斎戸数調
八，内地人小学校に入学せる朝鮮人児童数
九，内地人布教の宗教に入教せる者
一〇，曽て内地に居住し又は視察の経験を有する者
一一，邦文新聞購読者調

亦是等の人に対して必らず「何日頃内地に帰りますか」と聞く、之では全く出稼である。〔……〕殖民地の発達は其処で死ぬ覚悟を持つて居る人が多くならなければ駄目である。此の意味に於て墓地や火葬場を人の羨む程壮麗にしておくことも非常に必要であると思ふ(80)。

和田は、これからは植民地に定着する覚悟をもった日本人が増えなければならならず、そういう意味で墓地や火葬場の装飾をおこなうことが重要である、と記している。具体的に和田が関係したという資料はないが、このようなアイディアは結局京城葬斎場によって現実化したといえる。しかし、実際にはソウルに墓を設ける日本人は少なく、ソウルに骨を埋める考えをもっていた人も実行に移すのには抵抗感をもっていた。次に引用するのは、朝鮮総督府の官吏であったある男性の回想を、孫娘が書きとめたものである。

日本人墓地に骨を埋めると、朝鮮人に荒らされるような気がしたんだよ。もちろん、京城に骨を埋める気ではいたんだがね。やっぱり向こうの人（朝鮮人〔原著者注〕）の反感みたいなものはこわかったからね(81)。

この一家では、語り手の両親（一九三九年および一九四〇年死亡）と妻（一九三二年死亡）の三人がソウルで死亡したが、遺骨は現地の浄土宗の寺院に預けたままにして墓は作らず、引揚げの際にもそのままにしてきたという。もちろん、ソウルは一時的な生活の場であり墓は日本の故郷に作りたいという日本人も多かったと思われるし、日本人墓地の利用者が少なかった理由としては、そちらのほうが大きかったかもしれない。しかし先に引用した語りは、和田が期待したように植民地に骨を埋める覚悟をもった人物でさえ、いかに墓地や火葬場をモダンに仕立てあげたとしても、やはりそこで墓を作る気にはならなかった、という事例として重要な意味をもつものである。(82)

一方で表3によると、一九三九年末の段階で火葬をおこなっている朝鮮人は戸数でみてわずか一%であった。京畿道のみが若干高い数値を示しており、これはソウルの高い火葬率が反映されているものだったが、そのソウルでの火葬は、おそらく管理費用が節約できるという動機によるものが多かったと考えられる。さらに、朝鮮における火葬は、一般的にはその後遺灰を散布するもので、日本の内地において一般化していったような、納骨墓を造り祭祀の対象とするものではなかったと思われるのである。ソウルにおける日本人墓地と朝鮮人墓地が都市開発にしたがって隔離されていったように、植民地期の葬法と墓制をとおしてみるとき、日本人と朝鮮人のあいだの溝が埋まることはなかった。

風水による墓地設置もまた、朝鮮人のあいだですたれることはなかった。この問題について総督府の依頼をうけ調査した民俗学者村山智順は、一九一九年の改定によって私設墓地造成の機会を得たのはもともと自家の墓地を持っている人々のみであり、規則改定以前はすべて共同墓地に埋葬しなければならなかったのが、改定以後は朝鮮人同士のあいだでも私設墓地を持つことのできる人々とできない人々との違いが生まれたことを指摘する。そしてそのため後者の人々のあいだでは、墓地以外の土地や他人の墓地に埋葬しようという欲求がむしろ強まった、と推定する。(83)

青野正明も、総督府の強制的な政策や朝鮮人あいだに待遇の差があったことに対する不満が、一種の祟り信仰とあいまって共同墓地に対する否定的な見方を形成し、生活難や病気などの苦境を共同墓地への埋葬によるものとする心性が形成されたとしている[84]。また崔吉城は『朝鮮の風水』に集められた事例について、風水によって子孫が肯定的な影響をうけた、とされる事例と、否定的な影響を受けたとされる事例とを比較している。それによれば、子孫の衰亡・疾病・貧困などといった否定的な影響は、子孫の繁栄・高官の地位の獲得・富貴の獲得といった肯定的な影響にくらべて、具体的なものが多いと指摘する[85]。

『朝鮮の風水』にせよ『朝鮮墓制一般』にせよ、警察による調査資料が主に用いられていることからみて、子供が生まれないとか貧困といった不幸の原因を探った結果、墓の位置がよくないといわれて墓を移した結果摘発された事例が多く紹介されているとみるべきではある。このように限定つきの資料によるものであるが、風水には自身の不幸（あるいは他人の成功）を、その祖先の墓の位置によって説明するという側面があることは確かであろう。この点、一九七〇年代の調査結果である京畿道のある農村の民族誌でも、住民は風水による利益よりも不利益にずっと敏感である、と報告されていることも参考になる[86]。そして、であったとすれば、植民地下において貧困や放浪を余儀なくされた人々が、その困難の原因を墓地にもとめてもおかしくはない。朝鮮人が従来の墓制にこだわったのは、総督府の政策がもたらしたものでもあったと考えるべきであろう。

当時の内地においても珍しかったはずの火葬‐納骨という方式が日本人の葬法とされ、また土葬‐封墳という朝鮮人の葬法との相違が強調されることで、「日本人」「内地人」と「朝鮮人」「半島人」という対立的な自己意識の形成過程に墓と葬送も一役かっていた。そして総督府の墓地政策は、そのような対立を助長する効果をもたらしていたのだった。

戦死者の葬法をめぐって

一九四〇年に予定されていた墓地規則の改定は中止され、結局植民地時代の終わりまで改定されることはなかった。またたとえば、一九四九年の『東亜日報』によると、旧京城葬斎場火葬場の火葬炉はそれまで一三年間補修工事をできなかったため、四〇基のうち当時わずか五基だけが稼動していたという[87]。実際に一九三六年から一度も補修しなかったのかどうかは確認する必要があるが、戦時体制下では火葬場に貴重な資源を用いることができなかったことは容易に想像できる。また表3にみる警務局保安課の調査を除いては、『東亜日報』社説や慶尚南道会の代議員鄭寅斗、また総督府衛生課長西亀三圭も、共同墓地や火葬の推進を、一九三〇年代以降さかんに標榜されるようになった「内鮮一体」や「皇民化」と関連づけて主張してはいない。このように、一九四〇年代には墓地問題の解決は朝鮮の統治のなかでの比重が小さくなっていく。それにかわってこの時期表面化するのが、戦争の激化による戦死者の葬送である。たとえば朝鮮人志願兵としてはじめて戦死した李仁錫は、その死の直後から連日のように報道の対象となっている[88]。

この点に関しては、帝国日本にとって「領土としての朝鮮」は当初から運用するべき資源であったのに対し、「朝鮮人」は軍事的な動員資源となってはじめて本格的な統治の対象となった、という指摘が参考になるだろう[89]。つまり、朝鮮人の軍事・労働への動員が施策の中心となった一九三〇年代後半以降には、労働力として動員できない死体の処理は、政策の表面にはあらわれなくなるわけである。

そのことは、統監府や総督府による墓地政策の目標が、朝鮮という領土の有効な利用と、そのための墓地の集中や面積縮小にあったことを、裏面から示しているといえる。逆にそこで前面にあらわれた死や死者の「有効な利用」の方法が、戦争による死者を英霊として扱うことだったのである。そして本稿の関心からいえば、「生きていた英霊」の存在がよく示すように、「英霊」をたたえる場では遺骨や遺体の状況は軽視されがちであることに注目すべきであろう[90]。とくに朝鮮人が徴兵の対象となったのは戦争末期の混乱した状況であり、この時期には、戦死者はまとめて火葬されその場に遺骨を残されたことが多かった[91]。

日韓併合によって日本の一部となった朝鮮であったが、その当初は徴兵制が施行されなかった。それは日本語に通じたものが少なく意思疎通が難しいこと、また朝鮮人を日本軍部が兵士として信頼できなかったというところに原因があった。しかし満州事変以後は軍属として従軍し犠牲になる朝鮮人も多く、また日中戦争開始直後の一九三八年になって陸軍への志願兵制度が導入され、一九四三年には海軍への志願兵制度導入と学徒出陣が決定、一九四四年にいたって全面的な徴兵制度が実施された。樋口雄一は、この間三七万人近くの朝鮮人が軍事に動員されたとし、また犠牲者は厚生省および靖国神社祭神数によると約二二〇〇〇人となるが、ここに含まれない死亡者も多いと推測している[92]。

この時期、陸軍省による遺体の扱いを定めた「陸軍墓地規則」（「陸軍埋葬規則」を改定して一九三八年に公布・施行）では、朝鮮・台湾（一九四一年七月の改定では樺太にも）の諸部隊もその衛戍地《えいじゅうち》ごとに陸軍墓地を設けることが定められた[93]。この時期、日中戦争の激化にともない陸軍墓地には従来の個人墓にかわり「忠霊塔」が設けられるようになってきたが、それは部隊ごとに遺骨または遺髪を分けて合葬することと規定されており（第五條）、また「一戦役又は一事変」ごとにつくられるものであった（「陸軍墓地規則」第一三条）[94]。このように、制度の面では朝鮮人や台湾人の遺体・遺骨について特別の扱いはみられない（ただし、本論文末「追記」を参照のこと）。

一方、朝鮮や台湾に在住する日本人・朝鮮人・台湾人戦死者に対して皇后から歌と菓子が送られるということもあった[95]ように、さまざまなかたちでの戦死者に対する慰霊の形式も、朝鮮人・台湾人・日本人を区別することはない。ただしそれは、靖国神社への合祀のように、その死者が公的な慰霊の対象とみなされるかぎりにおいて、であった。つまり「英霊」については内鮮一体が実現していたのであるが、それは逆にいえば、同化と異化の矛盾を解消しようとした内鮮一体は戦争遂行をとおしてしかおこないえなかったということでもある。そしてそこでは、総督府があれほど苦心して対処した、死体や墳墓といった死のフィジカルな存在は後景に退いてしまう。

しかし、死から死体を排除することはもちろんできない。それを如実に示すのが、地下施設や飛行場建設での労働に動員されるなど、まさに労働力として動員されたまま死亡した朝鮮人・中国人の遺骨である。現在も日本各地に残るそれらの遺骨の多数は、無名であったりまた名があっても遺族が不明であったりする。逆に遺族らが、故人が日本に徴用されたということを伝え聞いていても、その遺骨がどこにあるのか知ることができるのはまれである。遺骨というかたちで物理的には存在していても、故人と遺族とのつながりが断絶しているという意味で、これらの死者の葬送は、まだおこなわれていないのだといわざるをえない。そしてその存在は、名前ひとつだけあれば国家が特定の死者を英霊とすることのできる靖国の論理が、何をみないことで成り立つものなのかを示している[96]。

6　解放後への影響

最後に書いておかなければならないのは、風水を迷信とし土葬から火葬への移行を進歩と描く図式は、一九九〇年代後半の韓国政府による火葬推進キャンペーンでも利用されているということである。韓国政府は一九九九年に墓地に関する法律を改定し（翌二〇〇〇年より施行）、土葬に年限をもうけその後は強制的に火葬する制度の導入や、国や地方自治体の火葬推進義務化などを盛り込んだ。そのような改革が必要な理由として、「葬事に対して関心を持つ人もあまりおらず，国家政策においても同様であった」結果、「土葬中心の葬墓慣行が簡単には変わらず維持され、墓地が持続的に増加し、生産的な土地の蚕食と山林景観の毀損および生態系の変化」を起こし、放置できない問題となっているため、と説明される。(97) ソウル市の作成による火葬キャンペーンビデオでも、「朝鮮時代に入って、抑仏崇儒政策により火葬を禁止し、土葬を強力に勧めた。それにつれて我が国の葬墓文化は、徐々にその姿を変えていった。〔……〕人口が多くなく、農耕社会であったために可能であった土葬中心の葬墓慣習は、今日までつづき多くの社会問題を惹起している」(98) と説明される。つまり、土葬から火葬へという葬送の移行図式がくり返されているうえ、そこには、植民地時代の歴史が意識的にか無意識にか欠落しているのである。

このような韓国政府の構想は、六〇年代後半の国土計画の開始とともに現れてきたものである。(99) 植民地からの解放は、「効率的な土地利用」からの解放では当然なく、むしろ独立国家の政府として、国土計画はより積極的に推進されなければならないものであり、そこで墓地が問題となったという点で韓国政府は朝鮮総督府と同じ課題に直面し、同じような政策をとってきたわけである。

解放後韓国で成立した民法が、父系出自集団を強調しその内部での婚姻を禁ずる（「同姓同本不婚」）という保守的な規定をもつようになる過程で、植民地期の創氏改名政策が逆説的に強くはたらいたこと、つまり同姓同本不婚は、日本でさえ変えられなかった韓国の重要な伝統であるという主張が力をもったことが明らかにされている[100]。墓についても同様の過程があり、解放後にむしろ風水の意識や火葬に対する抵抗が強まったとは考えられないか。

ともあれ、植民地期の構図が解放後にもくり返されたことは確かなのであるが、しかし二十一世紀にはいると当事者たちはむしろ火葬を積極的に選択するようになっている。なぜこの時期にいたって変化が訪れたのか、については、改めて論じる必要がある。ここでは、衛生的でもあり経費節約になり最新技術も利用した火葬推進政策が、しかしそれだけでは必ずしも人々から支持されてこなかったこと、それは解放前後にわたる現象であり、その発端が植民地支配にあったこと、またそのような事情は韓国でも日本でも忘れ去られていたことを指摘しておきたい。

注

（文献末尾に〈K〉と記したものは朝鮮語文献である。ただし『毎日申報』『東亜日報』『朝鮮日報』『満鮮日報』については省略した。）

（1）駒込武『植民地帝国日本の文化統合』岩波書店、一九九六年。

（2）柳美那「植民地朝鮮における経学院」『朝鮮史研究会論文集』第四二集、二〇〇四年一〇月、とくに一〇五—一三二頁。

（3）張哲秀『韓国の冠婚葬祭』集文堂、一九九五年、二五六頁〈K〉。古田博司「朝鮮王朝前期葬喪礼教化政策」『史学』六二—一・二、一九九二年、九三—一二九頁。

（4）圭室文雄『江戸幕府の宗教統制』評論社、一九七一年。日本における葬墓制の多様性については、森謙二『墓と葬送の社会史』講談社、一九九三年。

（5）金景淑『朝鮮後期の山訟と社会的葛藤の研究』ソウル大学校国史学科博士論文、二〇〇二年、五七—六八頁〈K〉。

（6）これを「同気感応説」とよぶ。渡邊欣雄『風水の社会人類学』風響社、二〇〇一年、六九—七九頁。任敦姫「韓国農村における墓位置の影響」崔仁宅訳、渡邊欣雄・三浦国雄編『風水論集』凱風社、一九九四年、四九四—五一四頁。

（7）金景淑、前掲論文。金ソンギョン「朝鮮後期山林所有権の変遷過程」、裵在洙・金ソンギョン・李ギボン・朱麟源『朝鮮後期山林政策史』韓国林業研究院、二〇〇二年〈K〉。青野正明「朝鮮総督府の墓埋政策と民衆の墓地風水信仰」、富坂キリスト教センター編『大正デモクラシー・天皇制・キリスト教』新教出版社、二〇〇一年、一六四—一九三頁。また、一八九四年の甲午農民戦争における墓地をめぐる争いについて、趙景達『異端の民衆反乱』岩波書店、一九九八年、二四二—二四三頁。

（8）韓国内務部警務局『韓國警察一班』一九一〇年、二四二頁。

（9）同書、二三八頁。

（10）同書、二三九—二四〇頁。

（11）胎中千鶴「植民地期台湾の死体と火葬をめぐる状況」『史苑』（立教大学史学会）第六三巻二号、二〇〇三年三月、八三―一〇七頁。

(12)『朝鮮総督府施政年報　明治四十五年・大正元年版』一九一四年、九二頁。

(13) 金景淑、前掲論文、一五九―一六五頁。

(14)「墓地規則」第八条、第一二条、第二〇条、附則第二項。

(15)『毎日申報』一九一三年一〇月一九日「偸葬者相当懲罰」。ほかにも、『毎日申報』一九一五年七月一六日「死者を暗葬した者――手術を受けた死胎」、『毎日申報』一九一五年八月二一日「秘密裏に埋葬――死んだ子供を」などが同様の事件を報道している。

(16)『毎日申報』一九一三年一〇月二五日「勒葬者特別容貸」。一九一〇年の日韓併合にともない、新聞は廃刊や買収という方法で統制され、この当時の『毎日申報』は総督府の朝鮮語機関紙の役割を果たしていた。上記のような記事には、「愚迷なる人民」を強調することで墓地規則の普及をめざす意図があったことが推測される。

(17)『毎日申報』一九一四年六月一八日「墳墓課税是誤解」。また一九一五年三月一四日の同紙には、墓碑建立・民籍原簿作成・家畜頭数の調査が課税のためであるとするうわさが流れており、これを否定する警務総長の談話が掲載されている。

(18) 青野義雄・金性烈『朝鮮墓制一班』一九二三年、嚴松堂京城店、四八二―三頁。

(19)『朝鮮総督府官報』には、一九一三年八月「池田仁吾」が子爵李完鎔の代理人として「京城府豆毛面往十里大峴洞水鐵里舞鶴峯」に所在する国有林野七七町九八一〇歩を譲りうけたことが記載されており、池田の名前が一文字異なっているものの、これを問題の土地についての記述であると考えるのが妥当であろう。『朝鮮総督府官報』一九一三年八月三〇日号。

(20) 迫間房太郎については、以下の諸文献を参照されたい。高崎宗司『植民地朝鮮の日本人』岩波書店、二

〇〇四年、三三三頁。橋谷弘「迫間房太郎」、木村誠ほか編集『朝鮮人物辞典』大和書房、一九九五年、二三七頁。木村健二『在朝日本人の社会史』未來社、一九八九年。

(21) 『朝鮮総督府官報』一九一八年一月三〇日。

(22) 条文は以下のとおりである（『朝鮮総督府官報』一九一九年九月三〇日「朝鮮総督府令第一五二号」より）。

> 第一條　共同墓地以外に於て祖先又は配偶者の墳墓を有する者は其の境域に依り又は之に隣接して自己の所有地内に墓地を設くることを得
> 前項の墓地の面積は三千坪とし一家に付一箇所に限る但し左の各号の一に該当する場合に於て道知事の許可を受けたるときは此の限に在らす
> 一　墓地に埋葬の余地なきに至りたるとき
> 二　土地の状況の変更に依り墓地たるに適せさるに至りたるとき
> 三　前二号の外特別の事由あるとき
> 第一項に依り墓地を設けたるときは十日以内に墓地の位置及面積を道知事に届出つへし
> 第二條　前條に規定する場合を除くの外墓地を新設せむとするときは墓地の位置及面積を記載したる書類及図面を道知事に願出て許可を受くへし其の之を変更せむとするとき亦同し

(23) 衛生課長より各道警務部長宛「墓地規則実施に関する取扱方の件（大正二年十一月衛発第六八三号）」（朝鮮総督府警務総監部衛生課『朝鮮衛生法規類集　全』一九一七より）に紹介されている、一九一四年の京城府における「墓地規則実施に関する事項」の第六項は、「墓地内に一族、合族又は同一信徒等の為一定の区割を設くる場合は第二項に依り分割せる所属地区内に於て之を設けしむ但し希望者多数なるときは抽籤法に依る」というものである。なお「第二項」は居住地ごとに埋葬可能な共同墓地を分割指定するという内容である。

(24)「朝鮮の美風良俗――檜垣京畿道長官談」『毎日申報』一九一二年一月六日。これは家族国家観における忠孝一本化を朝鮮に適用しているものとみてもよいだろう（神島二郎『近代日本の精神構造』岩波書店、一九六一年、二三五頁）。

(25) 青野・金性烈、前掲書、一四五―一四八頁。

(26) 森謙二「葬送と社会集団」、新谷尚紀編『死後の環境』昭和堂、一九九九年、一二六―一五三頁、一四一―一四四頁。

(27) 本稿では、都市としてのソウルを表すときには「ソウル」と記し、行政上の領域や主体をあらわすときには「京城」と記す。

(28) 官職に就いていない儒学者をいう朝鮮語。

(29) 黄玹『完訳 梅泉野録』金俊訳、教文社、一九九四年、四九二頁〈K〉（原文は一九一〇年の章にある）。

(30) ただし、実際に移転がおこなわれたのは一九一〇年以降のようである。『毎日申報』一九一〇年九月一六日、同年一二月一八日、一九一一年一月二三日。

(31)『京城新報』一九一一年一〇月一九日。

(32)『毎日申報』一九一五年一月一〇日、同年一月一五日。

(33)「京城府公告第二十二号」・同「二十六号」（『京城彙報』第九四号、一九二九年七月）、「京城府公告第三十二号」（『京城彙報』第八四号、一九二八年九月）より。

(34) ソウル特別市史編纂委員会編『ソウル六百年史』第四巻、ソウル特別市、一九八一年、一一〇六頁〈K〉。

(35) 京城府『昭和二年　京城府都市計劃資料調査書』一九二七年、二三四―二三五頁。
(36) 萩森茂『朝鮮の都市』大陸情報社、一九三〇年、一〇二頁、および長野末喜『京城の面影』内外事情社、一九三二年、八八頁。
(37) 萩森、前掲書、一〇二頁。
(38) 村越知世『多磨霊園』〔第三版〕、財団法人東京都公園協会、二〇〇二年、七―一三頁。
(39) 「府営葬斎場上棟式」『京城彙報』第九二号、一九二九年五月。
(40) 武田至「東京における火葬場の立地」、火葬研究協会立地部会編『火葬場の立地』日本経済評論社、二〇〇四年、七五頁。高橋繁行『葬祭の日本史』講談社、二〇〇四年、第一章。
(41) 『京城彙報』第九九号、一九二九年一二月、六―七頁。
(42) 『京城彙報』第一三一号、一九三二年八月、二二頁。武田、前掲論文、一一〇頁。
(43) 森謙二「明治初年の墓地及び埋葬に関する法制の展開」、藤井正雄・義江彰夫・孝本貢編『家族と墓』早稲田大学出版部、一九九三年、二〇〇頁。武田至「火葬場の取締りの流れと扱われ方」、火葬研究協会立地部会編、前掲書、五一―一〇頁。
(44) 武田「東京における火葬場の立地」前掲、九三―九七頁。
(45) 原田敬一『国民軍の神話』吉川弘文館、二〇〇一年、二一九―二二〇頁。
(46) 『京城彙報』第一三二号、一九三二年九月。
(47) 以上の議論は、台湾についての胎中千鶴の研究に多くを負っている（胎中、前掲論文、九四―九六頁）。また島田藤については、以下の論文を参照のこと。島田藤「葬祭施設」、『高等建築学　二四　温室、葬祭施設、屠場・畜舎、塵芥処理場』第五六編、常盤書房、一九三四年、七八―七九頁。平野譲・飯島祥二「火葬場の調査研究の始まりと最初の火葬場設計指針」『火葬研究』〇五、二〇〇二年、一〇―一三頁。

(48)「共同墓地施設を完備し私設墓地を制限／迷信と紛争が絶えないことを鑑みて」『毎日申報』一九三七年六月二八日。
(49)『東亜日報』一九三九年三月七日「火葬場完備の目下急務を力説」(全羅南道会質疑応答録)。
(50)『朝鮮銀行会社組合要録』一九三五年版および一九三七年版。韓国国史編纂委員会「韓国史データベース」(http://kuksa.nhcc.go.kr/front/dirservice/dirFrameSet.jsp)を利用して「池正宣」を検索した(二〇〇六年一月一三日参照)。
(51)『朝鮮日報』一九三三年一二月八日夕刊。
(52)京畿道衛生課編『衛生概要』一九三七年、五八頁。
(53)『東亜日報』一九三〇年九月一二日「風水の観念はなくなり／火葬逐年激増／昨年よりさらに増加／府では料金引き下げ」。
(54)『東亜日報』一九二八年一〇月二八日「火葬する朝鮮人／年毎に漸次増加」。
(55)『京城地方法院所蔵文書綴』より「京鍾警高秘第一二二二号ノ二　要視察人タル治安維持法違反者死亡ニ関スル件」、一九三三年二月一日。韓国国史編纂委員会「韓国史データベース」より参照(二〇〇六年一月一三日参照)。
(56)村山智順『朝鮮の風水』朝鮮総督府(「調査資料」第三十一輯)、一九三一年、三七〇―三七二頁。村山は朝鮮において火葬がおこなわれるケースとして、「悪疾例へば癩病」で死んだ場合、「卜占の結果」病気や災厄が父母の墓の位置のせいであるとされたにもかかわらず移葬する資力のない場合、親族関係を絶った人としての僧侶の場合、敵地において戦死した場合をあげているが、出典を示してはいない。
(57)孫禎穆『日帝強占期都市社会相研究』一志社、一九九六年、二五六―七頁〈K〉。
(58)『京城彙報』一四八号、一九三四年一月、九―一〇頁。

(59)『東亜日報』一九二五年四月一七日「火葬を奨励」。
(60)『東亜日報』一九三八年四月六日「共同墓地拡張に林野二千坪寄附」。
(61)拙稿「済州道におけるマウル共同墓地の設置と管理」『村落社会研究』第二〇号、二〇〇四年。
(62)『朝鮮日報』一九三五年六月二三日朝刊、同一〇月二三日朝刊、『朝鮮中央日報』一九三六年五月二七日。
(63)『東亜日報』一九三〇年一一月一四日「いまだに目覚められない明堂の迷夢！／万金累し疑獄続出／問題は知事許可という条文／挟雑輩はこれを奇貨とし活躍」。
(64)西亀三圭「朝鮮の墓地問題」『朝鮮』第二九一号、一九三九年八月。
(65)同論文、七五頁。
(66)『東亜日報』一九四〇年二月一五日「墓地規則を大改正／届出制も許可制に変更／許可墓地の面積を統一し積極的に制限／以前からの懸案を遠からず実施」。
(67)『毎日新報』一九三九年三月三日夕刊「家族墓地を設置し私設墓地は縮小／全南で墓地改善断行」。
(68)『毎日申報』一九三八年八月二四日「家族墓地制実施を仁川府民が運動」。『毎日新報』一九四一年一月一一日夕刊「仁川府の家族墓地／きたる十日から分買申請受付」。
(69)金英達『創氏改名の研究』未來社、一九九六年。青野正明「朝鮮総督府の対祖先祭祀政策に関する基礎的研究」『桃山学院大学人間科学』第二五号、二〇〇三年、一三五―一四七頁。
(70)『東亜日報』一九四〇年二月一七日「社説　墓地規則改正に就いて」。
(71)並木真人「植民地期民族運動の近代観」『朝鮮史研究会論文集』第二六集、一九八九年三月、九三―一二四頁。
(72)『東亜日報』一九二〇年九月六日「社説　墓地規則改正と当局の矛盾」。
(73)鄭寅斗「朝鮮の墓地改善と火葬問題に対して（上）」『満鮮日報』一九四〇年三月二六日。同「（下）」同年三月二七日。
(74) 同論文「(上)」。
(75) 同論文「(下)」。
(76) 韓国国史編纂委員会「韓国史データベース」を利用して「鄭寅斗」を検索した（二〇〇六年五月三日参照）。
(77) 松本武祝『朝鮮農村の〈植民地近代〉経験』社会評論社、二〇〇五年、とくに第一章。
(78) 小山寅一（旧名鄭寅斗）「墓地の美化」『毎日申報』一九四〇年四月三日朝刊。
(79) 『高等外事月報』第九号、三三―三四頁、朝鮮総督府警務局保安課、昭和一五年四月分（『十五年戦争極秘資料集』第六集、不二出版、一九八八年）。
(80) 和田天民（一郎）『朝鮮の匂ひ』ウツボヤ書籍店、一九二一年、五―六頁（原文には傍点あり）。
(81) 澤井理恵『母の「京城」・私のソウル』草風館、一九九六年、五四―五頁。
(82) この点、朝鮮人共同墓地である忘憂里墓地に埋葬された浅川巧がいかに希有な事例であるかが理解できる（高崎宗司『朝鮮の土になった日本人』草風館、一九九八年）。
(83) 村山、前掲書、五九五頁。
(84) 青野、前掲論文。ただし青野は、「墓地風水」と「巫俗信仰」を区別しており、共同墓地への反発はより深層にある後者によるものであるとしている。
(85) 崔吉城『韓国の祖先崇拝』重松真由美訳、御茶の水書房、一九九二年、一六〇頁。
(86) ロジャー・ジャネリ、任敦姫『祖先祭祀と韓国社会』樋口淳ほか訳、第一書房、一九九三年、一〇五頁。
(87) 『東亜日報』一九四九年一月一八日「このままでは黄泉行きも心配／火葬場の機能喪失／火口わずか五個のみ使用」。
(88) 宮田節子『朝鮮民衆と「皇民化」政策』未來社、一九八五年、四〇頁。

(89) 金杭「生を得るために死に赴いたものたち――朝鮮半島と靖国神社」、中野晃一・上智大学21世紀COEプログラム編『ヤスクニとむきあう』めこん、二〇〇六年、二三九頁。
(90) 藤井忠俊『兵たちの戦争』朝日新聞社、二〇〇〇年、とくに二一四―二一五頁。
(91) 同書、一五八・二〇七頁。波平恵美子『日本人の死のかたち』朝日新聞社、第四部。村上薫明『碑』(「鉄五四五七部隊始末記」)一九七五年、七四―七五頁。
(92) 樋口雄一『戦時下朝鮮の民衆と徴兵』総和社、二〇〇一年。
(93) 陸軍省令第一六号「陸軍墓地規則」(『官報』第三三九八号、一九三八年五月五日)。陸軍省令第二八号「陸軍墓地規則」(『官報』第四三五九号、一九四一年七月一九日)。
(94) 忠霊塔に関しては森下徹「個人墓碑から忠霊塔へ」、小田康徳・横山篤生・堀田暁生・西川寿勝編『陸軍墓地がかたる日本の戦争』ミネルヴァ書房、二〇〇六年、一九一―二一四頁。
(95) 樋口雄一「朝鮮人『戦死』者たちの『歌と菓子』」『海峡』第二一号、二〇〇五年一月、七九―一三一頁。
(96) 朝鮮人・中国人の遺骨問題に関しては、「強制動員真相調査ネットワーク」サイト(http://www.ksyc.jp/sinsou-net/)を参照されたい(二〇〇六年一〇月三〇日閲覧)。また千鳥ヶ淵の戦没者霊苑に納められた遺骨が「日本人」の「象徴的遺骨」となることができるのは、その中に含まれているはずの、軍人・軍属・出稼ぎ者として各地に赴いた朝鮮人や台湾人の遺骨を考慮していないからこそ可能なことであることも忘れるべきではない(金杭、前掲論文、とくに二三四頁)。
(97) ソ・ヨンウ「葬事等に関する法律解説」、(韓国政府)法制局発行『月刊 法制』五二一号、二〇〇一年五月、三九―四九頁〈K〉。
(98) ソウル市施設管理公団作成ビデオ『葬墓文化、今変えましょう』一九九九年〈K〉。

(99)　たとえば一九六八年一二月三一日に公布された「埋葬および墓地等に関する法律中改正法律」〈K〉(大韓民国法律第二〇六九号)では、墓地や火葬場の立地を禁ずるところとして「一、国民保健上危害を及ぼす憂慮のある地域、二、国防上もしくは都市計画上支障のある地域、三、その他国土開発計画に支障のある地域」があげられており、また大韓民国建設部『国土計画基本構想』〈K〉(一九六八年)では、「国土利用の集約化」のため火葬の推奨と墓地公園の建設を提言している(三九頁)。なおこの基本構想をもとに一九七二年から第一次国土総合開発計画が始まる。

(100)　吉川美華「韓国における親族相続法の制定過程についての一考察」『韓国朝鮮の文化と社会』第三号、二〇〇四年一〇月。

追記：本稿の最終校正段階で、チョン・ホギ「戦争死者の追慕空間と追慕儀礼」(孔堤郁・鄭根埴編『植民地の日常』文化科学社、二〇〇六年〈K〉)の存在を教えられた。この論文では、朝鮮の陸軍墓地がソウル(龍山)と羅南につくられたこと、李仁錫の遺骨がその陸軍墓地に埋葬されず故郷に墓がつくられたことなど、本稿にとっても重要な事項が紹介されている。このような、戦争による死者の遺骨をめぐる具体的な事例にもとづく考察は、本稿では十分に展開できなかった。他日を期したいと思う。

「大東亜共栄圏文化」とその担い手たち

池田浩士

1　「共栄圏文化建設」の基盤

雑誌『中央公論』一九三九年新年特大号の巻頭言「われらの昭和十四年」(1)は、すでに一年半におよぶ「支那事変」の軍事的成果に言及したあと、旧年をふり返ってつぎのように述べている。

過去一ヶ年を顧みるとき、われ〳〵は政治の貧弱に驚かざるをえない。議会が独自の信念に基づく何らの意見を発表、実現し得ざりしは云はずもがな、政府それ自身すら只大陸に於ける軍事行動の後塵を拝するのみで、それ以外に何の指導的方針をも立て得なかつた事は人の知る如し。それは何よりも軍事行動の成功する事が、国家の為め《ママ》に重要であって、それ以外の事は汎《す》べて軍事上の目的の為に顧みられなかつたと云へばそれ迄だが、併《しか》しそれにしても、政治家や思想家が何等の指導的意見を立て得ざりしは物足りない。偶々《たま》それが意見らしいものを云ふかと思へば、それは事変の進展を如何に説明するか、或は如何にしてそれに頌徳表的の意義を付《〔ママ〕》けるかと云ふ苦心が見えるのであつて、自己の信念に基《〔ママ〕》く創造的な意見と見るべきものは現はれなかつた。

一九三七年七月七日に始まった「事変」が長期化し、中国での戦線が拡大されつづけるなかで、政治家も、思想家と称される人間たちも、軍部の行動に異を唱えることができなくなっていたのである。もちろん、行動が先行して理論がそれに追従するということは歴史の展開のなかではありがちだ、と巻頭言も認める。しかし、たとえば明治維新のさい、鎖国攘夷の嵐が吹きすさぶなかで、福澤諭吉のように平気で開国進取を唱え、そのかれの書いたものが結局は明治政府の方針を決定した、という歴史も存在したのだ。当局のなすところを謳歌し、行動が理論に先行するという潮流に乗る思想家も必要だろうが、「思想家として独自の光りを放つのは、他の星を中心として回転する遊星でなくして、自から燃え、自から光る恒星でなければならぬ」はずだ。今の時勢にそういう一人の恒星はいないのだろうか――。

第一次近衛内閣の首相・近衛文麿が「東亜新秩序声明」と呼ばれる方針発表（いわゆる第二次近衛声明）を行なったのは、『中央公論』のこの号が発売されるわずか一カ月半前、一九三八年一一月三日のことだった。佳節を選んで発せられた声明は、日本軍が広東、武漢三鎮などの要域を制圧したことを誇りながら、「国民政府は既に地方の一政権に過ぎず」と断じ、「これが潰滅を見るまで帝国は断じて矛を収むることなし」との方針を強調していた。そしてそのうえで、日本の軍事行動の目的について、「帝国の冀求《ききゅう》する所は東亜永遠の安定を確保すべき新秩序の建設にあり、今次征戦究極の目的亦《また》此に存す」と宣言したのである。

すでにこれよりさき、近衛内閣は同年一月一六日に、国民党の蔣介石を首班とする中国国民政府にたいして「第一次近衛声明」と呼ばれる声明を発し、そのなかで、有名な「爾後国民政府を相手にせず」という文言に続いて、「帝国と真に提携するに足る新興支那の建設に協力せんとす」と述べていた。その一〇ヵ月後に第二次声明を行なうことになったのは、状況が日本の軍部と政府にとって好都合に推移しているという認識があったからにほかならない。三月二八日には日本占領下の南京で「中華民国維新政府」と称する傀儡政府が発足した。これと、すでに三七年一二月一四日にやはり日本の軍事的圧力の下に北平（北京）で旗揚げしていた傀儡政府「中華民国臨時政府」とが連合して、三八年九月二二日には「中華民国政府聯合委員会」が発足することになった。またハノイ亡命中の中国国民党の反対派幹部・汪兆銘が日本との連携意思を表明したことも、「東亜新秩序声明」の発表にとって大きな動因だった。声明は、「新秩序の建設」のために「日満支三国相携へ、政治、経済、文化等各般に亙り互助連環の関係を樹立するを以て根幹と」することを唱え、「東亜における国際正義の確立、共同防共の達成、新文化の創造、経済結合の実現を期す」という目標を掲げていた。そして結びの部分で、「惟《おも》ふに東亜に於ける新秩序の建設は我が肇国《ちょうこく》の精神に淵源し、これを完成するは現在日本国民に課せられたる光栄ある責務なり」と揚言したのである。(2)

こうして、軍事力による既成事実を追認する政治は、「日本国民」に「東亜新秩序建設」という重責を負わせることになった。「新文化の創造」までも含むこの方針がどのような結果を招来することになるか、それどころか現に招来しつつあるかについて、『中央公論』新年号の巻頭言はこう指摘する。

軍事行動は命令系統に依つて動く。命令に従ふのが軍の精神であり、又それが軍の強き所以である。統帥権の独立といふことも其所《そこ》に淵源を発してゐると思はれる。之に比較して、文化が如何に異つた雰囲気の中に育つかといふことが、此頃になつて、つく〴〵われらの身辺に感ぜられる。囚はれたる文化には本質的な文化価値はない。政府が主動者となつて行ふ所の文化工作に貧弱な結果の少くない例は、皆々然りと云つてよい。又政府が直接の責任者として顔を出さない文化工作だつて、何所《どこ》に尊敬すべき成績を挙げたものがあるか、われ〳〵の寡聞は未だそれを知らない位である。国策に順応するといふことは悪いことではない。愛国心の強い日本人なれば、誰れだつて国策の遂行に全心の協力を惜しむものはない。只それが自発的な自由意志に依る協力である場合にのみ、尊敬に値ひし、相当の成績を期待し得られる。買はれたる協力である場合には世人の顰蹙と唾棄を受けるのみだ。

だが、巻頭言のこの危惧は、じつはモラルの問題にとどまるものではなかった。軍事に追随する政治が、「東亜新秩序の建設」とその一翼を担うべき「新文化の創造」にあたってもまた、「日本国民」を政府に追従させるための言論操作と文化統制を強化するであろうことについて、それは強い疑念を表明したのである。

政府は言論統制から一歩進んで文化統制へと出動する傾向がある。政府が国家の為めに必要だと思つて、さうした試みを企てるもよからう。併しさうした方法のみで世界に誇るべき文化が生れるとは政府も期待してゐないであらう。官僚文化など、何処の国だつて相場が決つてゐるからである。文芸でも思想でも一世を動かす程のものは大抵轗軻《かんか》不遇の境地から生れる。何等の条件なしに政府がさうした轗軻不遇の境地を救ふことすら、果して真実に文化を助けることになるか否かゞ疑はれる。まして、政府筋が無理を敢てして、政府に有利な思想を作らしめ、又は文化工作を行はしめることは、それは政府の政治的の目的を達する方法ではあらうが、真に文化を創造せしめる方法ではない。〔……〕買はれたる文化は真の文化でない。〔……〕政府が文化工作をやるのは敢て妨げない。只それは飽くまでも公々然として行ふべきであつて、秘密に文化人を操縦するやうなことは慎むべきである。その注意を欠く文化工作は必ず逆効果を生ずる。

「東亜新秩序建設」の政府構想を受けて、三八年一二月一六日に行政府に「興亜院」が設置された。対米英開戦の約一年後、四二年一一月一日に植民地担当の拓務省ともども「大東亜省」へと移行するまで、この機構が対支政策および東亜建設の政策遂行を所掌することになる。三九年九月一日からは、毎月一日が「興亜奉公日」と定められ、戦場将兵の労苦と東亜建設の理念に思いを致して奢侈を自粛するという名目のもとに、料理屋・飲食店での酒の不売やネオンサインの消灯などが行なわれるようになった。のちの「欲しがりません勝つまでは」の精神が、東亜新秩序建設の大目的のために、早くも現実を覆いはじめたのである。

政策のレベルから日常生活の次元にまで及ぶこのような変動に応じて一気に台頭した時局追随的な思潮の代表格は、あらためて言うまでもなく、さまざまなヴァリエーションをともなう「東亜協同体」論だった。これらにたいしては、『中央公論』の同じ一九三九年新年号に巻頭論文として掲載された尾崎秀実の「「東亜協同体」の理念とその成立の客観的基礎」[3]が、きわめて根底的な批判を提示している。論者を当今では稀有な「自から燃え、自から光る恒星」であると同誌が認めるがゆえに新年号の巻頭論文となったにちがいないこの論稿において、尾崎秀実は、いまや「事変解決の方策の不可欠な重点」となった「東亜協同体」という理念が、そもそもは「支那における民族の問題」の困難性を再認識したところから発しているにもかかわらず、いま、その問題の解決こそがこの理念の成否を決するものであることを等閑に付したまま「東亜新秩序」構想に雷同しようとしていることを、強く批判したのだった。勢いに乗る「東亜協同体」論は、ともすれば民族主義と共産主義とをそのまま同一視して、中国の民族主義がもつ深刻な意味を考えようとしない。だがじつは、中国民衆のなかを「問題のゲリラ戦の戦士は勿論、一切の政治的勢力と不協同の態度を以て、たゞ大地のみを相手にしてゐるかの如き農夫や、街頭のルンペン少年にいたるまでそれ〴〵の形をもつて貫いてゐる」ところのこの民族問題の動向は、「現在に於いて完全に日本と背馳する方向にある」のだ。「民族問題との対比に於いて「東亜協同体論」がいかに惨めにも小さいかはこれをはつきりと自ら認識すべきである」と尾崎は断言する。

これらの「東亜協同体論」のうちでも、第二次近衛声明のちょうど一年後、一九三九年一一月一日に結成されることになる「東亜聯盟協会」は、正式結成の時期こそ遅れたとはいえ、時局追随的というよりはむしろ時局によって追い風を受けることになった先駆的な運動だった。そのころ第十六師団長に任ぜられていた陸軍中将・石原莞爾を黒幕とする「東亜聯盟協会」の運動は、すでに満洲事変のころから石原が構想していたとされるもので、三九年八月に石原が杉浦晴男の名義で公にした『東亜聯盟建設綱領』[4]によって、「日本皇国」と「満洲帝国」と「中華民国」との「聯盟」というかたちで「東亜新秩序」の理念と構想を具体的に宣揚した。けれども、その綱領が「中華民国が東亜聯盟に加入せば日本は成るべく速に民国に於て所有するその政治的権益を撤去し、外国をして已むなくこれに追従するに至らしむべきである」と謳いながら、「満洲帝国」に関しては、傀儡国家という現状を前提としたうえでの「独立の完成」、つまり「後見の位置」からの日本の撤退を言うのみで、現地の民族的感情については片言隻句も費やされていない。これまた尾崎秀実の批判の対象たることを免れうるものではなかったのである。

日本の現実は、もちろん尾崎秀実の批判的提言を踏み越えるかたちで驀進をつづけた。軍に追随する政治によってさらに追従を要求される言論・文化は、『中央公論』巻頭言の危惧した文化統制が急速に進行するなかで、あるいは唯々諾々と「買はれたる文化」たるに甘んじるか、あるいは内発的な表現を断念し時局の拡声器となりながらもせめてその時代の肉声を残すかの、いずれかの道を選ばざるをえなかった。しかもこの後者を選択する場合でさえも、「買はれたる文化」であるという装いをこらさねばならないことが少なくなかった。そして、一九四〇年七月に第二次近衛内閣が「基本国策要綱」として「大東亜新秩序建設」と「国防国家体制の完成」を決定し、さらに一九四一年一二月の対米英開戦によって戦争が「大東亜戦争」へと拡大されると、この文化統制はいっそう加速することになる。その状況下で文化活動にたずさわるものの苦渋を、たとえば室生犀星の作品集『神国』（一九四三年一二月刊）[5]の諸短篇にありありと読みとることができる。

『神国』表紙カバー

なかでも表題作「神国」は、奇妙に屈折した叙述においてきわだっている。

　大東亜戦争はいろいろな形をあたらしく組み上げ、質と実とにみがきをかけた。そのなかでも日本人といふものの心にはたらいた改変の作用は、嘗て誰も経験したことのない進みかたであり、すべての問題は個人の心理に深くはいり込んで、立直つた注意ぶかい別の作用をへいぜいの生活にとり入れた。そこで一人づつ生れ変つて来なければ経験できないやうな艱難でも何でも、非常に綺麗にさばいて行き、そのことの事態がかなり難しいことであつても、却《かえ》つてそれを為し遂げることにいみじい光栄を感じた。大東亜戦争がもたらした快適な爆笑はどういふ時にも市民の頬の上にあつたから、それの消えないかぎり却つて愉しさをもつて一さいを処理しあらためることで、一人づつに共通のかがやきがあつた。

冒頭のこの段落そのものがすでに、理解と共感を誘う文体というよりは、抽象的な言辞に終始することで生じる表現と表現されているものとの距離、ないしは違和感を期待しているような響きを持っている。このあとにつぎつぎと提示される大東亜戦開戦による変化の光景は、表面的には、たとえば乗合自動車（現在の路線バス）の乗客たちが外の道路を通り過ぎる「み霊《たま》」に気づいて起立する場面にせよ、煙草に火をつけてくわえようとしながら時局に思いを致して火を消した路上の人物にせよ、街をそぞろ歩きする白衣の傷痍軍人にいっせいに目礼する放課後の女学生たちにせよ、これからなお働かねばならぬ人に満員の食堂で席を譲る先客にせよ、なるほど従来の「日本人」には見られなかった「光景」として、書き手の感動をこめて描かれていく。少なくとも、感動をこめて描かれた光景として読むことはできる。しかし、「あ、さうであつたかと気付くとすぐ煙草の火は消された。煙草はふたたび喫まれなかつた」という一文の、ほんの五行ほどあとには、こういう光景が描かれるのである、「或るさびしい町はづれの乗合自動車を待つてゐる乗客が、一本の燐寸でつぎからつぎへと火を点けてゆき、五人目を算へるときによくはたらいた燐寸の棒は、やつと使命をはたしてふつと消えた。乗客らはかかる永い間一本の燐寸の火のともれてゐた先刻の光景を、家にかへつたら先づどういふふうに話さうかとそんなことを考へながら佇んだ。」——ここで一本のマッチによって順ぐりに火が点けられていたのは、タバコ以外の何ものでもないだろう。いったい、すぐ前の光景の、大東亜戦開戦に思いを致して煙草の火を消し、その後ふたたび口にしなかった人物の「日本人といふものの心にはたらいた改変」は、どうなったのか。

もちろん、作者は何の註釈も加えていない。ただ「美しさが溢れてゐるやうに思へた」という種類の共感が書き添えられるにすぎない。もうひとつの、乗合自動車の車内の光景も、きわめて特徴的である。外の道を行く戦死者の葬列にたいして全乗客が起立した場面は、こう描かれている、「或る霜のきびしい朝だつた。突然、乗合自動車の彼の腰かけてゐる反対側の席にゐる乗客が、悉く立ち上つて不動の姿勢を取つた。彼も彼の隣席の人も同時に立ちあがつたが、何事が起つてゐるかは彼の側からは街上を見ることが出来なかつたから、ちよつと分らなかつた。そのとき乗合は同時に停車した。彼は街の片側の行列を見て皆とともに頭を垂れた。」――つまり、語り手である「彼」は、何が起こったのかをまったく知らぬまま、反対側の座席の乗客たちが立ち上がったからそれにならったのである。ただちに、自動的に。この叙述を、作者であり「彼」でもあると思われる室生犀星がどういう意図で書いたのかは、推測の域を出ない。しかし、かれは、「何事が起つてゐるかは」「ちよつと分らなかつた」と明記している。疑いもなくかれは、作中の「彼」の起立が、自分の判断と意思によるものではなく、周囲に追従して無意識のうちになされた行動であることを、ここで意識的に明記しているのである。これを意識的に記した室生犀星は、時局の拡声器となることによって、時局そのものの肉声を、神国の外のどこかに向かって伝えようとしたのである。

短篇「神国」の中心的な主題のひとつは、「あらゆるものが改変され正されてゐる」なかで自分は「時局の精神」に沿った「小説」が書けない、という悩みを吐露することにあった。詩人でもある「彼」は、時局にふさわしく数多くの戦争詩や愛国詩を書いた。他の詩人たちも、これまで日蔭の存在だった負い目を忘れて華々しく活躍し、「詩は絶間なくそれぞれの人びとによつて朗読され、あるいは絶叫され」ていた。「流行らない詩人や、忘れられた作家や、どうでもいいやうな詩人までが異常な努力によつて作詩に従つた。どの詩人もかうまで真面目になることはあるまいと思はれるほどの、心の底にある詩や、燃えさしの詩をみがき立てた。そしてこの不思議な現象はたちまち流行の詩人をつくり栄ある作家をつくつた」という状況がやってきたのである。ところが、詩であればいくらでも書ける「彼」には、どうしても小説が書けなかった。「かれは自分自身を〻《ママ》がくことによつて自分をとり巻く世界を描く体《てい》の小説家であつたが、どうしても此の烈しい時勢の怒涛を盛るべく彼の筆力は伴はなかつた。見えすいた嘘や歯の浮くやうな宜い加減なことは勿論、ありもしないことは一行も書けない男であつた」とかれは記している。つまり、この作品は、じつは、時局に追随して愛国詩や戦争詩を垂れ流す「詩人」たちにたいする自嘲をこめた批判であり、それと同時に、小説は「ありもしないことは一行も書けない」ものであるという宣言だったのである。大東亜戦に臨んで「日本人」のなかに生じた「改変」の諸光景は、小説である「神国」では、感動だけをこめて描かれているわけではなかった。詩であれば一方的に主観的な思いを絶叫することができるとしても、小説では、いわば、同じ一本のマッチについてさえ、二つの光景を並べて描かざるをえないのだ。いっせいに起立する光景の叙述に、その起立がまさに思考停止によってのみ可能であるということを、書き込まざるをえないのだ。もしも小説が「東亜協同体」の理念を描くとすれば、そこには同時に「支那における民族の問題」をも描かねばならないだろう。

作品集『神国』そのものが、この表題がともすれば想起させるような翼賛の書ではない。もちろんそれは、時局への抵抗の書であるわけではない。それは不可能なことだった。むしろこの一冊は、詩によって時局に追随してしまい、小説ではそれが不可能であることを身にしみて実感せねばならなかった一表現者の、最小限の決意をこめた記録だった。それを端的に物語っているのは、「神国序」

と題された序言である。

これらの小さい作品集はずつと後から読んで見て、このごろの生活の経緯がかうもあつたであらうと、肯づける日記風な小事件の重積されたものである。歳月のすぢのやうなものがかなりにいる時があるのではないか。そしてそのすぢは今すぐに読んで見ても、二重に菊薫る国の民の一人としてそのまはりの歴史を編み立てるものではなからうか。私はもはや私どもの仕事を小説と呼ぶことを避け、また避けなければならぬやうに心得てゐる。しからば小説にかはる何者がここにゐるのかといへば、一種の記録者であり史家である一人の民にほかならない。民の史家、史家といふ言葉こそ適当な、その刻苦の仕事にふさはしい称号ではなからうか。小説はむかしあつた巫山戯たやうなことばであつたため、私どもは永い間その称号のために軽んじられるところが、ないでもなかつた。私はかういふ時代には進んで史家となり民としてのこまかい、録して置かなければならぬものを書きとどめて置きたい、そしてそれをお互の心に読み伏せて置かなければならぬのである。何人も史家でなければならないし史実にかがやく功をいそしむ時であるが、併しその永い境致にゐてしごとをして来た私などが、はらからから選ばれ、またそれに代つて史実をかきつづるといふことも、自らすすんで左うあらねばならぬと私は思つてゐる。

「昭和十八・中冬」という執筆日付をもつ序言の、これが全文である。表題作「神国」での小説という表現形式についての述懐と重ね合わせてこれを読めば明らかなように、作者がここで行なっているのは、もはや小説が書けない時代をせめて「史家」として記録しつづけるという決意の表明、正確に言うなら断念の宣言なのだ。

「東亜新秩序」建設の中心的な柱のひとつたる「新文化の創造」は、その担い手たるべき日本の現実におけるこのような断念を基盤として、実践に移されようとしていたのである。「大東亜共栄圏文化」は、このような断念を強いられた担い手たちの領導の下で建設されようとしていたのである。この事実をあらためて確認しておかなければならないのは、「大東亜共栄圏の文化建設」の担い手たち自身が、その実践のなかで、この事実をかれらの意識から完全に消し去っていたからにほかならない。

2 大東亜の文化体制と文化工作——その基本理念をめぐって

客観的にはすでに日本の敗退が決定していた一九四四年一〇月、『大東亜共栄圏文化体制論』と題する文化建設構想が「国策研究会」によって印行された[6]。日本軍が制空権も制海権も完全に失っていたその時点になお、「大東亜共栄圏文化」の体制をいかに創出すべきかという構想を「大東亜」の全域に向かって闡明しようとする作業がなされていた、ということ自体、驚嘆すべき事実だろう。だが、扉に㊙と印刷されたこの一冊が注目に値するのは、その刊行時期のゆえばかりではない。A5版全二一一頁のこの一冊のなかに、後世は、「東亜新秩序」建設という国策の中心的な柱のひとつである「新文化の創造」が、「大東亜戦争」の進展とあいまって具体的にどのような理論と構想のもとに展開されようとしたのかについての、もっとも総括的で

『大東亜共栄圏文化体制論』扉

もっとも明確な証言を見ることができる。しかも、行政当局による公式の文化政策からは独立して民間の立場でこの作業と取り組んだ著者たちは、いずれも日本近現代の文化領域で少なからぬ役割を演じた人びとであり、その役割は敗戦後にもなお終わらなかったのである。

同書の各論稿はすべて無署名だが、巻末の「附録・大東亜問題調査会第三分科（共栄圏文化体制）研究会の構成並に研究経過概要」が、同書の成立経緯と執筆主体を明らかにしている。それによれば、同書は、「大東亜問題調査会」の第三分科である「共栄圏文化体制研究会」が一九四二年四月中旬から翌四三年の一月上旬までの間に二十数回の会合を重ねて得た「成案」として、報告されたものだった。――ちなみに、「大東亜問題調査会」は、「国策研究会」のなかに設けられた一部門で、この「国策研究会」というのは、一九三三年に政界・学会の有力者たちを中心として結成された「国策研究同志会」が、二・二六事件以後の難局に対処するため、三七年一月一四日に「国策研究会」として再出発したものである。中心メンバーには、満鉄理事で貴族院議員の大蔵公望《きんもち》、第一次近衛内閣の商工相となる吉野信次（吉野作造の弟）、東京帝大教授・美濃部達吉、労働事情調査所主幹・矢吹一夫らがいた。機関誌『国策研究会週報』を発行して時局に対応する論陣を張ったほか、対米英開戦後の四二年四月には内部に研究組織「大東亜問題調査会」を設置し、その成果を「大東亜問題調査会研究報告」として順次刊行することによって、大東亜共栄圏建設のオピニオン・リーダーたらんとした。『大東亜共栄圏文化体制論』も、その報告書の一冊（第六巻）にほかならない。

こうした位置にあった「共栄圏文化体制研究会」の構成員（「委員」）は、巻末附録によれば、つぎの一二名である（カッコ内の肩書きも同書のまま）。

赤坂静也（日本労働科学研究所員）、小野俊郎（放送協会調査部）、樺俊雄（立正大学教授）、木村毅（評論家）、小山榮三（人口問題研究所研究官）、小林高記（中央大学講師）、谷川徹三（中央大学教授）、高橋龜吉（本会調査局長）、古野清人（満鉄東亜経済調査局）、堀眞琴（法政大学教授）、宮原誠一（教育研究同志会主事）、矢吹一夫（本会総務局長）。

これ以外に、「自由な立場より御協力を願つた」として、長谷川如是閑、久富達夫、岸田國士、宇野圓空、新居格の名が挙げられている(7)。

これらのメンバーによって提示された文化建設構想は、「第一篇　大東亜共栄圏文化対策」と「第二篇　大東亜共栄圏言語・宗教・教育対策」の二部に分かたれ、序説と計八編の論稿から成っている。第一篇では、「文化対策の必要性」から説き起こして、「共栄圏文化建設の必然性」、「共栄圏文化の原理と構造」について考察したのち、「共栄圏文化建設の方策」を提示し、最後に「東亜に於ける米英蘭の文化政策」についての検討と批判がなされる。そして第二篇では、言語と宗教と教育という個別課題について、第一篇での論究にもとづく共栄圏文化建設のためにとるべき対策が論じられる。とくにこの第二篇では、各地域の特殊性に応じて論述は多岐にわたっているが、そうした多様性をも統括しながら本書全体を貫く基本的な意図は、国策研究会事務局名義の「はしがき」から知ることができる。それによれば、「共栄圏建設といふ新しい事態に直面して之を文化面に於て如何に方向づけるかの問題」は、「大東亜共栄圏の指導国たる我国の文化人に課せられた全く新しい、そしてまた極めて重大な課題」である。その課題は、「殊に大東亜共栄圏を構成する諸地域の多くが、従来永く敵性文化の蚕食に委ねられ、これら諸地域に於て当然に生成発展すべき各民族固有の文化が、或は抑圧され、或は歪曲されて其の溌剌たる文化創造を蹂躙され来つた」ことを思えば、極めて重要であると同時にまた少なからぬ困難をともなわずにはいない。しかしこの困難は、「共栄圏文化建設の必然性」を否定するものではなく、むしろ「大東亜戦争により、日本を指導国とする東亜的一体性に対する阻害要因の排除と、東亜諸民族本来の文化的能力とを併せ考へれば、東亜諸民族の共栄圏文化成立の必然性は愈々明瞭なるものがある」のだ。

問題は「然らば共栄圏文化は如何なる原理と構造を持つべきか」にある。「第一に共栄圏文化の原理は、東亜各民族の民族意識を昂揚して、各民族の文化的創造力を昂めると共にこれを通じて東亜としての統一ある文化たらしめることであるが、かゝる統一の基礎は東亜各民族の民族性の中に内在することが見出される」ということ。そして「第二には共栄圏文化は、その原理及び東亜各民族の人種的差異、自然的環境の多様性に必然するものとして夫々特殊性を含むことは自明であるとは云へ、それは決して民主々義的なものではなく、飽く迄も日本民族を指導者とし、日本文化を中心として統一される共栄圏文化でなければならない」ということである。この二点を確認したうえで、こうした文化を建設するための具体的方策としてさらに二つの基本線が示される。「先づ第一に、従来東亜に於て採られ来つた米英蘭の文化政策を分析することによつてその功罪を明かにし、以て共栄圏文化建設の障碍となるべき旧支配国家の植民地的文化を排除すること」であり、「第二は東亜諸民族の錬成と反共栄圏の思想の禁圧」である。なぜなら、「いまや東亜の諸民族は米英蘭の久しい桎梏から解放せられたとは云へ、それは単にヴェルサイユ体制的な民族解放ではなく、飽く迄も共栄圏体制の中への解放でなければならない」のであって、「排他的民族主義及び共栄圏思想に悖《もと》る国際主義が禁圧せらるべきことは極めて当然であると云はねばならぬ」のだ。

ここですでに、各章で詳述される著者たちの「大東亜共栄圏文化」構想がその核心をくっきりと現わしている。大東亜諸地域は永年にわたる米英蘭の植民地支配によって固有の文化的発展と創造の可能性を奪われてきた——。これが本書の現実認識の出発点である。大東亜戦争は、このような文化支配に終止符を打ち、大東亜各地域の固有の文化が溌剌と花開く可能性を解き放つのだ。——とはいえ、それら固有の文化は、いわゆるヴェルサイユ体制的な（つまり第一次世界大戦終結にあたり米国大統領ウィルソンによって提唱された民族自決主義にもとづくような）「民主主義」にそって創造発展させられるものではなく、あくまでも「日本民族」を「指導者」とし、「日本文化」を「中心」として「統一」されなければならないのである。「はしがき」が確認するこの基本線は、本文第三章「大東亜文化の原理と構造」の第四節「共栄圏文化建設の指導者原理」において、つぎのような論述によって強調されることになる。

〔……〕この場合に強調せねばならぬことは、各民族文化の特殊性を尊重すると云つても、それは飽くまで共栄圏文化という一つの統一ある全体の中の特殊性としてであることである。〔……〕従つて、かゝる文化建設の場合にも、自由主義的考へ方に従つて徒に自由放任を許すのではなくして、右に述べた如き共栄圏文化の理念を実現するのに諸民族が協力するやうに指導せねばならぬ。

かくして、共栄圏文化の建設に当つても、その建設の方途としては指導者原理が採用されるべきである。すなはち、大東亜諸民族の盟主たる日本民族が自ら文化建設の指導者に任じて、他の諸民族はこの指導者の指導に服従し、文化建設の与へられた方針に従つて進むべきである。従つて、各民族の民族的特殊性を認めると云つても、明白に共栄圏の理想に背馳したり、共栄圏文化の性格に反する如き文化は出来るだけ禁止するやうにせねばならぬ。たゞし、その場合にも、各民族の慣習や伝統、殊に宗教上の習俗の如きは、出来るだけ寛容な方針を以て臨むべきであらう。しかし、一朝一夕にして禁止できず、また法律的制裁の如きものを以てしては徒に反抗心を増大さすにすぎぬ如き慣習や伝統であつても、それが共栄圏文化の理念に一致せぬ如きものであるならば、教育その他の宣伝啓蒙の方法によつて除去するやうに努めねばならぬ。かくの如き共栄圏文化の実現の方針を考へ、これを計画的に実施する大なる任務が指導者たる日本民族に課せられてゐるのである。

屈曲した論述によってここで示されているのは、各民族固有の文化を尊重するということとは正反対の結論、日本による「指導」に諸民族を「服従」させるという方針にほかならない。このような指導と服従による未熟者の鍛錬が、当時あらゆる領域で「錬成」という用語によって表現されたものだった。しかしそれでは、指導者として東亜諸民族の「錬成」にあたるという「大なる任務」は、いったいどのようにして果たされるのか。そして、いったい何ゆえに、そのような重大任務を果たす資格がほかならぬ日本人にあるのか。これを示す段になると、著者の論述は、事実の検証と具体的な方策の提示ではなく、抽象的な期待ないしは願望へと変じていく。まず、前者についてはこう述べられる。──「文化が精神的なものであり、高度のものであればあるほど、それの建設には、人間の自発的精神の作用が余計必要となる」のであって、そのような文化は「追従を強ひたり模倣を強ひたりしたのでは出来ない。それには飽くまで自発的精神の作用を俟たなければならぬ」のである。「それでは如何にすればよいか。それには結局日本自身が自らの手で共栄圏文化の性格を最もよく実現せる文化を創造する以外に方法はない」のだ。

一体、民度の低い民族が自己より優秀な民族と接触すると、それを模倣しようとする働きが起ることは、多くの人類学者が指摘するところであるが、文化対策の場合にはかゝる民族心理を利用することが必要である。殊に大東亜戦争を通して日本民族の軍事的、政治的、経済的優秀性を体得した以上、未発達の状態にある民族にはかゝる模倣欲が起り得るはずであるから、これを利用して、日本人自身の手になる理想的な共栄圏文化の性格を彼等をして模倣作用を通して体得させることが望ましい。〔……〕日本人はいはゞ文化的企画者として、共栄圏全体の文化建設についての企画を建て、、この企画の実現を他の諸民族に命令する役割を務めなければならぬ。しかし、それだけであつてはならぬ。なぜかといへば、他の問題においてもさうであるが、文化の如き人間精神の自発性に俟《ま》つところ多き問題に関しては、特に外からの指令や命令ではその真目的を達することはできぬからである。〔……〕それでは、如何にすれば服従者側の内面的な協力が得られるであらうか。それには、日本人が単に指導者として企画し、命令し、指導するだけではなく、日本人自らが他の民族に対して模範となるのでなければならぬ。すなはち、日本人は道義的にも圏内諸民族の師表となり、さらに圏内諸民族の尊敬を集めるだけの文化を、学問上にも芸術上にも、自らの手で作ることによつて、文化的に圏内諸民族の模範者となることを要する。かくするならば、前述の指導とか命令とかの如きも真に徹底して、その的《ママ》を達することができると考へられる。

こうして、「指導者」たるためには「模範者」でなければならず、そのためには「日本人自身の文化創造が活発となり、優秀なものとなる必要がある」のであり、「かくして、共栄圏文化の建設にとつて先行する重大な問題は、日本の文化そのものの革新といふことである」という結論に至る。「明治以後一部に浸潤せる物質文明の弊を一掃して、日本古来のおほらかな、剛健にして雄渾な精神に基く新文化の建設」を日本人みずからが断行し、「それと併行して、共栄圏文化の理念に即せる文化指導を東亜諸民族に施すべき」なのである。そして、「指導」し「命令」する資格が、ほかならぬ日本人にはそなわっているはずなのだ。

すなはち、日本民族のみが世界に比類なき国体を維持して、文化的には不断の生々発展を遂げて文化の純化をし遂げてゐる。また八紘為宇の大精神を肇国の精神として中外に対してつねに和を以てその態度の根本として来て居り、世界に類なき道義国家を形成して来た。かゝる歴史的発展といふ見地から考へて、日本民族は共栄圏における指導者たる資格を有するものであるし、また現に遂行しつゝある大東亜戦争によつてもこのことは一層明かに証示されるのである。かゝる道義上の、及び文化上の権威をもつ日本民族であればこそ、この権威によつて諸民族を指導し、感化しうるのであると考へられる。

これがつまり、指導民族たる資格が日本人にあるということの理由なのである。このような論の展開が、「東亜諸民族」にたいする大きな蔑視（「民度の低い民族」！）と「日本民族」についての傲慢かぎりない独善的評価にもとづくものであることは、あらためて指摘するまでもないだろう。だが、そのことにもましてここで確認しておかなければならないのは、このような見解が著者および「大東亜問題調査会」とその上部団体である「国策研究会」の了解事項ではあっても、ここに述べられていることに関して、「大東亜共栄圏文化体制」をともに形成しようとかれらが企図する「東亜諸民族」による合意が存在していたわけではまったくない、という自明の事実である。この事実こそは、一冊の『大東亜共栄圏文化体制論』の基盤であるのみならず、あらゆる「大東亜文化建設」構想の根底をなすものだった。もしもかりに、大東亜共栄圏の理念が東亜諸民族の解放と新生にあり、大東亜戦争がそのための実践だったとするなら、文化構想におけるこのような視線の一方性は、その理念と実践とにまっこうから逆行するものだったと言わねばならない。だが、このありかたこそは、大東亜共栄圏理念と大東亜戦争の真髄を体現していたのである。構想された「大東亜共栄圏文化体制」が、従来の欧米列強による文化の支配・抑圧と反対のものではなく、それに取って代わる日本による文化侵略にほかならないことは、『大東亜共栄圏文化体制論』の全巻のうちでも「第四章　共栄圏文化建設の方策」の諸節、とりわけ「第四節　文化対策の具体的方法」がひときわ歴然と物語っている。ここでは「言語対策」、「宗教対策」、「宣伝啓蒙対策」の各項について具体的な提言がなされているが、その提言の真意をもっとも端的に表明しているのは、言語対策にほかならない。このことは、もちろん、文化対策一般のなかで言語が客観的に占めていた位置と関係している。「宣伝啓蒙対策」の箇所で、そのための媒体として、ラジオ、映画、音楽・舞踊、新聞雑誌およびその他の出版物、学校、博物館・図書館およびその他の文化施設、厚生施設の七種が挙げられているのをみても、言語とかかわるものが大きな比重を占めていたことがわかるだろう。

「共栄圏文化が成立するために言語対策が極めて重要であることは云ふまでもあるまい。圏内諸民族が大東亜戦争以前の如く相互に孤立してゐる場合ならいざ知らず、諸民族が緊密に一体をなして共栄圏を構成すべきである以上、その相互間の意志疎通が必要であり、その不可欠の手段の第一が言語であるからである。」――これが、そこでの基本的確認である。著者はこの確認から出発して、圏内の主要な言語だけでも数百に上るという現状は「分割して治めよ」という「従来の侵略国」の「帝国主義的政策」に由来すること、「しかし、わが国が指導国となつて、大東亜諸民族を一の家族的結合体にまで結成しようとするに当つて、かゝる現状が放任されてよいはずがない」ことを強調する。そして、「言語対策の根本方針」として、(イ)欧米語の駆逐、(ロ)共通語及び公用語としての日本語の採用、

(ハ)各民族毎に民族語乃至は国語の決定、普及――という二点を示すのである。すなわち、これまで圏内に流通していた英語、オランダ語などを駆逐することが第一になすべきことである。ただし、同一民族であっても共通の民族語ないし「国語」が充分に普及していないために欧米語がその代用をなしていたような地域においては、欧米語を一挙に廃止するのではなく、ある程度それを利用するのが得策だろう。「が勿論、それは過渡期の便法であつて、究極においては、日本語を以て共通語並びに公用語たらしめることを目的としなければならぬ。之は共栄圏文化といふ一の統一ある文化圏を形成することが究極目標であることから当然導き出される結論である。」――とはいえ、「共栄圏文化の理想が日本文化による他の諸民族文化への侵略ではなく、諸民族の文化をもそれぞれ尊重することにある以上、言語政策に於ても他の諸民族の言語を尊重するという態度を採らなければならぬ。が但し、それは現状の維持を目的とするものでもないことも明らかであらう」から、「われわれとしては各民族毎に統一ある民族語乃至は国語を決定し、普及させるやうに努力せねばならぬ」のである。

日本語を共栄圏の公用語および共通語と定め、民族語尊重の名のもとに多様な部族語を廃して単一の「民族語乃至は国語」を日本が決定する、ということの「言語対策」は、第二篇の第一章「大東亜共栄圏に於ける言語の問題と其の対策」のなかで、いっそう具体的に論じられている。そこでは、日本語を「将来共通語、共用語たらしむべきもの」とする基本方針の確認と、その場合に共通の文字としてはカタカナを用いるか暫定的にでもローマ字の併用を認めるかについての検討に加えて、圏内の諸国・諸地域を具体的に四つの範疇に分類しながら、そのそれぞれについて日本語が占めるべき位置を規定している。

㈠将来わが版図の一部に編入さるべき土地に対して

台湾、朝鮮と同じ様な同化政策がとらるべきであり〔……〕これらに対して日本語は国語とされるのである。

㈡独立国に対して

満洲国、中国《ママ》、タイ国などの場合であるが、満洲国は五族協和、日満一徳一心の建国方針に基づき、日本語は満洲語〔中国語のこと〕、蒙古語、ロシア語と並んで国語であり〔……〕中国においては新国民政府の樹立と共に第一外語として、逐次初等・中等学校で課されてゐるし〔……〕タイ国の様にタイ語一点ばりで、国家の統一をはからうとしてゐる国に於いては、日本語は原則として第一外語として取扱はれるであらうし、それの対策をとるべきである。

㈢緬・比の独立国に対して

フィリッピン及びビルマの独立国に対しては、まづそれら民族語（国語）の普及統一の促進、助成を誘導すると同時に、日本語の普及をはかる様にする。

㈣他国の領土であるものに対して

日本と協力してゐる国家〔……〕に属するものに対しては〔……〕日本語の地位はまた自ら異るものがあるが、民族語の普及統一に対する促進と、日本語の普及は、統治者の言語を排撃せざる限度においてさしつかえないと思ふ。

これらのうち、㈣の「他国の領土であるもの」とは、「仏印」、すなわちフランス領インドシナ（現在のヴェトナム、ラオス、カンボジア）のことである。一九四〇年六月にナチス・ドイツがフランス本国を占領し、傀儡ヴィシー政府が生まれた結果、日本にとってフランスは間接的に「友邦」となり、大東亜共栄圏の建設にあたって米英蘭に対するのとは別の対応を余儀なくされることになった。言語対策でも、それゆえフランス語は英語やオランダ語のような撲滅対象ではなくなったのである。「大東亜共栄圏文化の建設」なる理念が、未来を指し示す文化構想とはほど遠く、軍事力による戦争の当面の結果たる既成事実を追認し合理化するものでしかなかったことが、この点にも如実に示されている。

こうした既成事実の追認と合理化を示すもうひとつの事実が、㈠の「将来わが版図に編入さるべき土地に対して」の項にほかならない。この土地が具体的にどこを意味しているかは、同じ章の第三節「日本の大東亜に対して採るべき言語政策」で明記されている。すなわちそれは「香港、昭南島」である。いずれも従来は英国の支配下にあった両島を朝鮮や台湾と同じような植民地、すなわち日本領とする意図が日本にあったこと、したがってそこではいずれ日本語が「国語」として強制されるはずだったことを、この一連の記述が物語っている。[8] 大東亜の公用語ないし共通語という理想を体現するはずの日本語が、ここでは、「国語」として国家に奉公する存在でしかない。しかも、日本語とは本来無縁な民族民衆がこの「国語」を、そしてこれを「国語」とする国家をも、みずからのものとして受け取ることを軍事的暴力によって強制されるのである。このことのなかに、「大東亜共栄圏文化」の窮極の本質が示されている。言語が人間のものではなく国家のものであり、その国家とは結局のところ諸民族の上に立つ軍事大国日本にほかならないということ——「大東亜共栄圏文化」は、この基本原理にもとづいてのみ「建設」されようとしたのである。[9]

3　雑誌『東亜文化圏』――「文化人」たちの「共栄圏文化」

大東亜戦争の初期における日本軍の「戦捷」は、「大東亜共栄圏文化」の実現可能性を日本の多くの「文化人」たちに信じさせた。後世の視線にそれがどれほど滑稽に映ろうとも、これは厳然たる歴史的事実なのだ。少なくとも、そのような新文化の建設がこうして机上の構想から具体的な工作の段階へと進んだと思われたとき、少なからぬ文化人たちがじっさいにその工作活動にたずさわることになったのである。だが、そのとき、かれらの「大東亜共栄圏」は、かれらの構想が思い描いてきたのとは別の現実の姿を、かれらの前に現わさずにはいなかった。かれらが見たこの現実の「共栄圏」の諸相、およびそこでかれらが行なった文化工作のありさまと、その体験にもとづくかれらの実感や思考を、事後の回顧によってではなく同時代の現場の視線を通して証言する史料のひとつに、月刊雑誌『東亜文化圏』[10]がある。

対米英開戦の後を追うようにして一九四二年春に創刊されたこの雑誌には、時流に乗った政治評論家や「南方」研究専門家など、いまではすでに歴史の彼方に姿を没し去っている論者たちが、少なからぬ発言の場を得ていた。哲学・思想、宗教学、歴史学、言語学、民族学、政治学、経済学、地政学、農学など人文・社会科学諸分野の発言に加えて、フィリッピンでの映画制作にたずさわった実践的表現者の体験も、そこには記録されている。しかし、とりわけ大きな比重を占めて誌面に登場するのは、評論家の浅野晃や保田與重郎、小説家の大鹿卓、尾崎士郎、牧野吉晴、富澤有爲男など、そのころ

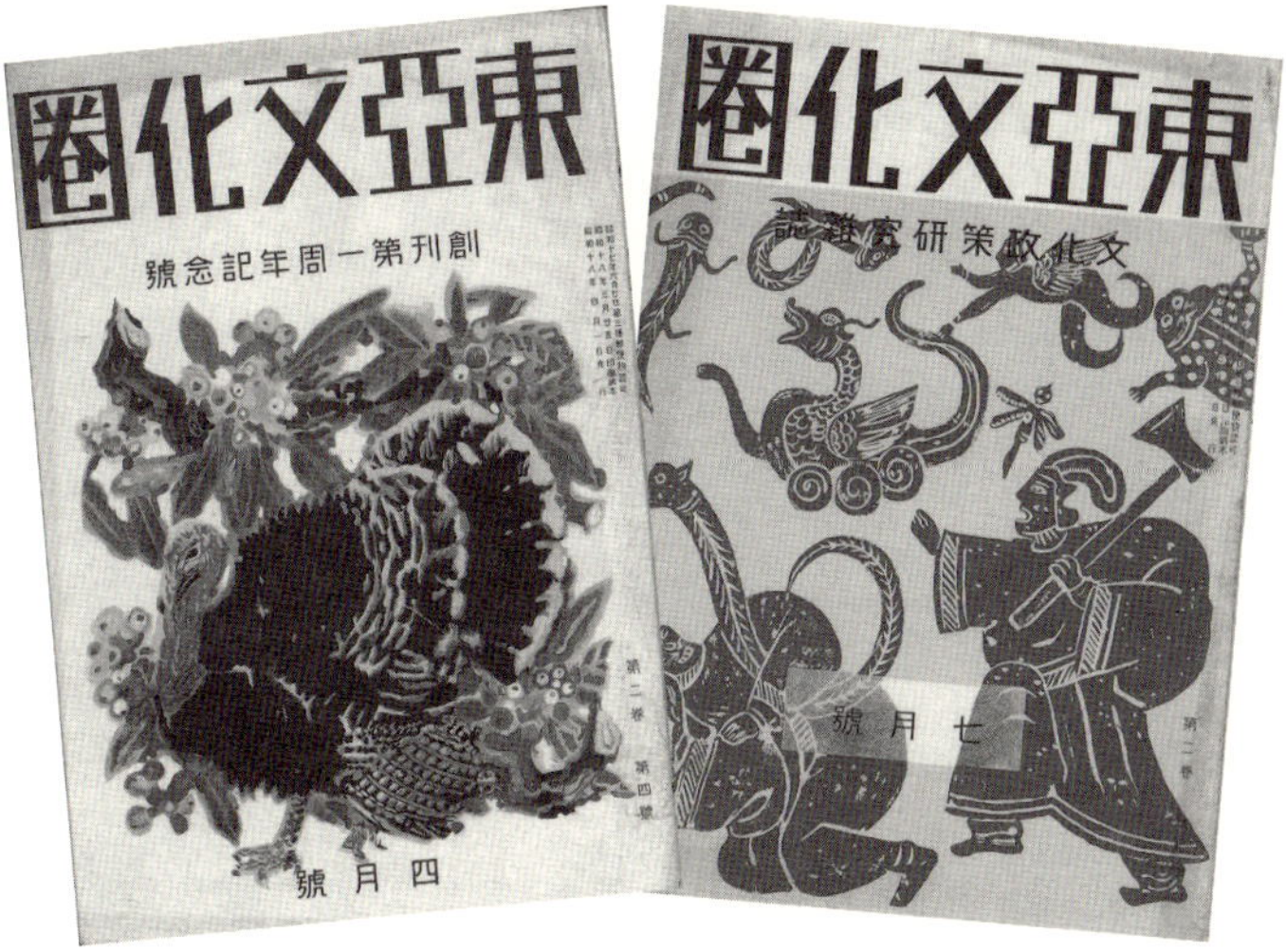

『東亜文化圏』表紙

華々しく活躍していたのみか戦後も活動をつづけた文学表現者たちだった。かれらが「大東亜」の現地体験にもとづく論考を行なうことができたのは、もちろん、かれらのほとんどが陸海軍の「報道班員」や「宣伝班員」として「南方」の戦地や占領地に動員された「徴用作家」でもあったからにほかならない。かれらに加えて、新聞統合によって発足した『東京新聞』の論説委員長に転じたばかりの前『京城日報』社長で、戦後は選挙制度審議会委員などの要職を歴任ことになるジャーナリスト・政治評論家の御手洗辰雄や、かつて初の治安維持法適用事件として知られる一九二六年の「京都学連事件」の被告であり、やがて敗戦直後には自主憲法草案の作成に深く関与する鈴木安蔵など、戦前・戦後を通じてリベラル派として生きた知識人たちも、執筆陣に加わっていた。そのほとんどはまた、この雑誌の活動母体、「東亜文化圏の会」

の「同人」でもあった。同会が新京（満洲）、上海、昭南島（シンガポール）などに海外拠点を設置していたこと、そしてこの雑誌におけるかれらの発言がそれぞれ現地での実践にもとづいていたことは、誌面そのものから読みとることができる。雑誌『東亜文化圏』が、「文化政策研究雑誌」というサブ・タイトルを持ちながらも、文化政策の研究だけにとどまらず、現地での文化工作の実体験に根ざしていたという事実は、前述の『大東亜共栄圏文化体制論』との対比において、あらためて強調されなければならない。国策研究会の報告書であるこの一冊は、同じく大東亜戦争への突入を契機として始められた共同研究の成果ではあっても、依然として文化建設のための純然たる構想にとどまっており、構想の実現に向けた文化工作の実践体験はまだ視野の外にあったからである。

『東亜文化圏』の創刊当時、「共栄圏」各地の現状を「盟主」たる日本人の目で時々刻々と伝える月刊雑誌としては、文藝春秋社が同社の雑誌『話』と『文藝春秋』時局増刊とを合併して一九四〇年五月に創刊した『現地報告』があり、また、支那事変の長期化と足並みを揃えて海軍省恤兵部《じゅっぺい》の監修配布で一九三八年九月に興亜日本社から刊行が開始された『戦線文庫』があった(11)。さらに、南満洲鉄道株式会社（満鉄）経済調査局が一九三九年八月から刊行を開始した月刊誌『新亜細亜』は、『復興亜細亜の諸問題』（一九三九年一一月刊）の著者である大川周明を主幹として、独自の調査研究体制に依拠しながら、文化政策上の情報提供と提言を行なっていた。『現地報告』は、占領地や戦地の状況を総合雑誌の体裁で報じる一般向けのものであり、『戦線文庫』は、同様のテーマを描く小説や随筆のほか、落語やコントなどの娯楽的な記事を満載して海軍の将兵に無料で配布された。『新亜細亜』は、いわゆる「南洋文学」から各地の民族音楽に至るまでの文化諸領域にわたる研究・紹介と、アジア諸地域における民族解放運動の動向とを、あわせて把握する姿勢を示していた。「大東亜共栄圏」各地と日本内地とをいわば双方向的に結ぶ大部数のこれら三誌と比べれば、『東亜文化圏』が微々たる影響力しか持たなかったであろうことは論を俟たない。けれども、戦地の将兵たちに「共栄圏」建設のための「聖戦」の意義を自覚させようとする官製の『戦線文庫』も、同じ自覚を銃後の内地にうながす大出版企業の『現地報告』も、そして国策企業の調査研究組織の成果である『新亜細亜』も、基本的に「文化工作」の実践とは別の次元を、いわばその実践の前提と結果を、主題としていたのである。この点で、『東亜文化圏』は、稀有な独自性を持つメディアだった。後世は、この小さな雑誌のなかに、「大東亜共栄圏文化」建設のための実践にかかわった文化人たちの姿と、ひいてはまたその建設構想そのものの実像を、ありありと見ることができる。

『東亜文化圏』の誌面に投影された文化工作の様相は、一口に言えば、建設の理念と、対策の困難と、まつろわぬものへの強圧とのあいだの矛盾と亀裂の露呈にほかならなかった。

まず、建設の理念については、創刊第二年の新年号「巻頭言」がきわめて簡明に述べている。――「亜細亜は漸くに明け初めんとする年を迎へた」というのが、まず冒頭で示される現実認識である。しかし、「亜細亜の復興と世界の維新を目指したる日本の戦ひは、決戦的武力戦闘のみを以つて克《よ》く計り得る大業でないことは固《もと》より瞭《あきら》か」であって、「今の戦争に合せての戦と云ふ言葉を以てするに相応しからぬ恒常性を持つ人類文化の向上展開の必然的発展の文化運動」こそが重要な課題なのだ。この課題に立ち向かうためには、「日本を知らしめることの必要と同様に亜細亜の彼等を知らねばならぬ、日本の世界観を理解せしめるには大東亜諸民族の生活の法則を発見し、その文化的価値と性格とを明瞭ならしめねばならぬ」のであり、「所謂、政策や工作としてゞはなく、亜細亜の精神的、文化的、一体実現の求心的法則確立の文化運動」を創出しなければならない。これこそが、「デモクラシー擁護の米英が築き上げたる思想戦構築をその根底より崩壊せしむる唯一道」なのである。現今、思想戦・文化戦が喧伝されるとともにその「参謀本部」の実現を要請する声もしきりであるが、それは「謀略的、政略的宣伝文化機関」であってはならず、「日本の国内文化の尽《ことごと》くを大東亜的性格に発展せしむると共にその各部門各機能をして戦時体制の下に有機的に綜合動員、実践せしめんとするに在る、目標は詐略に依つて制せんとするものでなく、生命の一体連結に依つてその自覚を確立せんとする文化的指導機関」である。人類はこのようなものを長く求めてきたのだが、「それを最初に知るところは亜細亜である。大東亜戦争の使命は実にこれが実現にある」のだ。

『東亜文化圏』とその母体たる「東亜文化圏の会」が、そうした指導機関そのものの役割をではないにせよ、少なくともそのような指導機関を実現するための準備段階としての役割を果たそうとしていたことは、言うまでもないだろう。けれども、雑誌の誌面に登場する実践報告は、そのほとんどすべてが、この「巻頭言」に述べられた理念とのあいだの矛盾や亀裂を、ひいてはまた文化工作が直面する困難を、さまざまな事実に即して物語っているのである。「日本の国内文化の尽くを大東亜的性格に発展せしめ」るという一方の課題との取り組みどころか、「大東亜諸民族の生活」の現実の前に、いわば立ちすくんでしまわなければならなかったのだ。たとえば、富澤有爲男が「ジャワに於ける宣伝班の活動」と題する報告(一九四三年新年号)のなかで描いているエピソードなどは、「日本の世界観を理解せしめる」ことの困難さを、ある意味では戯画的に伝えているものだろう。――日本軍の

「指導」のもとに新聞をつくることになり、現地の側が希望した『インドネシア・ラヤ』という紙名を日本側が拒否してようやく『アジア・ラヤ』に落ち着いたのち、今度は印刷工の勤務条件をめぐって問題が生じ、初めは日本側の真意を理解しなかったインドネシア人の印刷工たちが、ようやく筆者たちの説得に納得して賛意を表することになったさい、この場合には相応しくない「天皇陛下万歳」を叫ぼうとするので困った、というのである。かれらはもちろん、「天皇陛下」が日本人にとって（そして日本人の主観からすれば「亜細亜」にとって）どれほど重い意味を持つかなどということを、理解しているはずもなかったのだ。また、尾崎士郎「比島の文化工作」（一九四三年二月号）には、フィリッピンのある町で「宣撫工作」を行なったときの日本軍将校の演説と、それを通訳によってタガログ語で聴いた現地人とに関するエピソードが語られている。望月というその将校は、大東亜建設の理想を達成するためには各民族の苦心と本当の協力がなければならない、という内容の「声涙共に下るような大演説」を行なったのだが、通訳を介してそれを聴いていた五〇〇人ばかりの「現地人」が、厳粛な顔をしていないどころか、見当はずれなところで拍手したりする。じつは、その将校の日本語がフィリッピン人の通訳には始めから終わりまでまったく理解できなかったので、「日本軍は決して泥棒しない」というようなことを適当にしゃべっておいた、というのである。これもまた、「亜細亜の彼等を知ら」ぬまま、一方的に「八紘為宇」や「大和民族の使命」やについて演説したことの見当外れと滑稽さを、ありありと示しているだろう。（尾崎士郎は自分の報告の末尾に、望月の「日本精神と大東亜共栄圏」と題する演説を収載しているが、それは皇国史観と国体思想を連ねた極めて難解かつ偏頗な日本語である。）

けれども、このような齟齬もしくは断絶の基盤の上でさまざまな「困難」に直面しながらなされる文化工作が、ただ単に悲喜劇的なエピソードを生むだけにとどまらなかったことは、あらためて言うまでもない。「生命の一体連結に依つてその自覚を確立せんとする」文化工作は、「自覚」という名の強要・強制への道筋をたどらざるをえなかったからだ。そのことをいわば予示している一例を、「創刊第一周念記念号」（一九四三年四月号）の吉田三郎の論稿「文化政策に於ける基本問題」に見ることができる。吉田は、「御製の作曲に音楽家を総動員し、厳粛にして荘重なる楽譜をそれぞれの御製に付し、一億国民挙《こぞ》つて朝な夕なに大御心《おおみこころ》を奉戴することにしては如何であらうか」と提唱する。天皇が詠んだ「和歌」に曲をつけて、朝礼や終業の礼で合唱することにすれば、国民学校や官庁、会社、家庭はもちろんのこと、「外地に住む日本人、現地人も楽譜さへ与へれば、自然の中に御製を記憶するに至るであらう」というのである。たとえば「慈《いつくしみ》あまねかりせばもろこしの／野に伏す虎もなつかざらめや」という「明治天皇の御製」に「荘重な作曲」をして、「中国人もこれを習ひ覚えたとしたならば、彼等が日本精神を体得する機縁が出来る筈である」というのだ。「日本人以外は始めは御製の意味の解らぬものが多いが、節から覚えた御製について、日本語の意味、更には大御心そのものが知りたくなるであらう。恐らくは逐次彼等より説明を求めるに至るであらう。〔……〕御製を合唱する日本国民の胸の高鳴りと、これに対する原住民の唱和、これによつて醸し出される大いなる力こそ共栄圏建設の源泉をなすものである」と、吉田は結論している。もちろん、吉田は自分が例示した「明治天皇の御製」の意味を理解したうえでこれを書いているのだろう。いずれにせよ、まずは悲喜劇的エピソードとして姿を現わす困難な現実基盤の上で、このような「原住民の唱和」を実現しようとする文化工作が、ますます意図と成果とのあいだの亀裂を拡大深化させ、その結果また強要と強制の度を加えていかざるをえなかったであろうことは、想像に難くない。

強要・強制は、何よりも「天皇」をめぐる理念の領域でなされた。これは、大東亜戦争が「聖戦」であり、「八紘為宇」（「八紘一宇」）と「皇道」の宣布を旨《むね》とするものである以上、当然のことだったが、この理念が文化領域でどのように具体化されるかを端的に物語っているのは、古賀斌「大東亜の文化政策に就ての意見」（四三年七月号）である。「大東亜の文化政策は、其の民族（住民）政策に随伴する。其の民族政策の目標に付庸（ママ）するものである。従つて、其の民族政策の目標が確立されなければ文化政策は根本的には樹立され得るものではない」（カッコ内も原文のまま）というのが、古賀の出発点である。つまり、「民族支配を敢行する」のか、「彼れとの聯合を行はんとする」のか、あるいは「彼れを解放せんとする」のか、そのいずれでもないのか、という民族政策の如何によって、文化政策は変わってくる。しかるに、この民族政策は「わが戦争目的」によって規定されるものであり、「大詔（対米英開戦の詔）に表現せられ給ふた字句」からしても、「此の大戦が日本　天皇の道（皇道）に発し給ふたところのものであるといふことが明らか」である。それゆえ、「雑多」な諸民族に対して具体的にどのような民族政策がとられるにせよ、そして文化政策もまたそれに応じて変わるにせよ、「それが異国のものとは品かはり如何にも貴く且つ正しく且つ強く、それ故に、躊躇なく、これこそ本朝のものである、日本　天皇の道に発するものであるといふことを合点せしむるものでなくてはならぬのである。皇道が其の末端に迄光被せられていなければならぬのである」ということになる。このような確認が、具体的な文化的実践を提起しえぬばかりか、その抽象性ゆえにますます硬直した

「皇道」主義を宣揚することしかできないのは、あらためて言うまでもない。けれども、その抽象的な「ねばならぬ」は、大東亜の「民族（住民）」に対しては決して抽象的理念に終わらぬ具体的な強圧となって現実化されざるをえない。古賀の結論的な文章そのものが、それを物語っている。――「実に、現段階に於ける大東亜の文化政策は、わが皇道の原理から発する日本の世界政策――日本の大東亜建設――に、これこそ彼等自身の解放を意味するものとして、欣喜雀躍、挙げて其の総力を集中するやう協力する意志、云ひ換へるならば、米英撃滅に其の精神を沸騰せしむることに在るのである。其のために万全の方策を尽すべきに在るのである。」〔「天皇」の上の一字あきも原文のまま〕

藤田徳太郎の「大東亜文化工作の現状」（一九四四年四月号）と題する論稿もまた、文化工作の真の目的がどこにあるのかを、工作の現状を批判するなかで明瞭に語っている。藤田はまず、「御大詔奉戴後の文化戦が、いかなるものであつたかをふり返つて」みながら、「一口に云へば、今日までの文化戦は十分なる効果を発揮してゐるとは思はれない。いなどうかすれば、逆戻りの形がないでもなかつたように考へられる」と記さざるをえない。「文化戦の根本的意義は、皇国文化の真髄において、大東亜共栄圏を一致せしめる。大東亜共栄圏を皇化に浴させることによつて、緊密なる一体化を計るといふことが、最も重大な本質を持つものとならなければならないと信じるが、今日までの状態では、必ずしも、それが理想的に遂行せられてゐるとは思はれない。却つて、当初の雄渾な理想が、萎靡退縮《いびたいしゅく》して、振はないものになる惧れさへ窺はれる始末である」というのが、かれの現実認識だからである。たとえば、「思想や精神は国語と密接な連関がある、といふよりも、両者切り離すことの出来ない一体のものである」にもかかわらず、「その国語を浸透させる方法も、純粋の国語で教育しようとした初《はじめ》の試みは、その後稍々便宜的な妥協に堕して来たかのやうに聞いてゐる」始末なのだ。そして、大東亜の共通語であるべき日本語の普及についての藤田のこの危惧は、さらにつぎのような考察へとかれを向かわせる。

今日、南方の文化的開発に従つたある人々の口から、南方に神社を建てるがごときは尚早である。八紘為宇の御精神を押しつけるがごときは不可である。そのために人心が離反するといふやうな言葉をきくのは、甚だ遺憾と云はざるを得ない。いづくんぞ知らん、もし、人心をして離反せしめるがごとき一部の傾向が見られるとするならば、それは実に皇国の立場に立つて、真実の文化の精髄を、彼らに知らしめようとせず。たゞその日その日の日よりを見て、彼らの意中や生活に迎合の態度をとる阿諛と卑屈の結果に他ならないのである。〔……〕南方の人々が、今日の生活を窮屈として、もし、戦前の欧米統治下にあつた生活の安易、享楽を慕ふがごとき傾向に赴くとするならば、それもやはり、厳然として本筋を通した皇国文化の立場を徹底せしめず、原住民には日本精神などはわからないですよと云つたやうな不真面目極まる投げやりの態度に、その禍因が発してゐる根原を省みて自らさとるところがなければならないのである。

戦局の行き詰まりを反映した焦燥感をうかがわせる藤田徳太郎のこの論稿よりもすでに一年三カ月も以前に、代表的な戦記文学作者の一人である伊地知進[12]が、藤田と同様の基本的認識を表明していた。「マレー文化工作の実情と南方文化一般に就いて」と題する論説（一九四三年新年号）がそれである。

「南方は総じて文化程度は低いと思ふ」という一文で論を起こし、「まあ半歳も居れば頭がボケ始める。去年の一月行つたのだが僕なんかそろ〳〵ボケて来た。〔……〕大和民族が移民的に出かけて行つて土着する地帯では絶対にない」という確認をするところから、かれの論は展開される。「南方」の各地を見て廻った経験に依拠して、とりわけ欧米列強が行なってきた文化政策への批判と、仏印およびタイを始めとしてアジア諸地域が日本を理解していないことへの批判を述べたのち、かれは日本がなすべき文化工作を、以下のように提唱するのである。

日本の戦争目的を彼等がまだ〳〵理解したとは言へないのが実際であつて比律賓が一番ひどい例で、あれだけの同情ある声明寛大な声明を裏切つて、その後比律賓が主体となつてバターン半島やコレヒドールで抵抗してゐる。斯う云ふ事実は見逃し得ないものであると思ふ。将兵の働くためには信賞必罰を以て将兵に臨まなければならぬ。厳重に比島を統治するのは信賞必罰でないと出来ない。各民族に対しても同様信賞必罰が必要だと思ふ。民族精神と云ふものが日本に協力したものと、協力を拒んだ民族に対しては断乎たる処置に出ることが僕は必要だと思ふ。又本当に日本に協力して来たものには厚く賞してやれば中央亜細亜の民族問題にも可成大きな影響を持つて来る。南方指導者は確乎たる信念がなくてはならない。自分で協力しなかつたり協力することを妨害する奴や力もなくてさうして唯遠吠えして独立させてくれ、独立させてくれと云ふやうなことは絶対に許してはいけない。はつきり教へてやるのがよい。〔……〕今度昭南神社が出来たが、これは原住民にもその儘〔まま〕全部お参りさせる、彼等に自身自発的にさうさせなければならぬと思ふ。〔……〕天皇陛下を説明せられ理屈を習つて尊んでゐる日本人があらうか、唯自づから拝んでゐるのである彼等の中にもこれを禱りとして、祈念として打ち込んでゆく、何も理屈を説いて納得させなくともよいのだ。〔……〕それでい、のであつて子供の間から日本の　天皇陛下　を拝ひ何か　天皇陛下　と云ふ言葉で　上御一人　を拝み奉るやうに彼等に教へて行けば虔恭な気持が幾年か経てば出来て来る。理屈も何も説く必要がないと思ふ。〔「天皇陛下」、「上御一人」の上下一字あきも原文のまま〕

もしも日本人の天皇に対する思いが伊地知の言うとおりだとしても、それをアジア諸民族にもそのまま要求することについて、もちろん伊地知は何の疑問もいだいていない。伊地知のそうした姿勢の根底にあるのが、つぎのようなアジア認識、ひいてはまた日本認識であるという事実は、伊地知「個人」だけでなく「大東亜共栄圏文化」構想そのものの本質を遺憾なく示しているだろう。

これは私個人の説として述べる。それは各民族には欲望もあるし要求もあるが一人の人間にしても家を持つだけの能力、その家を持ち得る個人格の完成と云ふことが前提になるのである。民族の場合でもさうであつて一ッの民族精神が完成しなければ家を持つことが出来ない。〔……〕兎に角今の小国では独立はあり得ないことである。〔……〕はつきりと日本は平等な立場ではない。指導者であると天下に公言すべきであると思ふ。平等な立場に落ちる必要はない。日本は亜細亜の指導者である〔。〕亜細亜大陸の換言すれば男性民族である。南方は女性民族である。逞しい情熱を以て抱擁してやらなければ生き得ない民族である。言はゞ日本は男性民族であり亭主である。南方民族は妻君、女房となつて生き行くべく運命づけられた民族であると私は断言して憚らない。

職業軍人作家・伊地知進がきわめて野卑な粗暴さをもって開陳しているこの信念は、しかし、マルクス主義からの転向者である歌人評論家・浅野晃が同じ四三年新年号の「ジャワに於ける日本語教育」のなかで述べていることと、基本的にはまったく変わりないのである。浅野もまた、「御稜威《みいつ》」、すなわち天皇の威光を文化工作の拠りどころとするところから出発する。「要するに日本人と云ふものが本当に御稜威、自らといふものを確信して居れば、非常に困難な状勢に立至つた時でも確信と云ふものが働いて自然それが周囲の連中にも通ずる訳です。問題を最もよく解決して行く道が必ずそこに開ける訳なのです」というのが、かれの信念である。ジャワで日本語教育の実践に立ち会った体験も、この信念に適合するものとして語られる。「日本語を習ひたいと云ふ熱は非常に激烈であると同時に、日本語と云ふものに対する原住民の考へ方はそれを少しも外国語と云ふように感じてゐない」とかれは言う。「何か自分達の心の底にあるものを呼び起してくれる。親の言葉とでも云ふやうに思つてゐる。自分達の言葉ではないが、日本語は何か自分たち《〔ママ〕》に本有のものを持つてゐるのではないか、自分達の国のものではないが吾々の心の中に含まれてゐるものがある。」——このようなかれらには「ことだま」の力が通じるのだ、というのが浅野の言わんとするところなのである。「さう云ふものが通つて行くことが、御稜威の及ぶことなのです。それを殊更にあゝ云ふ土人の能力だとか社会環境だとか或は言語政策、植民政策とか云ふやうな詰らない知識から割り出して余計な心配をして見たり、要らないことを考へたりするもんだから」、「支那満洲に於ける日本語教育のやうな根本的欠陥を露呈する」ことになるのだ。

このように主観的にはジャワの人びとへの共感にみちている日本語教育観が、しかし、どのような理想の達成を目的としていたのかを、同じ論稿の後半で浅野晃自身が明らかにしているのである。蘭印、すなわちインドネシアの植民政策は成功しているという定評があったが、このたび「皇軍」の上陸が迫るや、蘭印を救おうというものはオランダ人以外にはいなかった。「早くオランダ人が追払はれるのを土人が待つて居た。」――このエピソードを語りながら、かれはこう述べている、「日本の場合は決してさうであつてはならない。日本の場合はさう云ふ時に、仮に敵がこゝへ迫る、米大陸から攻めて来ると云ふ報があれば、土人は最後の一人まで日本のために戦つて死ぬと云ふ風に日本が導いて行くのが本当の姿ではないかと思ふ。」

日本のために死ぬ「土人」を育成することが浅野の場合の日本語教育に代表される文化工作の目的であるとすれば、そのかれが同じ論説の末尾で、ジャワとは対照的にインド人や中国人が日本に「心服」していないことに言及して、「心服しないものは、まつろはぬものとして懲らしむべきだと思ふ」と述べるのは、当然でしかない。そして、それから一年半たらず後のかれは、「大東亜民心帰服の道」(一九四四年五月号)で、この表題そのままのテーマについて論じながら、「まつろはぬもの」に対するかれの見解をさらに明晰に語ることになる。「すなはち、御稜威は、まつろはぬ者が撃ちこらされ、まつろふ者がその生をたのしむところに、さながらに見えるのである。これが見えなければ、御稜威を申すのは、大いに恐れ多いことである。」――日本への、すなわち天皇の「御稜威《みいつ》」へのアジア諸民族の全的な帰順が、つまり浅野晃にとって、そしてまた徴用作家・軍報道班員としてジャワで活動するかれを枢要なメンバーとした『東亜文化圏』にとって、大東亜における文化工作の行き着くさきであるべきだったのだ。『東亜文化圏』の誌面は、そのいたるところで、客観的にはすでに明らかなこの事実を、同時代の現場の視線をもって、主観的にもはっきりと証言しているのである。

4　理念・実感・虚構――「文化建設」の三つの層

雑誌『共栄圏文化』の「創刊第一周年記念号」（一九四三年四月号）に掲載された小説家・牧野吉晴[13]のエッセイ「撃ちてし止まん」は、戦時下日本の思想・文学・芸術など文化諸領域の指導的位置にあるものたちのうちに、「戦争の実態を認識」せず、「国家の運命に挺身」しないものがいることを、激しく攻撃している。牧野はさらに「芥川賞」に鉾先を向けて、こう書く、「文芸界に於いて、公然として芥川賞の授賞が、新聞紙上に発表される沙汰の限りを、誰しも口を喊〔緘〕じて語らぬのも妙ではないか。芥川龍之介の文芸思潮が、那辺にあつたか、彼の作品のうちに、わが国体を汚辱し、我が民族性を蔑視した数々がなかつたであろうか、此処のところを吟味してみれば、芥川が、個人主義作家として、どのやうな存在であつたかは、簡単明瞭である。〔……〕芥川賞を存続し、個人主義芸術に恋々たる郷愁をよせながら、どのやうな口の先をもつて、国策遂行に協力せんと誓ふのであらうか。」

牧野吉晴のこの批判は、「まつろわぬもの」が日本人自身のなかにもいることを、指摘したものにほかならない。大東亜という名の占領地や支配地域での文化工作が、本質的には日本人みずからの責任を問う作業であることについては、随所で語られていた。それは結局のところ、「御稜威」、「国体」、そして「天皇」への日本人自身の「帰一」の如何を問うものだったのである。『東亜文化圏』はまた、何度かにわたっていわゆる「京都学派」批判の発言を掲載したが、それは、この雑誌のグループから見た「京都学派」が、「祖国喪失者」であって、「日本人じやないのが日本のことを論じてゐる」からであり、この「学派」を代表する四人の学者による座談会記録、『世界史的立場と日本』（一九四三年三月刊）については、「手品だ。日本人が喋つてゐるのでなくて世界人類が喋つてゐる」という評価を下さねばならないからである（引用はいずれも、四三年七月号の座談会「文化時評」での島田春雄の発言）。内部に「まつろわぬもの」を探索し摘発するこのような批判が、それ自体、「大東亜共栄圏」における「文化建設」の行き詰まりを逆照射するものであることは、言うまでもない。しかし、その文化建設の理念そのものに、占領地や外地でのみならず日本内地においても「まつろわぬもの」を想定せざるをえない要因が、内在していたからこそ、このような探索と摘発が必然となるのである。つまり、「御稜威」の宣布とは、「まつろわぬもの」を撃滅する工作、「撃ちてし止まん」の戦いそれ自体だからである。「土人は最後の一人まで日本のために戦つて死ぬと云ふ風に日本が導いて行くのが本当の姿ではないかと思ふ」という浅野晃の言葉は、文化建設が民族政策に従属し、民族政策が「大東亜共栄圏の皇化」という「聖戦」の大目的に従属するがゆえに発せられたのではない。むしろ文化建設そのものが、「まつろわぬもの」との戦争であり、その戦争で「皇道」のために死ぬものだけが、大東亜共栄圏文化の担い手たりうるのである。浅野晃の言葉は、この真実をそのまま語ったものだったのだ。

このような文化建設の理念と、じっさいにアジアの各地に根を下ろして生きなければならなかった日本人たちの実感とが、少なからず乖離していたことは、想像に難くない。植民地・朝鮮への移住者たちにせよ、「満蒙開拓団」の農民たちにせよ、「皇国」から棄てられ、「大東亜共栄圏文化」の建設とは無縁なところで、客観的には侵略の尖兵として、場合によって主観的には現地の人びとの隣人として、生活の文化を創出しながら生きなければならなかったのである。その体験の記録や研究は数多いが、ここでは、日本が占領したインドネシア（蘭印）にすでにそれ以前から四十年にわたって生きてきた「老翁」、小西干比古がみずからの体験にもとづいて創作した「南方経営の歌」と題する「俗謡」を、引用しておこう。(14)

南洋好いとこ暮し好い　お正月から師走まで　木の葉の落ちる時がない
新聞雑誌にあるやうな　炎熱焼くが如しとは　本の飾りに過ぎません
地上の産物地下資源　数へきれない数々で　お米は爪哇《ジャワ》の主産物
ラングン米やサイゴンの　南京米とは大違ひ　日本内地のすし米と
殆ど変りはありません　野菜の類も沢山で　白菜キヤベツ瓜カボチヤ
四季を通じて切れません　下女や下男や庭男　使用人は意の儘で
其の月々のお手当は　七八円で足りて行く　土地の産物数ふれば
石油に錫に鉄鉛　ゴムにコプラにモロコシや　ダマルにパラに藤蔓〔ママ〕や
お米にコーヒー紅茶キナ　数へきれない沢山だ　今後此地の繁栄を

はかる第一方法は　今迄送つた欧米に　代つて日本で産物を
はかしてやらねばなりません　特に心を砕かれて　改革せねばならぬのは
日本人種独特の　邦人同志〔ママ〕の喰合や　土地の様子も知られない
お役人の方々が　教育程度それのみか　風俗習慣異つた
住民を内地の人々と　等しく見られて法令を　布〔し〕かれでもしたなれば
華僑や住民に笑はれて　又もや北支の二の舞で　手を焼く事となりますぞ
此地に居住の華僑等は　福縣〔ママ〕省と広東で　北支の者は居りません
彼等華僑を共栄の　傘下に入れる方法は　内懐《うちふところ》の者として
我儘勝手が出来ぬやう　さりとて商売の出来るやう　考へてやらねばなりません
印度ネーシヤに対しては　今迄取られた税のうち　一番苛酷と云はれたる
細民泣かせ第一の　給金税を止めてやり　其の他は当分今迄の
法や習慣その儘で　今後係りの方々が　印度ネーシヤ民族を
真に了解されてから　彼等固有の長短所　加減されて改革を
徐々になされる事となし　尚最近に内地から　お越になつた方々が
各地攻略作戦に　従軍されてのお話に　こんな所に一年も
置かされては叶はぬと　云はれる言葉を聞きますが　大東亜の聖戦で
国を賭けての此仕事　やつてのけての今日の日に　日の丸掲げた此土地を
何と思うて居られるか　そんな小さな臀の穴　出稼根性其の儘で

如何して治めて行かれるか　今から来られる方々は
此地に於ける邦人の
御先祖様となる覚悟　されて奥様御同伴　尚此上の
お願は
形式のみに囚はれた　規則や掟は後にして　一日も
早く住民等の
稼ぐ道をば講ぜられ　如何にか食べて行けるやう
仕事を作つて下さつて
悪い所が出来たれば　後から直して行く様に　経費
の節減なさるなら
給金取りの其の数を　減じて金を出さぬやう　余りに人が多ければ
小田原評定多くなり　責任転嫁を考へて　仕事は逆に後ずさり
今の場合は何事も　片端から極めて行き　懸命事を急ぐのが　軍《いくさ》に増した御奉公

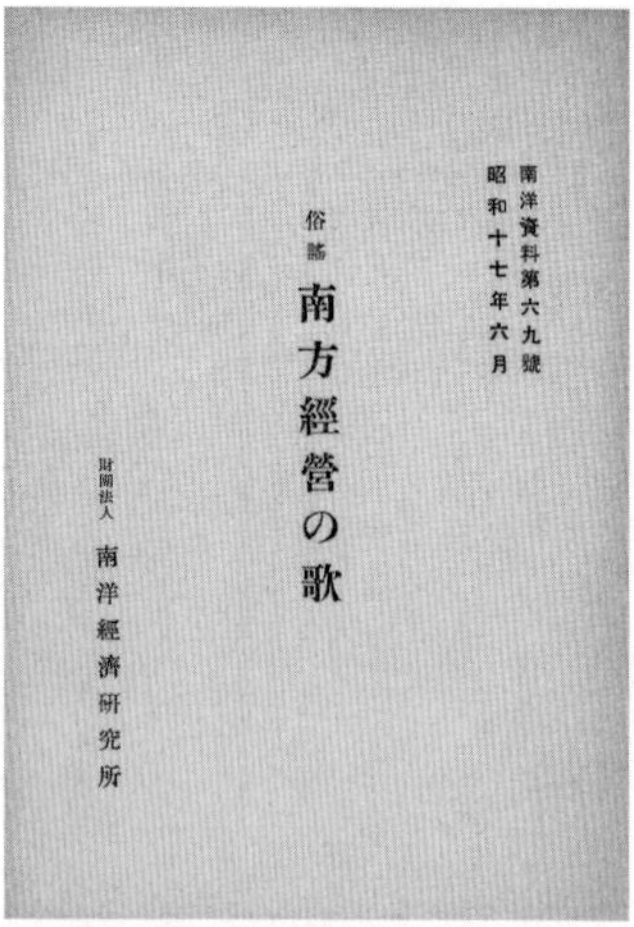

「南方経営の歌」表紙

もちろん、ここにあるのは、成功者としての自分の日常性を護るための処世の知恵であり、戦争の影響がその日常性を破壊することを避けようとする思惑である。豊かな資源や産物が本来だれのものであるかについて無意識であり、現地人たちとの関係についても、対等な視線は最初から除外されて、優越者的な態度が言葉の端々に表われている。とはいえ、ここにはまた、「大和民族が移民的に出かけて行つて土着する地帯では絶対にない」と職業軍人作家・伊地知進が断言する「南方」に根を下ろして生きようとする人間の視線があり、「共栄」とは真っ向から背馳するにちがいない日本の占領政策への、基本的な拒否の念も歌い込まれている。軍人と民間人とを問わず、出稼ぎ根性の占領者たちに「印度ネーシヤ民族を真に了解」しているのとはほど遠い政策を実行されたときには、かれが営々として築き上げてきた「南方経営」が、そのための人間関係が、破壊されるのである。このような生活実感にとって「御稜威」と「まつろわぬもの」がどのような意味を持ちえたのかを、「共栄圏文化」の理念がついに問おうとしなかったことのなかにも、理念の限界が顔をのぞかせている、と言うべきだろう。[15]

理念が生活実践者の実感についに目を向けることができなかったとすれば、その理念の限界と不毛をいわば裏打ちしていたのが、短歌（「和歌」）や詩をはじめとする虚構の領域だった。室生犀星が「神国」で自嘲的に描いたように、戦争詩や愛国詩が時局に追随して大量に書かれ発表される時代がやってきた。それらの表現もまた、「大東亜」や「興亜」をいわば主要なキーワードとしたのだった。歌集・詩集の書名にも、しばしばこれらのキーワードが用いられた。それらのうちには、「御製」に曲を付けるというあの構想にも通じるような試みをおこなっ

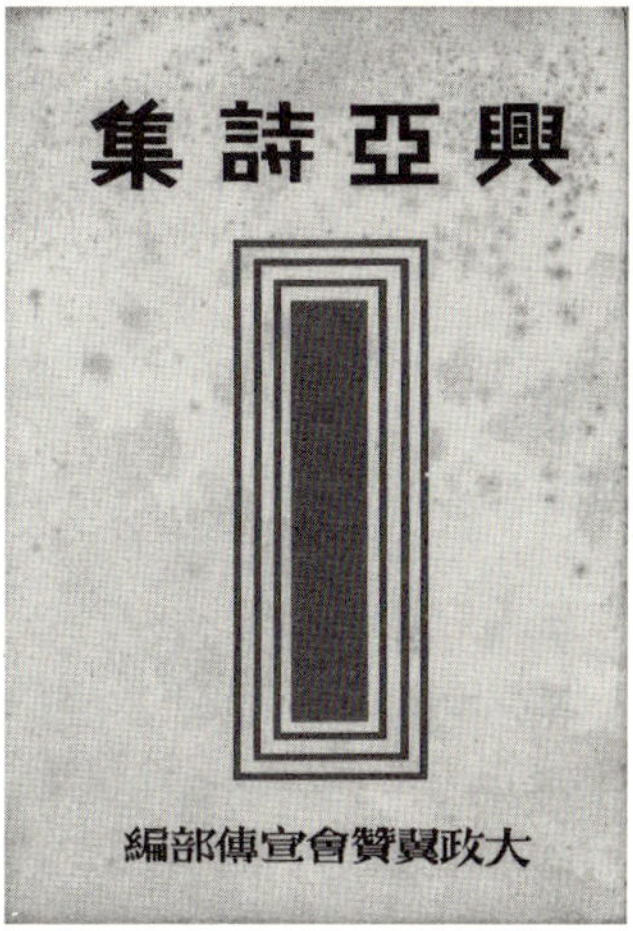

『興亜詩集』表紙

たものさえあった。大政翼賛会宣伝部が「大東亜戦」開戦直後に編集刊行した『興亜詩集』(一九四一年一二月二〇日発行)[16]がその一例である。この一冊に収められた三八人の詩人の四二編の詩は、すべて「興亜大行進曲」と題されており、それぞれの詩のリズムから判断すれば、曲を付けて文字通り「行進曲」とすることを前提にして作詩されたものだった。――だが、それにもまして注目すべきことは、ここに収められた詩が、いずれも「大東亜共栄圏文化建設」構想の理念を超えていないばかりか、理念に何らかの具体性を付与するような感性的・実感的な言葉を創出しえていない、という事実にほかならない。

たとえば、蔵原伸二郎[17]はこう歌っている、

一

満洲国よ　蒙古よ／中華民国よ　泰よ／仏印よ　日本よ／全アジアの民族よ／
ああ　偉いかなアジアよ／団結せよ

二

われらは共によろこび／われらは共にかなしみ／われらは共にくるしみ／われらは共に栄えむ／
ああ　勇ましきアジアよ／進軍せよ

三

天にかゞやく太陽よ／国にみなぎる熱情よ／われらが祖先の空よ／われらが子孫の土地よ／
ああ　美はしきアジアよ／団結せよ

われら今ぞ手を握り／われらは固く誓はん／かの共同の敵にむかひ／共同の楽土打建てむ／
ああ　聖らなるアジアよ／進軍せよ

四

ここには、言葉だけがある。そしてそれらの言葉には生きた内実がない。「アジア」に生きる人間たちの顔が見えてこない。それゆえにまた、「アジア」に向かって呼びかける人間の姿も浮かびあがってこない。「詩人」たちは、このような言葉でアジアに語りかけることができると考えていたのだろうか。日本語の「ことだま」が、このような詩にも宿りえていると思っていたのだろうか。文化建設を、しかも「指導者」として担おうという「日本民族」の、それも「詩人」の言葉のこれほどの枯渇は、読むものを愕然とさせずにはいない。だが、『興亜詩集』の四〇篇を越える「興亜大行進曲」のほとんどすべてが、蔵原のこの作品と大差がない程度のものなのである。そのうちで相対的に躍動した言葉となりえているのは、深尾須磨子[18]の三篇くらいだろう。そのうちの一篇はこうである。

一

世紀の嵐よ　高鳴る鐘よ／忍苦と犠牲の　歴史をこゝに／民族協和の　調べも強く／
東亜の建設　黎明到る／今ぞ　友よ　今を起たむ／友よ　我ら　亜細亜の友よ

二

国防協力　主権を崇め／新たに築かむ　文化と秩序／人類平和の　理想も高く／

経済提携　進まむ共に／（繰返し）
同文同族　鉄鎖の誓い／進めば億兆　一人の如し／善き哉我等の　大行進よ／
延び行くところに　轟く凱歌／（繰返し）

三

深尾須磨子のこの一篇が相対的にすぐれているのは、少なくとも躍動感のある言葉で「興亜」の理念を歌っているからである。ここには、それらの理念がまず一通り盛り込まれている。もちろん、それらの実現のための方途は、暗示的・予感的にさえも示されてはいない。もしも仮に、その方途に言及するとすれば、詩もまた「文化建設」の理念が実践の途上で逢着したような現実に直面せざるをえなかっただろう。詩も短歌も、そして場合によっては小説や映画もまた、虚構であるがゆえに「興亜」の精神に充足していることができたのだった。

「大東亜共栄圏文化」も、そのための「文化建設」も、本質的にひとつの虚構でしかなかった。だが、本来その虚構の領域を実践分野とするはずの詩や短歌や、さらには思想や評論など、あらゆる文化領域の表現者たちが、「大東亜共栄圏の文化建設」というたったひとつの虚構を打ち破るようなみずからの虚構表現を、ついに創出することができなかったのである。

注

（1）巻頭言「われらの昭和十四年」『中央公論』一九三九年新年特大号。

（2）この「第二次近衛声明」の方針に沿った「事変処理方針」を具体的に示すために、さらに一二月二二日に「近衛首相談」という形式で「第三次近衛声明」が発表された。これら一連の「近衛声明」はさまざまな史料集に収められているが、同時代のもっともポピュラーな文献である『朝日年鑑』（一九三九年版および四〇年版）にもその全文とくわしい解説が掲載された。本稿での引用はこれに拠っている。

（3）尾崎秀実「「東亜協同体」の理念とその成立の客観的基礎」『中央公論』一九三九年新年特大号。

（4）杉浦晴男『東亜聯盟建設綱領』立命館出版部、一九三九年八月。「陸軍大臣　板垣征四郎閣下題字」を掲げて出版されたこの綱領の全文は、たまいらぼ版「石原莞爾選集」全一〇巻のうち第六巻（一九八六年六月）に収載されている。なお、一九四〇年一月から「東亜聯盟協会」（一九四三年二月一一日に「東亜聯盟同志会」と改称）の機関誌『東亜聯盟』が月刊で刊行された。同誌は、敗戦後の一九五二年に同じ誌名で復刊された。発行所も同じく「東亜聯盟同志会」である。

（5）室生犀星『神国』全国書房、一九四三年一二月。五〇〇〇部。この一冊に収められた諸作品は、新潮社版「室生犀星全集」（全一二巻・別巻二巻、一九六四年三月―六八年一月）には収録されていない。

（6）国策研究会『大東亜共栄圏文化体制論』日本評論社、一九四四年一〇月。「大東亜問題調査会研究報告第六巻」として一〇〇〇部が刊行された（筆者の手元にあるのは第六二〇号）。

（7）同書では一二人の委員（第三分科構成員）の現職のみが示されているが、協力者として挙げられている五人をふくむ主要なメンバーの戦中・戦後の経歴を略記しておこう。

赤坂静也（あかさか・しずや　一九〇二―七二）大学卒業後、文部省嘱託として教育行政にたずさわり、一九四二年に大日本産業報国会傘下の労働科学研究所所員となった。戦後は四七年から横須賀市教育部長、五一年から横浜市立大学教授となる。

樺　俊雄（かんば・としお　一九〇四—八〇）　専門は歴史哲学・知識社会学。日本文学報国会会員として、「大東亜文化への道」（『日本評論』一九四二年三月号）、「大東亜戦争の歴史的意義」（『中央公論』同年同月号）などを発表した。戦後は、ホセ・オルテガ・イ・ガセット、カール・マンハイム、エーリヒ・フロムらの著作の翻訳によっても、社会思想・文化思潮に少なからぬ影響を与えることになる。一九四七年以降、中央大学、神戸大学、東京外国語大学の教授を経て、再び中央大学教授に在任中の一九六〇年六月一五日、反安保闘争に参加していた末子の美智子が国会議事堂構内で警官隊によって殺害された。七一年からは創価大学教授。

木村　毅（きむら・き　一八九四—一九七九）　一九二〇年代中葉以来、小説家・文芸評論家・明治文学研究家として活躍し、とりわけ『大衆文学発達史』（一九二八）、『大衆文学十六講』（一九三三）その他によって大衆文学の社会的な意味づけを行なった。戦後は主として比較文学の領域に関心を持ち、六五歳のとき『日米文学交流史の研究』（一九六〇）を完成して学位を取得した。

小山栄三（こやま・えいぞう　一八九九—一九八三）　優生学・新聞学・宣伝研究。一九二九年から東京大学新聞研究室の研究員としてジャーナリズムや広告についての研究にたずさわったが、四一年、厚生省人口問題研究所研究官となり、同年『民族と人口の理論』を上梓。戦後は、五三年から立正大学教授。後期の著書に『ファッションの社会学』（一九七七）がある。

谷川徹三（たにがわ・てつぞう　一八九五—一九八九）　哲学・評論。戦中は法政大学教授のほか、雑誌『思想』の編集委員、ペン倶楽部理事も務めた。戦後の四六年に東京帝室博物館（現・東京国立博物館）次長となり、六三年から六五年まで法政大学総長。八七年、文化功労者。文化諸領域に及ぶ評論活動によって、戦後期を代表する知識人の一人と目された。

高橋亀吉（たかはし・かめきち　一八九一―一九七七）　経済史・経済評論。東洋経済新報社記者・編集長を経て、三二年に高橋経済研究所を設立し、経済評論家として活動。戦後は五五年から通産省顧問、五六年に拓殖大学教授となり、七四年には文化功労者となった。

古野清人（ふるの・きよと　一八九九―一九七九）　民俗学・宗教学。東大付属図書館嘱託を経て、満鉄東亜経済調査局（西南アジア班）嘱託。日本民族学会主事として機関誌『民俗学研究』を支える。四二年一二月から戦後の四六年一〇月まで天理教亜細亜文化研究所顧問。四八年から九州大学教授、五六年には北九州大学学長となった。六〇年に東京都立大学教授となり、さらに独協大、武蔵大、駒沢大の教授を歴任、七四年に日本宗教学会会長となった。

堀　眞琴（ほり・まこと　一八九八―一九八〇）　政治学。一九三七年一二月二七日に内務省警保局が行なったジャーナリストとの懇談会で、ジャーナリスト側が「自発的に」執筆禁止にすることを決めた七名のうちの一人だった（他は、中野重治、宮本百合子、岡邦雄、戸坂潤、鈴木安蔵、林要）。戦時中は法政大学教授・東大講師のほか「国策研究会」調査局参与、日本評論家協会委員でもあった。当時の主著は『植民政策論』（一九四三）。戦後の四七年、日本社会党から参議院議員に当選。四八年一二月に労働者農民党（労農党）の結成に加わり、議員は五六年まで務めた。また、安保破棄中央実行委員会事務局長、中央労働学院院長、日本平和委員会理事長などとして、戦後民主主義期の社会運動に大きな足跡を残した。

宮原誠一（みやはら・せいいち　一九〇九―七八）　社会教育学。戦時中は「錬成」との関連で教育を論じたが、戦後は、作業・労働を教育に取り入れることを提唱して民主主義的な教育理論・教育運動に大きな影響を与えた。東京大学教授のほか、「日本子供を守る会」教育委員会長、日本社会教育学会会長などとして活躍。

長谷川如是閑（はせがわ・にょぜかん　一八七五―一九六九）　ジャーナリスト・評論家。一九〇八年の大阪朝日新聞入社以来、ジャーナリストとして活動し、戦後の四八年に文化勲章を受けた。

久富達夫（ひさとみ・たつお　一八九八―一九六九）　敗戦時に情報局次長として「玉音放送」を発案したとされる。戦中の四三年には統制団体「日本出版会」会長、戦後の四九年には教科書・書籍販売会社「日教販」の設立に加わり、五二年から五八年まで代表取締役社長を務めるなど、言論・出版とかかわりつづけたが、六四年の東京オリンピック開催にあたっては、国立競技場会長として推進役を演じた。

岸田國士（きしだ・くにお　一八九〇―一九五四）　劇作家・小説家。一九二〇年代中頃から新劇運動にたずさわり「文学座」を結成。四〇年一〇月から四二年七月まで大政翼賛会文化部長。戦中の評論集に『力としての文化』（一九四三）などがある。戦後は五〇年に「雲の会」を結成して演劇の革新をめざした。

宇野圓空（うの・えんくう　一八八五―一九四九）　民俗学・宗教学。東大教授だったかれは、東南アジアの民族宗教に関する研究を専門にしていたことから、大東亜共栄圏構想と密接な関わりを持った。戦後は仏教大学、龍谷大学の教授となった。

新　居格（にい・いたる　一八八八―一九五一）　文芸評論家。『左傾思想』（一九二一）、『アナキズム芸術論』（一九三〇）などによって、大正デモクラシー期のモダニズム文学・芸術論とアナーキズム思想を代表する評論家として活動したが、戦時期には時局に追随することを余儀なくされた。戦後、公選で東京都の杉並区長に選出された。

なお、「国策研究会」は、戦後、サンフランシスコ講和条約を機にして一九五三年六月に復活し、五七年に財団法人の認可を得て現在にいたっている。

（8）英領だったシンガポールは、一九四二年二月一五日の日本軍による占領の翌々日に「昭南島」と改名された。

（9）このことは、「大東亜文化」および「大東亜日本語共栄圏」の構想を真剣に提起・検討した下記の文献・資料においても基本的に変わらない。

①大東亜文化協会編『大東亜文化の建設――文化の世界性』白揚社、一九四二年六月。
とりわけ、新屋《しんや》敷《しき》幸繁《こうはん》「日本文化の南方進駐の径路」、山元《やまもと》都《と》星雄《せいゆう》「南方文化工作私見」。

②西原慶一編『日本語教育の問題・皇国文学第六輯』六藝社、一九四二年一二月、四〇〇〇部。
とりわけ、大西雅雄「日本国語の大道」、石黒修「大東ア日本語共栄圏」、輿水實「日本語教育の進展」、西原慶一「日本語教育の日本的方向」、大場俊助「国語問題発想の立場」、富倉徳次郎「日本語進出に於ける銃後のつとめ」。

③文部省教学局編『日本諸学研究報告　第十九篇（哲学）』内閣印刷局、一九四三年一〇月。
一九四二年一一月五、六、七日に文部省において開催された「日本諸学振興委員会哲学会」における研究発表の速記録。その研究発表主題は「大東亜新秩序ノ建設ト哲学的諸学」だった。

とりわけ、渡邊徹「南方圏諸民族の民族性格の成立に及したA・B・C・D・Fの影響」、山邊習學「大東亜建設の推進力としての『忍』位の研究」、横山将三郎「朝鮮社会構造の実践的了解」、古野清人「インドネシヤ民族の神霊性」。

④満鉄東亜経済調査局『新亜細亜』編輯部監修『南方亜細亜の文化』（「新亜細亜叢書」Ⅳ）大和書店、一九四二年一一月。

とりわけ、青木節一「亜細亜諸国に対する文化工作」。
⑤伊地知則彦『東亜の日本人——体験録と論稿』満洲国新京特別市・建国学会、康徳九年＝一九四二年九月。
とりわけ、「民族協和と民族主義」、「東亜に於ける思想戦要領」、「世界一家への道」の諸論稿。
⑥海後勝雄『東亜民族教育論』朝倉書店、一九四二年一一月。
⑦渡集団報道部編『第十四軍軍宣伝班　宣伝工作史料集』（一九四二年八月—四四年七月）。復刻版＝中野聡・寺見元恵解説『南方軍政関係史料 13』龍渓書舎、一九九六年一一月。
⑧大日本軍政部・爪哇軍政監部編『日本語教科書』（一九四二年六月—四五年一月）。復刻版＝倉沢愛子編解題『南方軍政関係史料集9』龍渓書舎、一九九三年一月。
⑨治集団報道班・治集団宣伝班『赤道報・うなばら』（一九四二年三月—一〇月）。復刻版＝後藤乾一・木村一信解題『南方軍政関係史料 12』龍渓書舎、一九九三年九月。
(10)『東亜文化圏』は、一九四二年一月に準備号を出したのち、同年四月の「創刊号」によって本格的に出発し、確認できるかぎりでは一九四五年二月号（第四巻第二号）まで刊行された。毎号約一三〇頁だったが、四四年になると八〇頁以下に減じた。発行所は「財団法人　青年文化協会東亜文化圏社」で、この団体の代表は、河原春作（一八九〇—一九七一）だった。河原は、対米英開戦当時は東京文理科大学学長だったが、敗戦前後の一九四五年六月一三日から八月二五日まで鈴木貫太郎内閣および東久邇宮稔彦内閣の文部次官を務めた。戦後の一九五三年に中教審（中央教育審議会）が設置されるとその委員にも任命され、大妻女子大学学長も歴任した。雑誌の編輯印刷兼発行人は藤村又彦で、かれは右翼団体「統天塾」塾頭だった。
(11)『現地報告』は、一九四〇年三月号が『文藝春秋　時局増刊30　現地報告』の誌名で刊行されたのち、五月号（第八巻第五号）が『現地報告』となり、同号の編輯後記でも今号から改題されるむね伝えられたが、

「時局増刊」号の通算号数である「32」は表紙にそのまま残されている。また、敗戦の一〇日前に最終号が出た『戦線文庫』の各号の奥付には、「本雑誌は当部監修のもとに戦線海軍将兵慰恤のため、国民の寄せられたる熱誠なる恤兵金を以て、作成、配布するものであります。」という「海軍省恤兵係」（「恤兵部」ではなく）のコメントが印刷されている。この雑誌は現在では稀覯本とみなされており（ただし、忍耐強く探せばかなりの冊数が入手できるだろう）、3号（一九三八年一一月三〇日発行）と53号（一九四三年二月一日発行）の二冊の復刻版が二〇〇五年七月に日本出版社から刊行された。また『新亜細亜』は、一九三九年四月創刊号から敗戦の年の一九四五年一月号（第七巻第一号）まで、継続刊行された。発行所の「満鉄東亜経済調査局」は、東京市麹町区内幸町にあった。

（12）伊地知進（いじち・すすむ　一九〇四―六六）陸軍士官学校出身の職業軍人、陸軍大尉。退役後、満鉄社員となる。支那事変開始以後の戦記文学は、火野葦平、棟田博、上田廣ら主として下士官作家たちによって担われたが、数少ない将校作家の代表的存在が伊地知進だった。一九四二年下半期の直木賞候補となった短編小説『昭南の地図』、日活映画シナリオ『将軍と参謀と兵』（一九四二年）などがある。

（13）牧野吉晴（まきの・よしはる　一九〇四―五八）支那事変の第三年目に美術評論から小説に転じ、『軍馬』（一九四二年）などによって戦時下文学の中心的な担い手の一人となったが、戦後は家庭小説や少年小説の分野に転じた。

（14）小西干比古『俗謡　南方経営の歌』（南洋資料第六九号）南洋経済研究所出版部、一九四三年二月。ここに引用したのは、その全文である。

（15）南方に「進出」した日本人の実感を物語る興味深い資料の一つに、『パラオ朝日村建設座談会記録』（南洋資料第二五九号）南洋経済研究所出版部、一九四三年九月がある。これは、第一次世界大戦で勝利した日本がドイツから獲得した南洋群島パラオのガルミスカン（のちに「朝日村」と命名）に入植した日本人たちが、二十数年にわたる現地の開拓と経営の体験を語ったものである。

(16) 大政翼賛会宣伝部編『興亜詩集』大政翼賛会宣伝部、一九四一年一二月。

このほか、「大東亜」や「大東亜戦争」を表題にした詩集・歌集には、たとえばつぎのようなものがある。

①宮城県歌人会編『大東亜戦歌集』宮城県歌人会、一九四二年五月

②窪田空穂序・柳田新太郎編『大東亜戦争歌集・将兵篇』天理時報社、一九四三年二月

③佐々木信綱序・柳田新太郎編『大東亜戦争歌集・愛国篇』同前

④日本文学報国会編『大東亜戦争歌集』協栄出版社、一九四三年九月

⑤日本文学報国会編『詩集　大東亜』河出書房、一九四四年一〇月

(17) 蔵原伸二郎（一八九九―一九六五）『コギト』および『日本浪曼派』の寄稿者だったが、詩集『戦闘機』（一九四三年）などによって戦時下の詩を代表する一人となった。

(18) 深尾須磨子（一八八八―一九七四）一九二〇年代初期から半世紀にわたって精力的な活動をつづけた女性詩人。與謝野晶子に私淑し、その評伝も著している。

執筆者略歴（五十音順）

池田浩士（いけだ・ひろし）
一九四〇年大津市生まれ。慶応義塾大学大学院文学研究科博士課程修了。一九六八年から二〇〇四年まで京都大学勤務。京都精華大学教授。ドイツ文学・現代文明論。『〈海外進出文学〉論・序説』（インパクト出版会、一九九七年）、『火野葦平論―〈海外進出文学〉論・第一部』（同前、二〇〇〇年）、『虚構のナチズム―「第三帝国」と表現文化』（人文書院、二〇〇四年）、『池田浩士コレクション』全一〇巻（インパクト出版会、刊行中）、『石炭の文学史―〈海外進出文学〉論・第二部』（同前、近刊）など。

髙村竜平（たかむら・りょうへい）
一九六八年大阪府生まれ。京都大学大学院農学研究科博士課程修了。神戸山手大学人文学部教員。社会人類学・朝鮮近現代史・農村社会学。「墓を通じた土地と人との関係についての小論」（『立命館言語文化研究』第一七巻第三号、二〇〇六年）、「済州道農村におけるマウル共同墓地の設置と利用」（『村落社会研究』第二〇号、二〇〇四年）など。

藤井祐介（ふじい・ゆうすけ）
一九七七年京都市生まれ。京都大学大学院博士後期課程。思想史。「文学史の思想」（『文学史を読みかえる』第八巻、インパクト出版会、二〇〇七年）、「『危機ハムシロ今後ニ』―中井正一と戦後文化運動」（『現代文明論』第五号、二〇〇四年）など。

藤原辰史（ふじはら・たつし）
一九七六年生まれ。京都大学人文科学研究所助手。農業技術史。『ナチス・ドイツの有機農業―「自然との共生」が生んだ「民族の絶滅」』（柏書房、二〇〇五年）、「耕す体のリズムとノイズ」（京大人文研「身体の近代」班・菊地暁編『身体論のすすめ』丸善、二〇〇五年）、「犂と剣―ナチスと技術崇拝」（『経済史研究』第九巻、大阪経済大学日本経済史研究所、二〇〇六年）など。

鷲谷　花（わしたに・はな）
一九七四年生まれ。筑波大学大学院文芸・言語研究科博士課程修了。明治学院大学ほか非常勤講師。映画学・日本映画史。「李香蘭、日劇に現る―歌ふ大東亜共栄圏」（『李香蘭と東アジア』東京大学出版会、二〇〇一年）。「宝塚を遠く離れて―白井鐵造と〈東宝国民劇〉」（『ユリイカ』二〇〇一年五月号、青土社）。「〝女の活劇〟の系譜論―女剣劇から『くノ一忍法』まで」（『日本映画史叢書6　映画と身体／性』森話社、二〇〇六年）など。

渡辺洋介（わたなべ・ようすけ）
一九七〇年生まれ。シンガポール国立大学日本研究科博士課程。政治社会学。「日本のエネルギー安全保障政策」（修士論文）。現在は、日本およびシンガポールにおける戦争の記憶について研究を進めている。

大《だい》東《とう》亜《あ》共《きょう》栄《えい》圏《けん》の文《ぶん》化《か》建《けん》設《せつ》

二〇〇七年一月三〇日　初版印刷
二〇〇七年二月一〇日　初版発行

編　者　池田浩士

著　者　池田浩士／高村竜平／藤井祐介／藤原辰史／鷲谷　花／渡辺洋介

発行者　渡辺博史

発行所　人文書院

〒612-8447　京都市伏見区竹田西内畑町九

電話〇七五（六〇三）一三四四　振替〇一〇〇〇・八・一一〇三

印刷　㈱冨山房インターナショナル

製本　坂井製本所

©Jimbun Shoin, 2007. Printed in Japan.

ISBN978-4-409-52055-0 C3021

http://www.jimbunshoin.co.jp/

Ⓡ〈日本複写権センター委託出版物〉
本書の全部または一部を無断で複写複製（コピー）することは、著作権法上での例外を除き禁じられています。本書からの複写を希望される場合は、日本複写権センター（03-3401-2382）にご連絡ください。

人文書院の好評既刊書

帝国日本の英文学
齋藤一
「脱亜入欧」から「近代の超克」へといきついた大日本帝国で、英文学という行為がどのように構築され、また脱構築されようとしていたか。
2400円

生活の中の植民地主義
水野直樹編
私たちの生活に確かな痕跡を残す日本の植民地主義。作法や習慣、慣例行事といったいわば身体に刻み込まれた記憶をあぶりだす試み。
1500円

小林秀雄の倫理——美と戦争
森本敦生
逆説的な独断家と称される小林秀雄、その一貫した批評の原理を明かし、美と戦争が混淆する言説を読み解く。初の本格テクスト分析。
2900円

文学の力——戦争の傷痕を追って
音谷健郎
強い外圧の中で、多くの人と共振し輝きつづける文学の力はどこからきたのか。文学に殉じた人の足跡、文学が射程とした歴史的事跡に迫る。
2200円

異郷の身体——テレサ・ハッキョン・チャをめぐって
池内靖子
西成彦 編
ジェンダー、言語、身体、アイデンティティとその表現について思考を迫る問題作『ディクテ』への、日米韓の研究者による応答の試み。
2600円

定価（税抜）は二〇〇七年二月現在のものです。

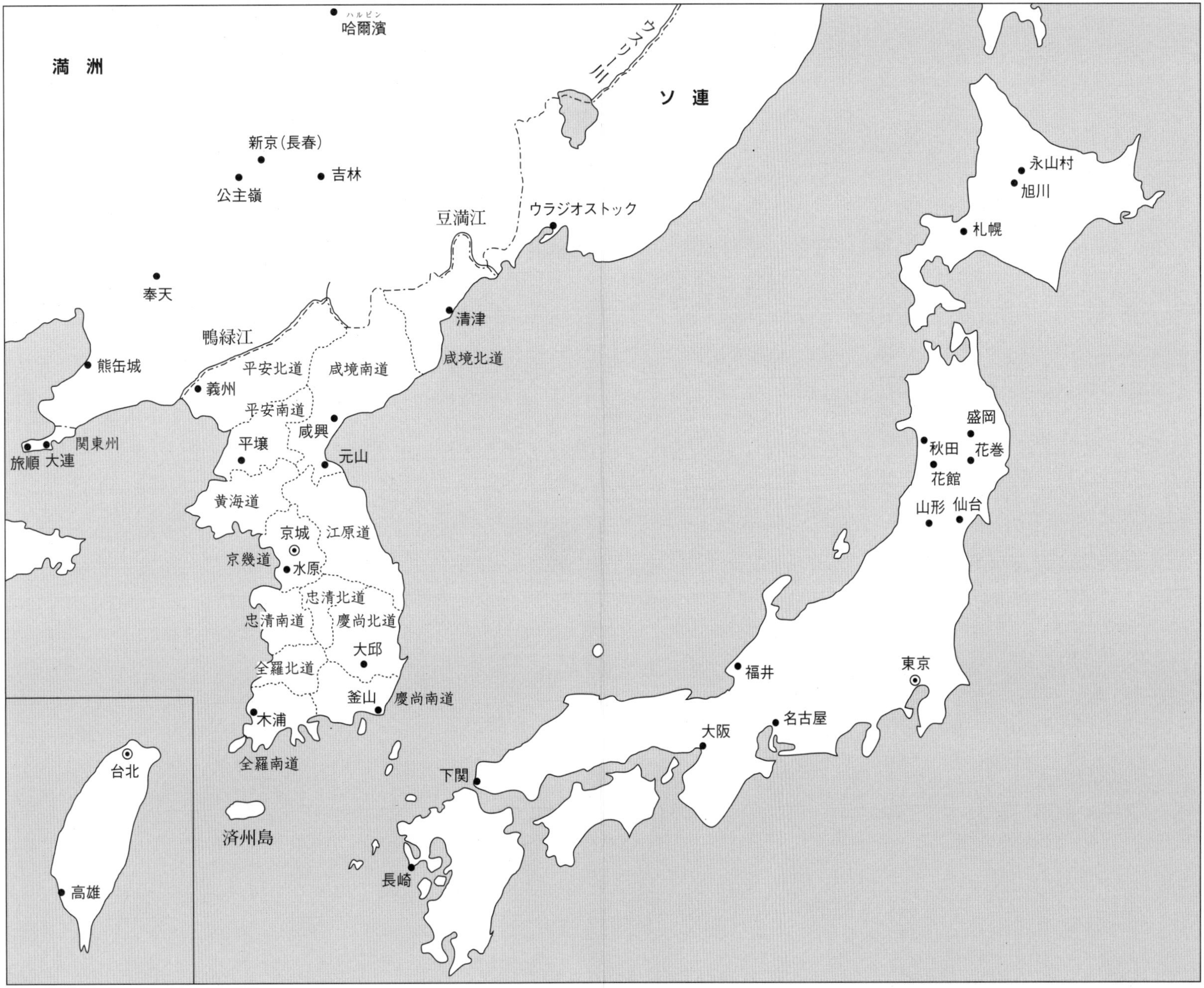

『日本地図帖』（成象堂，1924年）ほかをもとに作成

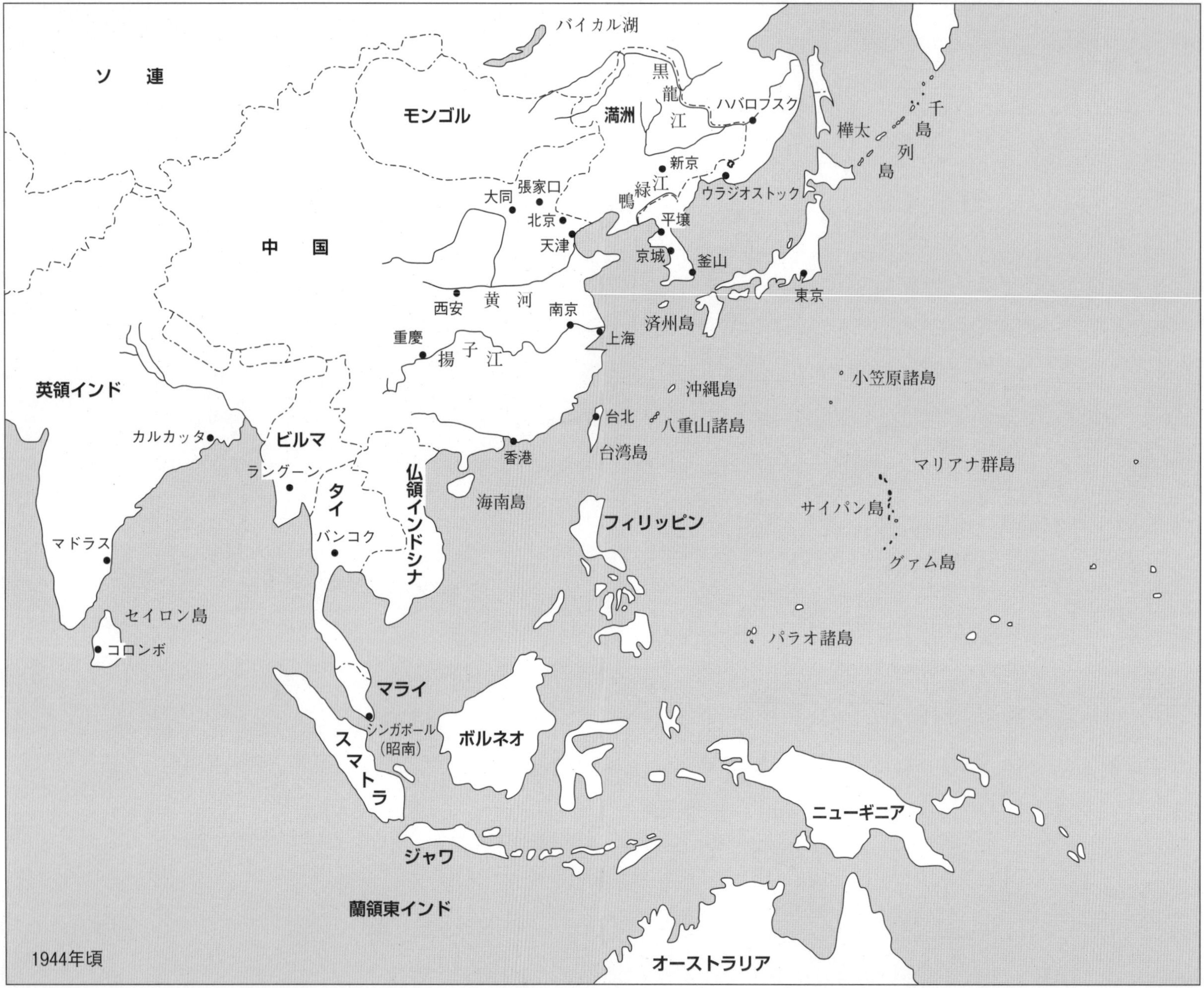

『大東亜南方圏地図帖』(日本統制地図株式会社，1944年)をもとに作成